朱小蔓——著

第三卷 教师人文素养与教师教育

朱小蔓文集

北京师范大学出版集团
BEIJING NORMAL UNIVERSITY PUBLISHING GROUP
北京师范大学出版社

教师教育改革十年回想^①

　　由于向市场经济的转型、国际上主张教师专业化的思潮，以及我国基础教育课程改革的诉求，中国师范教育体系的调整、改革在世纪之交提上了日程：师范大学综合化、高校招生并轨、教师入职的门槛抬高、制度开放，中等师范提前加速消亡等。诸项改革利弊得失、褒贬不一，大势所趋，有历史必然性和可理解性，但其引发的教师队伍建设的新问题和困难需要相当一段时间去消化。

　　最近几年，政府已在做大量应对现实困难和需求的工作，有些是补益性、调整性的，以解决教师队伍在数量上和质量上的缺失。例如，组织力量研制教师教育的各类专业标准、免费(公费)师范生制度、招聘特岗计划教师、支持师范生实习支教、推动高等师范教育改革，特别是提高教师工资、推行绩效工资制等旨在提高教师地位的重大政策措施。

　　对于大学、研究机构和学者来说，我们要发挥哪些特殊作用？我认为，需要进一步深入研究和认识教师职业的专业性，在认识教师发挥作用、发生影响的条件、机制上下功夫，以此构成更为合理的认识教师的政策基础，引导健康的公众舆论和社会思潮，以此支撑职前培

---

① 本文出自作者所著的 2012 年由北京师范大学出版社出版的《关注心灵成长的教育》一书。

养、职后培训内容和方法的改善。

◆教师职业在本质上是一个需要自由、创造的职业。它需要兴趣、热爱，愿意不断摸索、调适，善于激励他人，也激励自己。

◆教师的知识既是自己学习、积累、信奉、公共化（客观化）的，又是在教育现场和特定情境中产生的，大部分是用身体表达、默会、多变、不定型的，是相当个人化的。

◆教师的工作既要团队合作，又要个人灵活、自主应对。教师职业虽然有一定的规范约束，但也在无法掩饰地表达着、展现着自我。

◆教师的工作既要提供一定的物质条件，又要不依赖物质条件。有了基本物质条件的学校都可以办出好的教育。

20世纪70年代以来，国际教师专业化思潮中所提倡的校本研究，进一步让人们认识到，好学校和好教师并不依赖物质条件。好教育包含着与学生的学习和成长有相互适应的关系。可惜，我们往往关注的不是保障最低物质标准，而是竞相追逐物质上的高标准。其实，我们应当努力发现和推崇那些在一般条件、常态环境下受学生喜欢和尊敬的教师。

◆教师的工作需要物质奖励，但他们也特别看重教学以及在与学生交往过程中的成功，珍惜从中获得的成就感。

其实，在平凡、日复一日的工作中，每个教师都有这样的成功和成就体验。每个教师都渴望被重视，而且只要有机会，每个教师都可能发展。我们希望不要过度使用选优拔尖的方式而引发同侪的不愉快竞争，导致大批教师产生厌倦感、挫败感。我们不要人为地夸大教师间的发展差异性。

◆教师要安心教书，潜心育人，校长要沉下心时刻关注课堂。说到底，教师要学会和学生打交道，校长要学会与教师打交道。他们的心思必须用在学校、学生和教师身上。

因此，教育行政并不需要频繁地布置工作和评比检查，更不需要用那些评价标准武断地衡量学校和教师的发展。要让大家安心做教育本身的事，有计划、胸有成竹地安排自己的工作。安心和专心是提高教育质量最重要的基础和保障。

◆我们希望把钱更多地用在改善教师的工作条件上，用在旨在改善教育教学的研究上，用在有质量的培训上。

随着国家财力的增强、教育投入的加大，我们更加需要反思钱往哪里投和钱的使用效益。支持职后培训应当是未来重要的资金投入方向，但职后培训从思路到组织管理，从内容到方法，从如何选择受训者到学习者如何选择内容都需要做改革调整。例如，培训内容的专题化、主题化，以问题为本的学习方式，重视中距理论、实践性知识，研发组合式课程模块，让学习者有学习进修和选择内容的自主权。

总之，建设我国中小学教师队伍的任务极其艰巨，政府已在行动，学术界的认知也在深入。我们期待变化来得快一点、早一点。

"教师专业化成长"①

一、"教师专业化成长"的概念与范式变迁

"教师专业化成长"的概念长期以来并不为我们所熟悉，只是近年来才渐渐地见诸文字，进入我们的研究视野。"教师专业化"真正被作为一个学术概念来探讨是 20 世纪 60 年代的事情，但就其自身的演化历程来看，可以上溯到 17 世纪的欧洲。因此，在考察当代教师教育问题之前，有必要先对这一概念的形成史及其范式变迁做一大致的了解。

劳伦斯·克雷明对世界师范教育的历史做过一个分期研究，他认为世界师范教育大致经历了四个时期：从 1600 年到 1789 年为无兴趣时期；大约从 1789 年到 1860 年为学校扩展和师范学校发展时期；从 1860 年到 1910 年是以文理学院和大学中教育系的发展以及师范学校变成四年制学院为标志的时期；从 1910 年至今是以提高入学率、扩大课程、努力提高教育事业的水准为标志的时期。② 参考这一观点，我

---

① 本文是作者发表在《南通师范学院学报(哲学社会科学版)》2001 年第 1 期上的文章。
② 瞿葆奎：《教育学文集　第 12 卷　教师》，567 页，北京，人民教育出版社，1991。

认为"教师专业化"概念在历史上的演变可以分为五个时期。在 17 世纪以前的欧洲，儿童教育工作由起初的家庭成员或教会神职人员逐渐改由教师担任，最早作为教师职业出现的是小学教师。起初小学教师相当于商业行会中"私密"性的工作，是一种手把手的技艺传授，带有临时性和即时性的意味，并不包含普遍的知识价值。当时流行的看法认为，从事小学教师的工作是不需要进行专门训练的，因而也就更谈不上把教师职业看作一个专业，我们把这一漫长的时期称为"教师的无专业化概念时期"。到了 17 世纪，吉森大学的两位教授提出了"教师专业化"的概念，对这个问题有了一个自觉的意识和表达，但还没有就其内涵做出明确的阐释。事实上，所谓"教师专业化"，就是承认教师职业是个专业。18 世纪以前，人们不仅在意识上普遍不承认这一点，而且在实践操作上也没有对教师进行制度化的培训。直到 18 世纪初，一方面，随着班级授课制在欧洲的日益流行，初等教育的入学率得到了迅速提高，这种"训练式"的教育需要成批受过训练的教师；另一方面，由于人类知识增长到一定时期，教育知识渐渐地从中分化出来。基于这些客观条件，以法国初等师范学校为代表，世界上最早的一批初等师范学校在欧洲相继建立。随着师范教育的日益发展，教育是不是知识、知识类型中有没有教育知识、教育知识能不能系统化和科学化的问题变得越来越尖锐，也得到人们越来越多的重视和回应。从一定意义上说，从"教育的无专业化概念时期"进入"专业化概念时期"，这是与人们对知识和教育知识的看法密切相关的。纵观西方思想史，最早对知识分类的是古希腊的柏拉图，他把知识划分为想象、信念、推证知识和理性知识四个层级。之后，亚里士多德对这一分类做了矫正，他在打破柏拉图的二元世界观的基础上，认为世间的"存有"是多种多样的，对不同对象的探究应有不同的方法，因而人类的每一个工作领域也都有其相应的知识，同时各种知识在总体上又可以分为实践理性、理论知识和技术知识三个层级。但是历史上对于这一问题的看法却时有反复，到了笛卡儿时代，人们的基本立场又回到了柏拉图的观点，认为只有那些具有普遍价值和意义的知识才称得上知识。笛卡儿对知识所做的窄化理解在整个近代甚至现代的欧洲大陆都产生了深远影响。在这一理念的观照之下，19世纪初，以康德的《论教育》（1803年）和赫尔巴特的《普通教育学》（1806年）的出版为标志，作为"圆熟的教育智慧"的理性化的教育知识逐渐登场，我们把这一时期称为"形成教育文化的时期"，它为大踏步地走向教育专业化奠定了理论基础和知识基础。到20世纪60年代，人们开始把教师的专业化问题纳入了学术讨论的视野。这场讨论形成的主导意见认为，除了市场对大规模培养教师的客观需求之外，教师专业化还应当具备如下几个条件：①是否拥有系统化了的成为理论的教育知识；②是否承认教师职业需要一套专门化的知识来培养；③是否拥有一套相对独立的、鲜明的伦理规范体系；④从事教师职业的人数是否足以形成行业组织等。根据这几项条件，现在有两种不同的看法：一是认为教师是一个专业化的职业；二是认为教师的专业化程度还很不够，对教育知识的科学性仍持有异议，因而教师职业充其量只是一个"准专业"。但不管怎么说，人们已经意识到教师职业正在往专业化的方向前进，对教师提出专业化的要求是人类社会发展的必然趋势。

伴随"教师专业化"概念的产生和逐渐明晰，在国际师范教育实践中对教师进行专业化培养大约经过了六种范式的变迁（主要参照美国的情况）。第一种被称为"知识论"的范式，即以知识为基础的师资培养范式。这种范式在理论上可以追溯到笛卡儿的"普遍知识"和赫尔巴特的"普通教育学"，甚至可以上溯到柏拉图、亚里士多德和康德的知识分类。这种范式认为，教师的专业化就是知识化，知识的表达形式又有三种：①命题的知识，即用法则的方式表达教学普遍原理；②个案的知识，即通过情境的把握从而获得的对教育的特殊认识；③策略的知识，即一种实践的行动知识，是对普遍教育原理运用于特殊案例的可能性的认识。只要掌握了以上三种知识，教师的专业化也就自然达成了。这种范式在历史上受到的最大挑战是，1957年苏联卫星上天促使美国社会各界对本国基础教育质量的深刻反思，把基础教育落后的原因归结于实施了"知识论"的师资培养模式而导致师范教育质量太低，认为这种范式只注重了对儿童进行教育的知识而忽视了学科性知识。基于这种认识，在20世纪60年代以前的美国，人们对初等师范教育和中等师范教育的评价是比较低的，并且在相当长的时期里还认为中学教师依其学科特长是有专业的，而小学教师则是无专业可言的。这种一正一反、矫枉过正的情况引起了人们的广泛忧虑。于是，在20世纪60年代中期到20世纪70年代初实现了范式的转换，由"知识范式"转为"能力范式"。这种范式强调教师不仅要有一般的知识，还要有综合的能力，要有把知识表达出来、传递出去、教会学生的能力，要有与学生沟通、共同处理课堂事务的能力。它的理论基础和根据主要是当时美国心理学界流行的行为主义。行为主义认为，研究教师就应当把教师的工作行为化、外显化，从而把它分解为一个个独立的行为领域加以仔细研究和琢磨，然后将这些行为模式用来交流、培训和传递。这种范式的优势是它在一定程度上可以量化、显性化、标准化和程序化，便于对教师的教育行为来进行研究、分析与考核、管理。但是它的不足也是十分明显的，即容易忽略教育工作背后所深藏的教师态度、人格等内在因素。所以，这种范式不久就受到了来自各方面的挑战，从20世纪60年代末开始，在美国又兴起了一种"情感师范教育范式"，也有人将其扩展为"人格师范教育范式"。这种观点认为，研究行为固然是重要的，但更可贵的是教师的内在人格和条件，是教师对学生的爱心，即教师能否注意和关心学生的情感发展，教师自身是否具备情感、人格方面的条件。不过，由于美国教育中有着深厚的实用主义传统，这种范式很快就被再一次引向"儿童中心论"，从而受到人们的质疑和指责。第四种是"建构论"的范式，它的理论根据来源于皮亚杰对人的认识发生的机制研究和其建构主义的指导思潮。这种范式的基本观点认为，知识是不定型的，是不断扩展的；知识是在学习者和教学者之间互动，从而共同建构的。因此，它不强调把固定的知识给教师，也不强调教师的外显行为和能力，更不强调知识教学的情感与人格，它强调教师是一个成长过程中的人，需要不断建构自己的知识体系，需要在与学生互动的过程中完善自己的知识体系，需要把知识变成完全个人化的、用自己生命去体会的而不是外在的东西。这种教师培养范式在当今国际上可谓方兴未艾。第五种是"批判论"的范式，它在西方社会较为流行。这种范式强调，教师不仅要关心书本的知识，还要关心学科知识之外的社会政治、经济和文化的合理性。教师要依靠自己的独立思考和个人化的经验去理解、同化、批判和质疑社会文化，而不能沦落为既定制度和群体性文化的"俘虏"。换句话说，教师应当对课程之外、学校制度之外的整个社会保持一种关心、兴趣和审视的眼光，应当主动地介入社会生活并保持一种独立立场。因此，这种范式主张培养教师的独立思考能力与个人化地理解教育和处理教育境遇的能力。第六种是"反思论"的范式，这种范式正在逐渐成为国际师范教育的主流，主张教师的成长应该培植"反思"意识，不断反思自己的教育教学理念与行为，不断调整自己，获得事业成长。

二、"教师专业化成长"的完整内涵及价值取向

从"教师专业化成长"概念的形成和发展来看，它是一个进步的思潮和进步的运动，但是由于受到近现代以来的工业文明和科技文明的

浸染，它又发生了很大的变异。这主要表现为人们对"专业化"的理解出现了一些偏差，把"专业化"概念简单地归结为知识化、学科化、理论化、工具化和技术化。为了扭转这种偏差，我认为"教师专业化成长"的完整内涵包含这三个系统：观念系统、知识系统和伦理与心理人格系统。现在我们比较强调的主要还是知识系统，但我们对知识系统的理解又比较狭隘。我认为应当强调三个系统的共存和互动。

第一个系统是观念系统，它对于一个教师的成长而言是最为重要的。从近年来国际教师研究的发展动态来看，对教师个人化教育观念（也称为"教师个人信念"）的研究已经成为一个热点。人们越来越认识到，在教育的实施过程中渗透和体现着教师的教育理念，这种理念又需要在一定的教育场景中个人化。比如，不同的文化境遇对于教育的理解是不同的，欧洲文化比较强调教育中教养的方面，认为教育主要是教化人的品行和素养，而美国的实用主义文化传统则强调教育的知识传授与应用功能。今天，我们认为教育是完整的，它既包括教养又包括教学，其中德性的教育是整个教育的灵魂。因此，身处不同文化中的教师对教育可能有着迥异的理解，一个教师对教育有什么样的理解，就会把这种理解带入自己的教育实践中，从而构成一种特殊的教育面貌。过去，很多教师把教育理解为阶段性的，因而在教育中一味地强调知识的灌输，认为多给孩子知识是对孩子的爱。如果一个教师把教育看成是全人生的，把未来社会理解为一个终身学习的社会，那么情感的培养和人格的塑造就将重于知识学习而成为教育的主题。日本教育专家冈本熏在其所著的《太阳升起的地方》一文中对日本教育做过深刻的反思，他认为日本的"升学教育"过于强调知识学习而忽视了情感培育。日本文部省在1980年以后规定小学教育的目标是培养学生的情感人格。事实上，在我看来，小学教育实质上就是一种情感人格教育，主要是一种感官教育，因为人的情绪情感方面较之逻辑认知方面发展得更早，更容易被"唤醒"，因此，对学生的感性方面及早进行教育和培养有利于其一生的发展。爱因斯坦认为，一个人在20岁以前接受的教育应当是一种感情教育，说的宽泛一点就是素质教育。因而，教师对教育的理解是教育实际得以发生的内在根据。再如，过去我们一向把德育理解为把既定的道德规范传输给下一代，并教导他们按照这一道德要求去做，基本上是一种知识取向的、学科取向的、成人向儿童以及群体向个人单向度灌输取向的道德教育。然而有研究者经过调查发现，今天的道德教育事实上并不是单向度的，并不仅仅限于从成人向儿童的流动，而是需要建立这样一种道德教育观念：向孩子学习，从而两代人共同成长。又如，过去我们习惯把课程看作基于一定的学科领域，按照既定教学大纲，实施具体的教学意图的一个过程。但是，现在人们更多地把课程理解为学生的学习经历。因此课程具有多种模式，它可以是阶段性的按部就班的学习模式，此模式强调学生自己从学习中获得体会构成经历；也可以是一种"登山型"的模式，强调学生在学习过程中的能动性和个体差异性。总之，如果教师对教育、德育、课程都有一个健康的理念，在今天来说是"专业化"的一个非常重要的标志。

第二个系统是教育知识系统，它可以有几种理解方式。一种是按照知识的门类来分，它包括学科的知识，教学法的知识，认识与了解儿童的知识，各种作为教育背景的自然、社会和人文科学的知识。另一种是把知识分为以下三个层面：①严格的认知层面的知识，它包括学科性知识、教育专业的知识等各方面具有事实内容的知识；②导向判断和意愿层面的知识，它不是陈述性知识，它表征的是教师对教育规范的把握水平、判断能力和对现场问题的敏感性；③行动过程中包含的运作层面的技巧性知识。可以说②和③都是一种实践的智慧，但前者是实践智慧中导向内在善的知识，是一种人格性的知识，而后者则侧重于外在的技巧，如语言技巧。这三个层面的知识构成了教师的知识系统，它是融合了理论、实践和技术，统整化了的知识形式。教育知识的产生并非仅止于学科内容和教育理论知识的获得而已，也非教学技巧的娴熟，而应是教育知识结构的整体洞悉与睿智的价值判断力和圆融教育专业人格的形成。① 还有一种是把教师的知识分为"外界知识"和"内部知识"。"外界知识"是通过培训、进修、研习班、研讨会、工作坊、外来讲者、专业顾问、研究结果、改革计策、教育教学专著等途径来获取。"内部知识"则是从教学实践、教学反思、同僚给予的意见和试验这些意见后的体会等途径中来获取的。两种知识都重要，并且应当交互作用。

第三个系统是伦理与心理人格系统。它具体分为伦理价值和心理两个层面，并进一步整合为教师的人格层面。"人格"的概念很复杂，从伦理的层面研究教师人格注重的是教师的德行，从心理层面研究教师人格关注的是教师的心理发展状况、个性发展状况及心理健康与否。这里主要包括两个方面，一个是从价值层面考虑教师的伦理性，它突出表现为教师爱、教育爱；另一个是从心理方面考虑教师是否具有自我效能感，这是国际师范教育研究的又一热点。一个教师对自己的教育教学是否自信，是否相信自己能够实现自己的教育教学目的，其教育质量和教育效力如何，其心境是否平稳，情绪状况如何，对自己是否具有起码的自信，这些集中表现为教师的自我效能感。

我认为以上三个系统才能构成"教师专业化成长"的完整内涵。当然，这三个方面又不是完全并列的，就其总体价值取向而言，可以归结为教育的人文精神和教师的人文精神。现在，我们更加认同这样一

---

① 杨深坑：《知识形式与比较教育》，29 页，北京，扬智文化事业股份有限公司，1999。

种看法：教育是人的事业，是发展人的事业，是人和人、人对人的活动，是人和人的交往，是人对人的理解。所以，1984 年美国教育专家克莱博等人明确提出要用人的发展理论培养教师。他认为，到目前为止，对教育改革的呼吁实际上忽略了师资培训中的一个方面：虽然许多研究报告人员时常指责师范教育过于强调教育方法而牺牲了教学内容，但他们中却无人涉及影响着师范教育的最严重的问题，即师范教育缺乏科学基础。[1] 这一基础说到底就是人的发展理论，需要强调的是教师如何在课堂上应用这一理论。因此，我认为人本主义、人文精神、人的发展理论应当称为教师专业化的灵魂与核心。

三、当前教师培训中的问题、方法及思考[2]

事实上，当前的教师培训一方面得到了迅速发展，但另一方面也存在着不少的问题。

第一，培养目的方面的文凭主义和学历主义。随着近年来教师市场的开放和职业流动的日益加强，人们对专业的理解变得越来越开放，也越来越富有弹性，这就要求我们在师范教育中强调宽口径、宽平台的培养模式，使师范生有可能在未来社会中适应不同工作。这就是说，我们既希望经过师范教育的人能安心做教师，又允许他们从事其他的工作。目前我国采用独立设置的师范教育来满足不同层次和不同地区对教师的需求。因此，一方面仍然需要用文凭教育的方式来培养教师；另一方面也要积极尝试"教育学程"的方式。但是，是不是拿了教育的文凭，进修了教育的学程就能够担任教师的工作？文凭和学程是否就

---

① 瞿葆奎：《教育学文集　第 12 卷　教师》，573 页，北京，人民教育出版社，1991。
② 此处的"教师培训"泛指教师教育，它包括新师资的培养和教师的继续教育。

对应了"专业化"的概念呢？其中还存在着很多问题。

第二，培训内容上的理论脱离实际。最近的调查表明，师范教育中教育学、心理学等教育课程对培养教师的贡献率很低。这一方面是由于师范教育重视了学科教育，但对教育专业课程的改革力度不大，从而导致教育专业课程的教材陈旧、教育观念落后、教学方法单一；另一方面则是由于教育培训中理论严重脱离实际。我认为，一是在校师生脱离教育现场的实际，因为他们对学校教育的整体状况知之甚少，所以对理论的学习由于缺乏与现实的联系而无法形成一定的教育意义，因而这些理论就不会成为他们生活的一部分，也就不会成为他们将来在教育实践中有意识践行的东西。二是这些理论脱离了教师个人的生存现状的实际。

第三，培训方法受技术理性的控制。这个问题在目前相当突出，并有愈演愈烈之势。有些人不顾客观情况的差异，一味地强调教育的技术化、量化和外显化，忽视了教育从根本上讲是一项内在化、心理化和复杂化的事业。

就教师培训的方法而言，它包括理论培训和实践培训两个方面。在理论培训方面教育课程体系的设置至少有四个方面的知识体系是需要考虑的。第一，教育哲学和教育基本理论。从一定意义上说，哲学是浩大精深的，它是人生的智慧，是思维方法的宝库。运用哲学可以帮助我们加深对教育和教育中人的理解，哲学可以让我们把教育理解得更为人性化和生活化。开设这门课程所需要的是深厚的知识背景，圆融地驾驭各种知识的能力和历史性、辩证性的思维能力。第二，教与学的心理学。事实上这一方面的理论发展十分迅速，如"多元智能理论""身心发展跨度理论"等都是刚刚发展起来的，这些对教师理解教和学有着非常大的帮助。第三，学生辅导技巧。它包括学生的心理辅导、道德辅导、情绪辅导、人格辅导等方法与技巧。第四，科研方法的一般知识。

在实践中培训是目前教师培训的主要途径，它具有较理论培训更为持续的效力和广阔的前景，因此，它更加需要寻找一些有效的方式。我认为可以通过以下方式在实践中来培训教师。第一，通过课程研究和课程开发来培训教师。教师主要是以课程为载体展开和表现教育过程的，但是长期以来教师只是课程的执行者，而不是课程的开发者。目前教育改革的趋势是走向课程的多元化，走向"一纲多本"甚至是"多纲多本"的道路，所以就可以借开发课程、开发教材达到教师培训的客观目的。其实，所谓"开发"有两个含义：一是对既定的课程和教材做开发性的理解和研究，可以借此丰富个人的见解；二是可以开发校本课程。现在看来，这是教师成长的一条重要途径。第二，运用反思型的方法培养反思型的教师。这种方法强调教师对自己的教育理念和行为反思，提倡写教育日记、观察日记、课堂实录。有学者提出"经验＋反思＝成功的教师"。第三，通过科研实践来提高教师的教育素养。现在，有一些学校已经意识到科研对于教师培养的内在价值，但是其中仍然还有很多的问题需要进行继续研究，如一线教育科研的目标如何定向，研究问题如何搜寻，科研方法如何定位等。其实，教育专业研究人员的科研活动是为了发现教育知识并且将其系统化、理论化，但一线教师的科研目的是在发现教育知识的基础上，将其返回用于教育现场，从而改善现实的教育活动，提高实际的教育质量，这才是一个比较端正的研究方向。因此一线教育科研的选题应当完全来自学校、来自教育现场。华东师范大学的陈桂生教授和几名青年教师在上海某小学组织了一个"教育研究志愿者小组"，他们和小学教师一起进行科研工作，让教师从教育实际中提出题目来进行共同研究，这种做法比较适合一线教师。在行动中研究，这就是所谓"行动研究"，"行动研究"是比较适合一线教师的。我们主张教师的在职培训应当更多地倚重行动研究的方法。第四，通过"校本管理"来进行教师培训。所谓"校本管理"是指一个学校的管理应当有自己的特色和独特的管理理念。它体现了一个学校总体的办学方略。正是通过这种有特色的管理，才能把学校整体的教育理念贯穿到每个教师日常的教育工作中，这就达到了对教师进行校本培训的目的。例如，莫斯科的一所学校为了进行"自我教育"的校本课题研究，强调学校管理必须遵循自我教育的原则，全校教师都应该熟悉自我教育的整个理念和实验过程，它还特意建立了一个师范学院来培养能够从事自我教育实验的教师。又如，香港的港澳信义会慕德中学的教师培训是通过每周五由校长主持的"学校改革讨论"课程来进行的，这种方式凝聚了教师，有助于形成学校共同的教育理念、办学风格和办学模式。

总而言之，当今中国的师范教育正处于一个变革的时期。在过去，不管是中等师范教育还是高等师范教育都为中国的教育事业做过巨大的贡献，今天我国的中等师范教育甚至是高等师范教育都面临着向何处去的问题。我认为，师范教育体系和教育结构是可以变化，也是应当有所变化的，世界师范教育发展的共同趋势是不以人的意志为转移的。首先，这种变化应该分步走，应该视省情、市情、区情的不同而采取不同的方式和步骤稳步前进，绝不能搞"一刀切"和"一风吹"。其次，我认为教育的体制可以改变，但是教师专业化，教师培养的高标准、高要求不可动摇，并且是需要进一步强化的。在 21 世纪的今天，教师的专业化是不可阻挡的历史潮流，大力发展教育学科这一点不可动摇。对此，我们必须保持十分清醒的头脑。

走综合发展之路

——培养自主成长型教师[①]

在步入 21 世纪之际，我国教师教育发生了战略性和结构性的转变：原来独立和封闭的师范教育体系，正逐渐被由师范院校与综合性大学共同参与，被具有开放性、多样性、终身性特征的教师教育体系所取代。与此同时，人们越来越清醒地认识到，教师素质是决定教育质量的关键因素。我们认为，21 世纪的教师应该是具有自主选择、自主反思、自主建构、可持续发展的教师。我们把这样的教师称为自主成长型教师。

一、传统高等师范教育的主要弊端

检视传统高等师范教育，大家都认为它存在着许许多多亟待改革的弊端。许多理论工作者、实践工作者和管理者做出了种种分析和概括，如批评传统高等师范教育知识片面化、专业过窄化、通识基础薄弱，内容陈旧、方法呆板、模式单一、创造性不足，学生成就动机不

[①] 本文出自作者与笪佐领主编的 2003 年由南京师范大学出版社出版的《新世纪教师教育的专业化走向》一书。

高、师范精神和素养消融，等等。我们认为，种种外显的弊端无不植根于教育主体性的缺失。失去了人本精神的传统高等师范教育，必然走向工具化、器皿化和表浅化，成为苍白无力的、无灵魂的教育。

在过去很长一段时间里，人们习惯于把教师看作实现教育目的的手段和工具。教师培养的手段和工具在历史上存在三种模式。一是传习性知识型师范培养模式，它以知识为基础，或强调学科知识，或强调教育专业知识，但都把知识传承作为高等师范教育的核心内容，支撑的是一种维持性学习。二是传统技能型师范培养模式。它认为教师不仅要有知识，还要掌握基本的教学技能，要有把知识表达出来、传递出去、教会学生的能力，要有处理各种日常教育事务的能力。三是传统伦理人格型师范培养模式。它从传统教师形象期待的应然出发，坚持"学高为师，身正为范""修身律己""慎独慎微"等伦理人格要求，将教师人格升华。现在看来，这三种模式已经不适应开放社会和开放教育的要求。今天的教育以教会学习、学会学习作为主旨，不再执着于各种确定的知识，而是把激发受教育者的学习愿望、兴趣和动力放在首位，要求一种建构性的学习。今天，职前教师需要发展的不仅是"三字一话"的技能，还要求熟练掌握现代信息技术和教育技术；不仅要求会传授知识，还要掌握与学生沟通和在复杂情境中灵活处理教育问题的能力；不仅要有与同侪合作的能力，还要有参与社区生活的能力。今天的教师伦理超越了传统界限，要求职前教师能够在多元社会中学会辨别道德是非，做出道德判断和道德选择，并且勇于承担道德责任。他不仅是学生的道德老师，还向学生学习，和新一代共同成长。今天教育的快速变革对教师的心理素质也构成了严峻挑战，要求职前教师学会自我心理调适，从而适应不断变动的教育环境和教育任务。这就要求全面构建面向 21 世纪的自主成长型教师的培养模式。

二、教师生涯的终身发展性对自主成长型教师的呼唤

21世纪展现在人们面前的是一个全球经济一体化和信息化的时代。无论是在广度上还是在深度上，知识都在高速增长、飞速拓展、快速应用。面对这样一个知识和技术不断推陈出新、信息喷涌剧增的时代，教师必须不断学习、不断"充电"、不断提高。在这样一个"后喻文化"的时代，教师已经不可能再用一本教科书来束缚学生的视野；在某个知识领域，教师和学生可能会站在同一起跑线上，甚至有时教师的起步可能会更慢。时代要求教师不仅有"一桶水"，还必须是有源头的"活水"，是"涌泉"。教育机构培养出来的教师，从此不得不接受这样的事实，即他们的入门培训对他们的余生来说是不够用的，他们必须在整个生存期间更新和改进自己的知识和技术，他们必须具有终身学习的能力和可持续发展的素质。换句话说，他们必须能够"自主成长"！

国际教育的发展历程有两条线索可以供我们参考：一是伴随教师教育的展开，教师专业化思潮风起云涌，培养自主成长型教师是教师教育的必然趋势；二是教师教育的培养范式出现了根本性的转换，这些转换昭示着教师教育正朝着培养反思型、研究型、可持续发展的教师方向发展。

（一）自主成长是教师专业化发展的必然要求

从国际教师教育发展历程来看，教师专业化一直是各国教师教育努力的方向。早在1966年，联合国教科文组织和国际劳工组织就强调教师的专业性质，提出"教学应被视为专业"。时隔30年，1996年联合国教科文组织在日内瓦召开了第45届国际教育大会，会议通过了九项建议，其中第七项就是"专业化：作为一种改善教师地位和工作条件

的策略"。《中华人民共和国教师法》规定，教师是履行教育教学职责的专业人员。这是我国教育史上第一次从法律角度确认教师的专业地位。1995年，我国建立了教师资格证书制度，为提高教师专业化程度和发展高等师范教育提供了条件和机遇。然而，时至今日，为什么有的人还在怀疑教师职业的专业性呢？除了我国长期以来受传统教育观念的影响，对"专业""专业人员"的研究不够重视，对教师工作的专业性认识不足等原因外，应该说与现今教师职业并没有表现出太多的"专业性"也有关。

长期以来，社会上有一些误解，认为中小学教师所教的知识较浅，没有很高的学术性，谈不上专业性，似乎谁都可以做中小学教师。部分中小学教师教育教学专业素质不高，教育教学方法不当甚至错误，也从另一方面说明中小学教师的专业化程度有待提高。如果教师对自己的学科领域能够更具专长，或者说具有对课堂事件进行慎思和反思型决策的能力，那么，教师的专业化将会得到极大的加强。教师教育应该重视培养教师的思维能力，使教学作为一门专业。教师不是，并且不应该是没有自己思维的遵奉者。教师在复杂多变的环境里工作，他们应该是问题的解决者和决策的制定者，他们必须有能力去处理未预料到的情况，并能够对后果承担责任。他们应该具有研究能力和自我反思能力。也就是说，培养自主成长型的教师是教师专业化的必然要求。

(二)培养自主成长型教师是国际教师教育的发展趋向

纵观国际教师教育历程，先后出现过六种教师培养范式。在教师培养过程中，人们首先认识到的观点是教师必须具备一定的知识。因此，教师教育非常重视文化知识的传授，认为教师的专业化就是知识化，这是第一种范式——知识范式。到20世纪60年代，这种范式受到了极大的挑战，人们逐步认识到教师不仅要有一般的知识，还要有综合的能力，要有把知识表达出来、传递出去、教会学生的能力，要有与学生沟通、共同处理课堂事务的能力。于是，这时的教师教育由知识范式转向能力范式。与此同时，许多学者经过大量的调查研究发现，一个教师如果仅仅拥有知识和能力，也不足以成为好教师，当教师的知识水平达到一定程度时，影响教师教学水平和教学质量的因素是情感性因素。[1] 于是，又兴起了第三种范式——情感教育范式，强调教师对学生的爱心，即教师能否注意和关心学生的情感发展，教师自身是否具备情感人格方面的条件。随着皮亚杰对人认识发生机制的研究以及建构主义哲学思潮的影响，形成了第四种范式——"建构论"范式。该范式认为，知识是不固定的、是不断扩展的，知识是在学习者和教学者的互动中共同建构的。因此，它强调教师是一个成长过程中的人，需要不断地建构自己的知识体系，需要把知识变成完全个人化的，是用自己的生命去体会的，而不是外在于自己的东西。第五种是"批判论"范式，这种范式强调教师不仅要关心书本知识，还要关心学科之外的社会政治、经济和文化的合理性。教师要依靠自己的独立思考和个人化的经验去理解、同化、批判和质疑社会文化，而不能沦为既定制度和群体性文化的"俘虏"。换言之，教师应对课程之外、学校制度之外的整个社会保持一种关心、兴趣和审视的眼光，应主动地介入社会生活，并保持一种独立立场。这种范式主张培养教师的独立思考能力。第六种是"反思论"的范式，该范式正逐渐成为国际师范教育的主流，主张教师的成长应该培植"反思"意识，不断反思自己的教育教学理念与行为，不断自我调整、自我建构，从而获得持续不断的专业成长。

从教师培养"范式"转换流变中，我们可以看出这样的过程：由重

----

[1]　常波：《西方反思型教师教育思潮兴起背景综述》，载《外国教育研究》，2000(2)。

视教师知识素质、能力素质、人格素质到重视教师的自主性、主体性素质。这个过程呼应不同时代的经济文化和时代精神的要求，也是对教师教育本质规律认识不断深化的结果。

教师的"自主成长"取决于两方面因素。一方面，教师必须具有内在的"自主发展"和"自我提高"的心理需要，也就是指向"成长"的成就动机；另一方面，教师必须具有能够实现"自主成长"的身心支持性素质。这两方面因素决定了"自主成长"教师的素质结构。教师内在的成就动机取决于教师的职业价值取向、教育观念、伦理与人格方面素质；身心支持性素质主要表现为优秀的智能结构和情感智慧。由此，我们可以提出这样的假设：自主成长型教师是一种具有内在积极要求的发展动机，不断反思、不断探究、不断进取，具有可持续发展素质，主动适应社会发展需要和社会条件的新型教师。自主成长型教师应该具有自主性、反思性、探究性、创新性和可持续发展性的典型人格特征；其身心发展素质结构应该由相应的相互关联、相互影响的教育观念系统、教育知识系统、能力系统、伦理与心理人格系统组成；他们在教育实践中应该是一个拥有现代教育观念的教育者，一个在学习化时代具有可持续发展能力的学习者，一个具有课程开发能力的教学内容组织者，一个在实践中不断自我反思、自我建构的研究者。

三、走综合发展之路，创建教师教育新体系

培养自主成长型的教师，需要为受教育者创造一种个人化的大学经历。对于一个自主成长型的职前教师而言，一种有意义的大学经历是由三种类型的学习构成的。第一种是建构性学习，致力于培养一种智慧力量，学习者在活动中和他人互动、和环境互动、和人类文化互动，以理解、体验等方式进行主动的意义建构，从而把对世界的认识

构建成一种独特的样式，将每一种新的事实、经验或理解以个人的方式连接在一起，形成属于个人的"意义丛"。第二种是支持性情境的学习，大学要着力开发并向学生提供丰富多彩可供选择的教育资源，使学术文化传统、校园文化氛围、大学管理文化等整合成一种支持职前教师成长的文化情境，让每一个职前教师在自主成长中获得尽可能丰富的改造性体验，从而激发他真实的认知动机和敢于面对真实与复杂性的勇气。第三种是开放性的学习，提倡、鼓励职前教师不断"进入生活"，走向社会，参与各种活动，包括校园文化活动、社区活动、志愿者活动、社会实践活动和教育实习等，在活动中培养行动者的品格和能力，使其在行动中学会承担责任，经受磨炼。

显然，能为自主成长型教师创造这种有意义的大学经历的高等学校，应该拥有多样化的学科专业结构、较高的学术水准、深厚的理智传统与文化底蕴、纯洁清澈的思想空气，这些是传统的高等师范院校所不具备的或不完全具备的。长期以来，高等师范教育存在一个争论不休、深受困扰的"师范性"与"学术性"的关系问题，反对"向综合性大学看齐"。其直接后果是高等师范教育很难向多学科的综合性方向发展，学术水准不高，"师范性"也遭到了庸俗化、表浅化。为了培养和造就自主成长型教师，我们必须走综合化发展之路，创建教师教育的新体系。

我们本着以上对现代教师教育和 21 世纪自主成长型教师的理解与认识，在南京师范大学的教师教育实践中，对传统的高等师范教育做了以下改革和创新。

第一，调整学科专业结构，创建综合化的学科专业结构和育人环境。近年来，我校的全日制本科专业，已从 29 个发展到 55 个，为职前教师提供了非常丰富的可以选择的课程资源。

第二，努力提高学科的建设水平，重塑师范大学的学术形象，不断拓宽和强化科研育人的渠道。在近几年的学科建设中，南京师范大学的硕士授权点由 37 个发展到了 61 个，博士授权点由 6 个发展到了 28 个，并且拥有了 3 个一级学科博士授权点，5 个博士后流动站，全校整体的学术水平有了大幅度的提升。与此同时，我们十分重视科研反哺本科教学，出台了《南京师范大学关于拓宽和强化科研育人的若干意见》，采取了十多条措施加强研究性学习，着力培养具有创新精神和实践能力的专门人才。例如，文学院对本科生开设了一门科研训练课，其教材是本院各学科教授、专家的论文代表作，上课时由论文作者介绍论点的产生、材料的搜集、论文的写作与修改、论文的创意和不足，现身说法，并指导学生撰写论文，使学生既学到了科研方法，又学到了科学精神，提高了创新精神和科研能力。

第三，贯彻通识精神，全面实行文化素质教育证书制度，切实推进素质教育。我们从 1999 年开始，在全校实行了大学生文化素质教育证书制度，要求本科学生必须获得 12 个文化素质教育学分才能毕业。每学期都要开设全校性的文化素质教育讲座 100 多场，各院（系）每周还在本科生中开展"学术日"活动，举办学术讲座或学术沙龙。

第四，重组课程体系，改革教学管理制度，构筑学生多维、多向、自主发展的成才"立交桥"。在我校新的教学计划中，本科生的课程由大学通修课程，学科平台课程（分文、理、工三大类），专业主干课程，自主发展课程四部分组成，有利于学生充分利用学分制在一二学年后重新选择专业和在各学年跨专业选修，有利于培养宽基础、复合型人才。

第五，整合教学内容，构建新的教学模式。这一点在我校地理科学学院的重要基础课——"自然地理学"中得到了较为充分的体现，做得比较成功。我们的教学改革主要包括三个方面。一是将原来含有 8 门学科的课程内容按照地球的四大圈层及其相互关系加以整合，整合前后的教材框架见表 1 所示。二是实行"4＋3＋3"的教学模式，即 40%

的课时进行系统讲课，30％的课时安排专家讲座(其中一半时间用于师生交流)，30％的课时就近安排实地教学。三是采取"二三三"模式进行地理野外实践教学，即将地理实践教学分为课程实习和综合实习两大部分，基础、提高、拓展三个层次，必修、指定选修和任意选修三个类别。这一改革取得了很好的效果。

表1　南京师范大学"自然地理学"教材框架比较

整合前的"自然地理学"框架	整合后的"自然地理学"框架
地球	1. 自然地理学与地球表层系统
地壳(地质)	2. 各圈层的组成、结构、运动与特征
大气和气候	(1)岩石圈与地表结构与轮廓
海洋和陆地	(2)大气圈与气候分布规律
水(水文)	(3)水圈与水平衡
地貌土壤圈(土壤地理)	(4)生物圈与生态系统
生物群落与生态系统	3. 圈层间的相互作用
自然地理综合研究	(1)大气圈与岩石圈的相互作用
	(2)水圈与岩石圈的相互作用
	(3)水圈、大气圈、岩石圈的相互作用
	(4)生物圈与岩石圈、水圈、大气圈的相互作用
	(5)水圈、大气圈、生物圈、岩石圈的相互作用与地球表层系统
	4. 自然地理学的应用——方法原理与实例

第六，适应中学课程综合化的改革走向，开设跨学科课程，培养学生综合思维和综合实践的能力。例如，物理科学学院的刘炳升教授面向物理、化学、生物、地理专业的学生开设了一门"科学教育概论与探究活动实践"课程。该课程不以传授综合理科的知识为主要目标，而是通过系列主题性的科学探究活动力求使学生感受科学探究式学习的乐趣，顿悟探究式学习的理念、目标、科学探究的本质特征，以及设计、组织、指导、评价中学生科学探究活动的思想方法。这样的课程深受学生的欢迎，并取得了很好的预期效果。

第七，利用校园网和互联网构筑教育实习指导平台和相应的网站。近几年来，南京师范大学对部分地区实行了师范生回生源所在地进行教育实习的教学改革，对巩固师范生的专业思想、提高教育实习的质量起到了很好的作用，但也存在着师范大学教师对教育实习指导力量薄弱、实习生之间交流不足和备课资料缺乏等问题。为了弥补这些缺陷，我们组织教师开发了基于互联网和校园网的教育实习指导平台，建立了相应的网站和资料库，还在网站中设置了实名制的实习生教研室，不仅解决了教育实习中的种种相关问题，还为中学教师提供了便捷的教学与科研方面的服务。

第八，改革单一的培养模式，为优秀学生营造更好的发展环境。目前，南京师范大学教师教育中除对全校大多数学生实行一种共同的、基本的培养模式外，还进行了一些新培养模式的改革试点，主要有以下七种。

①文、理科基地学硕连读培养模式。

②文、理科强化班培养模式。

③主辅修培养模式。

④跨专业分段培养模式。

⑤跨办学实体联合培养模式。

⑥本科学历小学双语师资培养模式。

⑦师范教育优级证书班培养模式。

我们对现代教师教育和自主成长型教师的研究，以及对创建教师教育新体系和培养自主成长型教师所做的工作，都是初步的、很不完善的。教师教育没有穷尽，我们的探索和努力也将坚持不懈地进行下去。

走向自我成长型教师培养的
高师素质教育[①]

21世纪对教育提出了新的问题和新的挑战。信息技术的快速发展及其在教学中的深层应用对教育的冲击几乎是革命性的；社会开放程度不断提高，就业形势日益严峻，文化的多元化取向逐步加强；高等教育开始走向大众化；新一轮中小学课程改革有了重大突破。所有这些都表明了今天对适应变化时代的、有活力的新型教师的期待实际上比以往任何时候都更为强烈。

检视传统高等师范教育，存在着知识片面化、专业过窄化、通识基础薄弱、创造性不足、学生成就动机不高、师范精神和素养消融等弊端，即使强调师范性特征，凸显的也往往只是知识与技能方面。可以说，失落了师范精神的传统高等师范教育是无灵魂的教育，必然走向工具化和表浅化。高等师范教育改革迫在眉睫。

回应时代的需要，我们认为高等师范教育实现真正意义上的素质教育对于重塑师范精神、建构新型的高等师范教育、提升高等师范教育品质至关重要。

---

① 本文是作者与杨一鸣合作发表在《南京师大学报（社会科学版）》2002年第1期上的文章。

一、自我成长型教师：建构新型高等师范教育培养目标

从根本上讲，高等师范素质教育就是要培养在现代教育中具有反思性的、不断自我成长的教师，这是对传统师范培养模式的一种扬弃。在过去很长一段时间里，人们习惯于把教师看作实现教育目的的手段和工具，作为手段和工具的教师培养在历史上存在三种模式。一是传习性知识型师范培养模式，它以知识为基础，或强调学科知识，或强调教育专业知识，但都把知识传承作为高等师范教育的核心内容，支撑的是一种维持性学习。二是技能型师范培养模式，它认为教师不仅要有知识，还要掌握基本的教学技能，要有把知识表达出来、传递出去、教会学生的能力，要有处理各种日常教育事务的能力。三是传统伦理人格型师范培养模式，它从传统教师形象期待的应然出发，坚持"学高为师，身正为范""自身立己""自我约束"等伦理人格要求，将教师人格升华。现在看来，这三种培养模式已经不适应开放社会和开放教育的要求。今天的教育以教会学习、学会学习作为主旨，不再执着各种确定的知识，而是把激发受教育者的学习愿望、兴趣和动力放在首位，要求一种建构性的学习。今天职前教师需要发展的不仅是"三字一话"技能，还要求熟练掌握现代教育技术；不仅要求职前教师会传授知识，还要掌握与学生沟通和在复杂情境中灵活处理教育问题的能力；不仅要有同侪合作的能力，还要有参与社区生活的能力。今天的教师伦理超越了传统界限，要求职前教师能够在多元化社会中学会辨别道德是非，做出道德判断和道德选择，并且勇于承担道德责任。

与知识型、技能型和人格型教师不同，自我成长型教师在志趣、能力和心向上具有高度灵活性，能适应社会与教育的急剧变革，有自信，会反思，能与人沟通、合作，有责任心。更重要的是，自我成长

型教师具有坚韧不拔、不断超越自我的品质。在亚里士多德看来，行动不同于一般的活动，它是主、客观的统一，是有目的的自我实现活动。[①] 教师的工作在本质上属于行动的范畴。在教育现场，教师始终会面对各种各样的问题情境，教育就是在不断的解题活动中具体展开的。考察教育的起源，最初的教师就是人类生活早期最善于解决问题的人。解题就是行动，教师的每一次行动都意味着知识、能力的重新编码，因此教师需要不断地调整知识结构、人际关系和情绪心态，并且承担由行动产生的新的道德责任，从而获得发展。脑科学研究表明，当人面对一定的问题情境时，大脑中部分神经元就被激活来发挥作用，随着问题丰富性和复杂性的提高，就会有更多的神经元得到表达。由于受各种信息的刺激，神经元的突触生长良好，由此构成了较为复杂的神经网络，增强了脑的工作能力。可见，教师的行动与教师的自我成长是统一的。自我成长型教师还是个反思者。任何形式的反思都基于自我意识的成熟，因此反思总是自觉的、指向自身的。作为教育行动者，教师的反思包括对过去职业经历的批判性审视，是在行动中面对问题将自己已经做的事情和看到的东西用一种新形式重新编码，然后利用重新编码产生的新结果来继续组织新的行动模式。因此，教师的反思是一种行动性反思。布鲁纳认为，反思是教师成长的起点。[②]实际上，当教师开始将思想的目光投向自己的活动痕迹时，就意味着对旧我所包含的教育理念和行为的扬弃，与对未来发展图景的规划，这就是一种自我超越。同时，自我成长型教师也是个学习者。在学习化社会中，知识和学习的性质发生了根本性的变化，建构性学习也受

---

① ［古希腊］亚里士多德：《尼各马科伦理学》，苗力田译，1页，北京，中国社会科学出版社，1990。

② ［美］布鲁纳：《布鲁纳教育论著选》，邵瑞珍、张渭城等译，14页，北京，人民教育出版社，1989。

到越来越多的重视，教师不再担当知识的权威。作为学生学习的指导者与合作者，教师将面对不断更新的问题情境，因此，教师需要接受新信息，并且为了解决各种各样的问题还需要不断学习将各种信息重新整合的方式，教师的学习是一种解题性的学习，是一种研究性的学习，也是一种更为有效的学习。既然教育越来越成为师生间的一种互惠行为，所以就像学生向教师学习一样，教师也应当向学生学习，从而和学生共同成长。正因为有了通过这种不间断学习而具有的知识同化结构与知识载体对个人心性的持久影响、对人生活认识和生活能力的持久影响，教师的成长才成为可能。教育是一个生态系统，探索、调查和发现是这一系统的核心，因此，教育中的每一个人都应该是发现者和学习者。围绕这一共享目标，教师和学生就结成了建构知识的学习共同体。在共同体中，每个人既分享外部组织文化，又贡献自己的经历和体验，把它作为共同资源享用，以他人经历来丰富自己的经历。因此，分享就是共享，就是以他人经验为参照去反思，就是以一定的忍耐、理解或友谊与他人进行合作，从而使教师获得更大的发展支撑。

二、重塑教师形象：自我成长型教师的素质结构

基于对新型教师的形象期待，现代高等师范教育的视野就不能再局限于知识传递、技能训练和人格塑造，而是把为自我成长型教师奠定素质基础作为高等师范教育内容。那么，教师的自我成长究竟需要一种什么样的素质支撑呢？考察这种素质结构，我们认为包含了四个层面。第一个层面是观念基础，它对一个教师的成长是至关重要的。教师个人化的教育观念包括教师对社会的认识、对教育的认识和对人的认识三个方面。首先，用发展的眼光看待人，人都是会发展的，是

可以依靠自己的力量前进的；其次，社会是可以在人的推动下文明进步的；最后，教育的目的是培养和发展一些更能推动社会进步的人，同时培植一种更能影响公众意识进而影响公众文化的教育文化。因此，作为教育行动者的教师必定是一个乐观的教师，他对人的发展抱有乐观信念，对社会文明进步抱有乐观信念，希望改善自己的教育实践，并且对自己具备这种能力抱有乐观信念。第二个层面是知识基础，支撑一个教师成长的知识结构包括通识知识、专门学科知识和教育专业知识三个部分。素质教育就是对这三类知识在结构上的重新设计，在内容上的有效整合，从而形成一个对自我成长型教师至关重要的通性素养。教师的通性素养要求教师具有能利用各种文化沟通的能力，通过各种文化的沟通与对话，有助于教师在自身精神世界中找到整合各类知识的意义根基和建构一种统整化与个性化的体验图式。只有这样，教师才能真正获得一种完整和开放地把握周遭世界的独特方式。显然，对世界的这样一种把握对于一个职前教师涵养师范精神具有决定性意义。怀特海认为，大学的理想，与其说是知识，不如说是力量。① 这种力量究其实质就是智慧的力量、精神的力量，它不是一种实体的东西，而是一种自觉的责任态度、一种出自本体关怀的眼光、一种反思的问题意识。没有一定的知识积累，就不可能形成这种力量，但是光有一堆简单的事实性知识，也形成不了彻底渗透一个人全身的原则，即面对问题时做出恰当反应的精神向导。所以，为职前教师提供具有合适结构的知识是必要的，但这些知识如何转化为师范精神以及如何在每一个个体身上具体落实这种精神（即"道成肉身"）是更重要的。第三个层面是人格基础，它包括道德人格和心理人格两个方面。就道德

---

① 华东师范大学教育系、杭州大学教育系编译：《现代西方资产阶级教育思想流派论著选》，135 页，北京，人民教育出版社，1980。

人格而言，除了传统的伦理人格之外，还包括理性、多元化文化环境中的判断和选择、宽容度等，这是需要一个多学科视野、大知识平台、同辈团体以及跨办学实体的多经历支撑的。换句话说，如果没有这样一种大的文化背景，教师是不可能有一个大的文化心胸，也就不可能成就健全人格。因此，构筑教师的现代人格就必须包含理性和智性，那种排除了理性的道德只能是素朴道德。事实上，早在亚里士多德时代，人们就已经认识到只有智慧的人才能判定和选择真正的美德。①从这个意义上说，道德人格就包含了理性和德性。心理人格关注的是，教师的认知和情绪心理发展状况、人性心理发展状况及心理健康水平。第四个层面是能力基础，它包括技术层面的能力和艺术境界层面的能力。前者停留在工具层面、物化层面，是通过模仿、复制、包装来实现的；在超越前者的基础上，从心性层面、人性层面发展出来的与人沟通、交往、分享和向人表达的技能就是一种艺术境界的教育能力，它需要一定的人文知识背景和人文环境支撑。

三、提升高等师范教育品质：自我成长型师范培养模式的理论构想

围绕上述素质要求，我们认为，高等师范教育实施素质教育的根本目的是为职前教师创造一种个人化的大学经历。上大学不只是为了取得职业资格，还能把它看成一个年轻人在他生命中最重要的时期所获得的一段经历。这种经历是由很多刺激性的、令人向往的高峰体验构成的。这种体验需要通过接触那些品学兼备的人物和一些特殊的氛围来获得，随着时间的流逝，那些激起体验的知识可能会被忘却，但

---

① 邓晓芒：《教育的理念》，载《高等教育研究（武汉华中理工大学）》，2000（4）。

它对年轻人心灵的开启和灵魂的震撼会作为一种经验被永远地保存下来。① 这才构成真正意义上的学习和真正意义上的课程，才是素质教育。所谓素质教育，就是将知识的学习、能力的训练，通过实践，构成个人化的经历，由经历取得经验进而获得体验，从而不断内化形成较为稳定的心性结构，然后再以改善了的心性结构进行新的学习和新的能力训练的过程。研究高等师范素质教育不能只停留在对知识、能力和人格这些范畴的考察上，还要把目光更多地投向文化熏陶，同辈团体、优秀人物的影响，难忘经历等方面。只有这些东西才能构成个人经验，才有内化的可能性。所以，再多的知识不是素质，再高的能力不是素质，只有内化了的知识、能力才能构成素质。那么，是不是素质内化以后就固结在那儿呢？汤因比说，文化发展的过程是对环境挑战做出应答的过程，其实，人的素质也是在应答环境的过程中不断形成和发展的。素质作为一个与时俱进的活体，在形成相对稳定的结构的同时又不断打破原有结构、重新编码和重新组织的真正根据在于它自身。正如柏拉图所说，凡是自动的才是动的初始。② 因此，所谓人的素质究其实质就是一种自我再生、自我更新和自我完善的能力。我们认为，笼统地把创造能力作为素质核心的看法有失偏颇。其实，创造不仅包括物的创造、客体的创造，它还意味着主体自身的创造，一个自我都不能更新的人不可能有持续的创造，真正意义上的创造就是一种发展自我并不断拓展自身存在空间的再生能力。自我成长型教师其实就是素质型教师，这种教师能行动、能反思、能学习、能分享。事实上，大量来自教育现场的观察表明，一个真正优秀的教师通常是

---

① 朱小蔓：《教育的问题与挑战——思想的回应》，248 页，南京，南京师范大学出版社，2000。

② ［古希腊］柏拉图：《柏拉图文艺对话集》，朱光潜译，112 页，北京，商务印书馆，2013。

有灵性的，他能调整、能适应不同的教育对象、不同的教育情境、不同的社会发展状况，具有较强的自我更新能力和转识成智的能力。柏拉图说，智慧就是使人获得完善的能力。①

对于一个自我成长型的职前教师来说，一种有意义的大学经历是由三种类型的学习构成的。第一种是建构性的学习。智慧不同于知识，它是在对环境的不断应答中构建的对世界的总体把握。既然每一个学习者都是一个非常具体的人，他有自己的历史、有自己的个性，那么每个学习者的学习就是在活动中和他人互动、和环境互动、和人类文化互动，以理解、体验等方式进行主动的意义建构，从而把对世界的认识构建成一种独特的样式，将每一种新的事实、经验或理解以个人的方式连接在一起，形成属于个人的"意义丛"。因此，建构性学习在很大程度上是一种社会活动，是一种生活方式，学习者在发现、探索中和真实的社会情境、问题情境联系起来。学习的过程就是知识对个人产生意义的过程，就是内化的过程，也就是"道成肉身"的过程。这本身也就构成了一个学习者的真实经历。第二种是支持性情境的学习。夸美纽斯有一个重要的思想认识：一切成长、一切学识、一切发展都来自内部，教育的作用是对这种发展进行引导和指导，使其有所成效。所以，学校教育的真正功能就是开发和向学生提供可供选择的教育资源。这些资源既包括大学的学术文化传统和校园文化氛围，又包括大学的管理文化，它们通过整合形成了一种支撑职前教师成长的文化情境，也就是维果茨基所说的"脚手架"。搭建这种"脚手架"，力图使职前教师在攀登过程中获得尽可能丰富的改造性体验，从而激发他真实的认知动机和敢于面对真实与复杂性的勇气。就学术文化传统而言，纽曼提出大学对于学生的主要作用是形成一种纯洁清澈的思想空气，

---

① ［意］维柯：《新科学》，费超译，173 页，北京，京华出版社，2000。

学生沉浸其中，从而奠定学术文化底蕴。[①] 就校园文化氛围而言，一个职前教师能否形成持续发展的力量，在一定意义上取决于他在校园内度过的光阴、参加活动的质量和校团文化的风格力量。就管理文化而言，大学管理的工作是创造一种可以在其中相互进行教育的环境，而不是一种充满教条或正统性高高在上的环境；是支持一种基于思想和表达自由的对话和辩论，而不是遏制。第三种是开放性的学习。美国卡内基教学促进会前主席博伊尔认为，在大学教育中应当十分强调为他人服务，要特别提倡、鼓励学生参与社会服务的实践，并且教师应当积极参与，从而引导和影响学生。职前教师的成长需要不断进入生活、走向社会，参与各种活动，包括校园文化活动、社区活动、志愿者活动、社会实践活动和教育实习，在活动中培养行动者的品格，提高行动者的能力，使其在行动中学会承担责任，经受磨炼。

在超越知识、技能和人格培养范式之后，面向 21 世纪，现代高等师范教育正在熔铸一种精神，这种精神或名为教师精神，或名为师范精神，抑或名为教育人文精神。走向自我成长型教师培养的高等师范素质教育实际上就体现了这样一种价值诉求，它是人类共同教育理想的具体展现。

---

① 任钟印：《世界教育名著通览》，791 页，武汉，湖北教育出版社，1994。

关于教师创造性的再认识^①

自人类有了教育活动以来，无论是古代社会以传习社会的、人文的道德规范习俗为主，还是近现代社会以传习科学的、理性的、技术的内容与方法为主，教师所担负的工作主要就是传习性的。教师的工作主要与因袭、秉承、传递、重复、模仿等概念相联系。因此，在很多人眼中，教师尤其是中小学教师的教学主要被看作按部就班传递、复述的重复性劳动。

其实，教师的工作是一项富有创造性的事业，其创造的性质不只是过去我们主要从教学思维、从成功有效地传递知识的方面去理解和阐释的，其创造性的含义还需要进一步拓展。我认为，需要警惕科学主义思潮对教师职业的理解以及对教师培养的浸染，需要纠正以传统认识论以及基于以上客观知识论的观点看待教师的劳动，狭隘地理解教师的创造。本文从以下三个方面拓展认识并阐释关于教师创造性的视野。

一、以教育人文精神为基础的个人化的哲学观

一个有作为的人通常都有自己的哲学，包括认识论哲学和伦理人

---

① 本文是作者发表在《中国教育学刊》2001 年第 3 期上的文章。

生哲学。有哲学观的人才会有理想追求、有行为方向与准则、有认识与行为的特定思维逻辑。教师依其职业性质对所从事的工作有自己的认识、理解和把握,尤其是优秀的教师。

其一,教师的哲学观是"独特"的"人"观,即相信人能发展、变化,相信人各不同,相信正是丰富多彩的人构成生动活泼的社会(人的世界)。这一"人"观以教育人文精神为核心,相信通过关注人、信任人,就可以发现和创造出办法来影响和改变人。因此,教师的创造依其职业特性来看,与科学家、学者既有相同之处,又有很大的不同之处。科学家的发现主要是对物的结构、性质及其规律的认识,教师的发现则是对人、对人的细微特征、对人与人之间不同的认识。对物的发现要求格物、思齐、沉于物,对人的发现则要求发现人的特殊性、差异性和复杂性。教师的思维方式、思维运作与生产更具柔韧性、想象性和理想浪漫的色彩,如此,才可能创造多姿多彩的个性生命。

当然,科学工作也需要人文精神。真正的科学家,既具有科学精神又具有人文精神。只有那些具有人文精神的科学家,才有影响人格的力量。在学校里,正是那些有人文精神的教师,才能影响学生。教师有健康的"人"观,才可能有健康的教学观、人才观、成才观。美国教育哲学家库姆斯当年批评美国许多的教育改革之所以不成功,是因为不重视改变教师的教育哲学观,过多地关注教育改革中物的层面,而不是理念的层面。美国的教师研究和教师培养受行为主义影响,曾经过分看重教师外显的教育行为和表层的教育技术,后来发现,最能影响教师教育效能的是教师的教育观念。教师的教育观念是教师在教育教学中所形成的对相关教育现象、对学生主体和对自己教学能力的信念。它直接影响教师的社会知觉、判断等心理过程,从而引发其相应的教育教学行为。① 所

---

① 辛涛、申继亮:《论教师的教育观念》,载《北京师范大学学报(人文社科版)》,1999(1)。

以，从这个意义上说，我们认为教师独特的哲学观——"人"观，究其根本，它是指导人的改变，而不是物的改变；是创造"人的教育"，而不是创造"物化的教育"；是创造完整的生命，而不是创造作为人的工具的知识、思维和技术，等等。

其二，为什么必须具有个人化的教育哲学观才能创造呢？因为教育、教学工作是在特定的教育情境中表现的，这一教育情境既有历史的脉络，充满着师生过去经验的意义，是师生过去经验史的延伸；又要靠教师当下的创造性处理，这一处理自觉不自觉地总是其个人生活经验、生活感觉、价值观的投射。苏联著名教育家苏霍姆林斯基发现，一个学生与自己的物理老师关系紧张而难以相处，这让苏霍姆林斯基深入课堂观察了整整一个星期。后来，他在全体教师大会上说，我发现一个关于教育的新定义——什么是教育？教育就是能使学生把好的方面表现给你看。显然，苏霍姆林斯基对教育的理解完全是个人化的。可见，教师健康的、个人化的哲学观是决定其教育行为的关键因素。过去，我们对教师的创造性主要是从教师有无创造性思维，能不能成功、有效地传递知识的意义上来理解的。现在，我们应当回归到创造完整的教育过程，并以创造（主要是推动学生自己创造）完整的人（生命）上来认识教育的创造性。知识仅是教师使用的媒介，发展人是创造的根本目的。如此理解教师的创造性，那教师的创造空间和创造余地才能被拓展。

其三，个人化的哲学观又是主体性质的哲学观。教育是人的活动，是促进、引导人发展，提升自己的事业，所以教育工作的创造余地很大。现在正规的学校教育制度，总体上是以科学活动方式为参照的，它追求客观化、标准化、齐一化，教师在课程设置、课程与教学设计、课程实施及教学评价上很少有自由的空间。因此，教师的哲学观要从传统的认识论、知识论、课程观、教学观上做一个根本的改变。比如，在课程教学中，要改变潜存的基本信念和假设，课程知识不是由专家、学者发明出来，传递给教师，再由教师传递给学生的。专家设计的课程仅是一种暂时性的假设，教师要在教室中加以实验，与学生交互作用，与同辈讨论、对话，经由这种过程建构的结果才是知识。香港特别行政区教育统筹委员会在《教育制度检讨：改革方案》（2000年）中明确指出，教师角色要从知识的传递者转变为学生建构知识的启发者，从课程的推行者转变为校本课程发展的参与者，从政策的执行者转变为改革的主导者和贡献者。教师只有本人成为主体，不再仅仅是计划实施者和知识传递者，而是在发现学生不同需要的基础上，用自己的观念认识、信念理想、经验意向和心血情操主体性地处理知识教学，化育德性人格，经营组织管理，才可能富有生气和色彩地创造"人的教育"。

二、开放性的知识结构及转识成智的能力

教师的知识结构经现代师范教育的长期探索，一般认为有以下三种知识体系：一是通识文化知识，它包括自然科学、社会科学和人文艺术学科知识，为人奠定思想道德、文化及认识自然、社会与自身的基础；二是教职学科的专门知识，直接为教师的职业教学工作服务；三是教育专业知识，包括教育、教学工作所需要的教育学、心理学及其分支在理论层面与技术层面上的知识。有的师范院校明确提出，要落实通识精神、精进专门学科、提高教育专业素养的师范生课程设置思想。

教师要使自己在职前师范培养中初步奠定的合理知识结构能在以后的教育工作中发挥作用，就必须保持知识结构的开放性，同时还必须学习和提高自己转识成智的能力。为什么提出转识成智？这是由我们正在迎接的知识经济时代所决定的。在我们这个时代，信息不等于

知识，知识不等于智慧。我们需要更多的智慧去驾驭信息和知识。美国著名管理学家德鲁克把人类处理知识的方式划分为三个时代：人类早期是知识启蒙的时代，工业化时期是知识应用的时代，工业化之后则是智慧时代或人力知识时代。智慧时代要求人们能够为一定的工作目标搜索知识、聚拢知识、处理知识。关于智慧的概念，古希腊哲学家有一个较为完整的含义，它既指知识、智力本身，又指爱知识、爱智力的情感。

可惜近现代以来，西方崇尚科学实证知识，把智慧概念中的道德、实践、情感态度含义统统遮蔽了。直至美国当代发展心理学家加德纳的多元智能理论提出了两种人格智能——内省智能与交往智能，并认为只有依赖这两种智能才可能从情感—人格层面保障其他的智能获得社会价值。看来，经过一个窄化智慧概念的漫长时期，人类又重新回归到一个强调知识、能力与情感、态度综合素质的时代。因此，今天的教师必须在传递知识过程中有转识成智的能力，才称得上创造型的教师。那么，教师如何转识成智呢？

首先，需要转换知识观。按照经典认识论及知识论的观点，知识是人脑对外部客观世界的真实而准确的反映，它强调知识是通过感官输入的客观世界的映像，具有客观性、确定性。

但是，今天知识被认为是不确定物、是不定型物，是可根据认识主体、使用主体出于不同的工作目标加以不同解释的。① 因此，传授知识不是一个简单传递原有既定知识的过程，而是一个帮助人建构知识的意义、组织新的知识网络的过程。不仅如此，知识的形态又是多样的，按照世界经济合作与发展组织的分类，知识有事实数据知识、原理知识、应用性知识以及人力性知识；美国哥伦比亚大学教授费尼

---

① ［美］维娜·艾莉：《知识的进化》，刘民慧等译，21 页，珠海，珠海出版社，1998。

克斯将知识分为生存性知识、感受性知识、描述性知识、命题性知识；英国哲学家波兰尼将知识分为明确知识和缄默知识，它们之间有四种转化关系。① 此外，还有一些不同的分类。仅此可以看出，不同学科、不同场合、不同目的所使用的知识形态是不同的，为不同生活目标、工作目标所使用的知识形态也是不同的。教师传递知识的方法、场合、达成的目标也有所不同。教师要培养人成为知识层级、形态调和的人，就一定要有必备的知识，同时能使知识不断产生质的变化，而不是永远停留在某个知识层级与形态上。对于每个学习者而言，需要从教师那里接受指导和学到的是能够在诸多数量、类型的知识面前善于判断、选择、取舍的能力，以及对不同知识进行组合、转换的能力。

其次，教师必须教会学生从知识的学习中发现方法。学生怎样才能掌握方法呢？方法主要不是靠离开内容及其内容展开的过程而单独讲授的，有经验的教师往往剖析典型的知识，展示其过程，方法便自在其中。德国大哲学家康德讲课从来都是一边讲，一边思考，从不讲授现成的知识结论，仿佛他自己还没有想好要讲的内容，但是他的学生可以从他的讲课中领悟到他的思维呈现过程与方法。此外，不急于呈现结论而展开过程，才能发现问题是怎样被提出的，审视、批判和判断该过程是怎样开始和进行的，由此才能学会发现问题和提出问题，学习着手解决问题。

最后，教学之所以难以达到知识活用、知识育人的目的，还有一个重要原因是知识与其价值的分离。如果教师无法认识、理解、挖掘、揭示该知识背后的道德含义和美学价值的话，学生当然也就无从被激起求知欲、道德感和美感。一个无法从中获得价值意义、提升道德感

---

① 朱小蔓：《教育的问题与挑战——思想的回应》，67 页，南京，南京师范大学出版社，2000。

和美感的学习过程必然索然无味，也就不能激发、培养学生的思维力、想象力和创造力。

总之，转识成智需要那些具有创造力的教师将知识、方法与价值融为一体。

三、认知与情感相互协调发展的人格

过去我们分析和认定创造型的教师，主要是依据其本身的思维特点以及他开启学生的创造性思维方面，很少关注教师人格层面对其创造性的影响，很少关注教师情感—人格层面的发展与水平。现在的研究表明，教学效能高的教师往往与其情感—人格的发展水平有很高的相关。例如，伯利纳和蒂库诺夫发现，在观察者和评论人员用来区别教师能力强弱的 52 种教师特征中，有 38 种(几乎 75%)在本质上是情感性的，只有 14 种与教师的知识和某些教学技能有关。[①]

其实，心理学中著名的"皮格马利翁效应"所揭示的也是这个道理。有学者将认知与情感比作乐曲的低音和高音，教师是驾驭乐曲基调并使之和谐的人。如果教师在教学中只突出认知而忽略情感，学生很可能成为感受力低下、情感发展不好的人，那不仅影响学生德性、审美以至精神的健全，还会影响他们的认知发展。所以很多学者认为，教师不管有多少专业知识都不能代替他对学生的同情心，同时，不管教师与学生有多么真诚的友谊，也不能代替他的专业能力。

为什么情感—人格发展健全的教师才可能有教育意义上的创造呢？现代人以调和性、和谐性特征维持人的持续发展。因此，在当代教育

---

① 中央教育科学研究所比较教育研究室编译：《简明国际教育百科全书·教学(下册)》，79 页，北京，教育科学出版社，1990。

思想与实践中无论是教学过程、德育过程还是这些过程的评价体系都要求凸显人的情感发展(包括感受性、体验理解水平、情绪情感表达、交往等)。学生在学习及受教育过程中怎样才能发展良好的情感品质和情感能力呢？研究证明，它源于健康的人际情感应答关系。因此，教师在教育教学过程中创造、构筑一个安全、信任、尊重、宽松、和谐和鼓励成长的师生交往环境，是发展学生、创造学生完美人格的基石。天津的侯淑红老师，刚参加工作时是位不起眼的教师，后来人们发现她带班能力很强。她所带的学生不仅学习努力、思想活跃，而且集体荣誉感强、班风好。人们对她进行研究分析发现，她成功的秘密是她有非常好的情感—人格素质。她尊重学生、关爱学生，既宽容又有分寸，情绪稳定乐观，有感染力和鼓舞力，能打动学生。我国一些师范院校正通过逐步丰富的潜在课程加强对师范生这方面的培养。

对创造型教师的研究^①

一、关于创造型教师的研究方法

就创造型教师的研究方法而言，传统研究多采用定义法对创造型教师做某种描述性的定义，多年来关于创造型教师的研究一直处于这种状态和水平。这种研究方法的缺陷是表述过于简单抽象，理论研究的水平不高，无法表达创造型教师鲜活的本质特征和表现方式。由于描述性研究方法基于一般性的经验，而且这种经验只是研究者的一种感性经验，缺乏深厚的教育生活做基础，从而导致了关于创造型教师的描述性研究所得出的理论与教师的现状脱节。为了改变这种研究现状，我们将理论研究、文献分析和深度访谈等方法结合起来，对创造型教师的教育观念、实践特征及活动范型做了发现式的研究，颇有心得。

(一)关于理论研究

理论研究是基于实践的研究，是实践之智的必然结果，我们将来自实践的感受和问题凝练化与明晰化，然后从教育思想史中找到其发

① 本文出自作者主编，吴安春著的 2003 年由人民教育出版社出版的《德性教师论——创造型教师的专业发展》一书。

展与演变的线索和轨迹，形成一定的理论视域，从而确定课题研究的方向和理论深度。

（二）关于文献分析

文献分析是分析处理有关创造型教师的研究资料、教师的教学案例、背景材料等。其中，分析教师的教学案例是极有价值的研究方法。我们采用了主题式案例分析法，选取了优秀教师或特级教师的教学案例及其背景材料，并收集了不同年级教师的案例。比如，选取幼儿教师、小学教师、中学教师、大学教师中的优秀教师案例作为分析材料，研究不同年级教师创造性的教育教学思想和活动范型，并初步探索创造型教师的共同本质。值得一提的是，这些案例都出自教育实践一线教师之手，材料翔实、生动地反映了教师在教育活动中的创造性，使创造型教师的研究回到了教师的教育实践场域，从而找到了教师创造活动的源头。

（三）关于深度访谈

深度访谈是本研究中获益最大的方法。我们对优秀教师进行有主题的深度访谈，形成研究个案，追踪其成长史，探索创造型教师的活动范型以及支配这些活动范型的教育观念。这样一来，对创造型教师的研究就从以往表浅技能层面拓展到深层观念层面。这种研究对揭示创造型教师的本质特征以及推进教师教育的理论与实践改革具有重大的参考价值与意义。

二、对创造型教师的简要描述

这里首先涉及对创造一词的不同理解。一般将创造理解为认知领域的概念，指发展创造力、创造新的思维方式及产品（成果）。我们认为，创造不仅包括认知成分，还应从人的完整性、独特性的角度来理解。完整的创造概念是指人整个生命的创生过程，也指人自我实现的过程。它不仅包括认知领域中创造力的发展，还应该是人的情感领域、德性精神生命的创生过程。我们只有从生命的角度来理解创造的概念，才能准确地把握创造型教师的本质内涵，才能将创造型教师定位在创造和发挥人的生命的价值和意义上来。

下定义的方式不能完全、真实地解读创造型教师的丰富内涵，但是基于深厚的理论背景及大量而丰富的行动研究材料，对创造型教师做一定的描述还是可以的，也是必要的。据此，我们对创造型教师做了如下的描述。创造型教师是指在教育教学活动中，能用自己独特的教育理解，发现和创设各种有利的教育情境和条件，进而成功地影响学生，促进学生成为和谐的、可持续发展的人。这一描述，主要有如下几层含义。

(一)创造型教师是教会学生学会创造，培养学生内心觉悟和自主发展的人

教师要教会学生具有创造的观念和能力并掌握一定的方法，即教师能从观念和实践两个层面来培养具有创造性的学生。其中关键的问题是，教师重视启发学生的内心觉悟，创生自主发展的生命。教师要善于发现学生生命内在的创造潜能，找到学生身上的潜质，善于捕捉并不失时机地激活和扩展学生的闪光点，以此为契机来促进学生身心的整体发展。教师还要善于将自己的教育转化为学生自身的内在要求，点燃学生生命的火花，催活其生命的种子，启发他们的自我意识，引导他们进行自我发现、自我认识和自我教育，使其获得自主发展的动力和能力。

(二)创造型教师是具有独特教育理解的人

创造型教师具有个人化的教育哲学观。这种个人化的教育哲学观是对教育、对教学、对课程、对知识、对师生关系、对教育理论等独

特的、个人化的理解，这种独特的、个人化的教育理解具有反思和批判特征，以弥漫式与渗透式的形式，以内源性与外发性相结合等方式投射到教师的整个教育活动中，成为创造型教师的思想支撑和动力来源。因此，研究创造型教师，必须要研究其教育哲学观，培养创造型教师，也必须从改变教师旧的教育哲学观、形成新的教育哲学观方面入手，即改变教师不正确的教育观、教学观、师生观、课程观、知识观等。因此，创造型教师是具有独特的、个人化的教育理解的人。

（三）创造型教师是具有人文精神，能以人为本，促进学生和谐、可持续发展的人

其一，创造型教师的活动和教育活动的本性是一致的，都具有人文伦理本性。教育是引导人向真、向善、向美的活动，是人性完满的实现活动，作为教育活动的承担者——教师，其创造活动的本性与教育活动的伦理本性应该是一致的，而不应该是相背离的。从教育的人文伦理本性上来理解与定位教师的创造活动，是一种有价值的导向活动，是一种道德性的活动，其根本旨趣是以道德的目的和方式来提升人性，形成人的德性。这样说，并不排斥科学知识的教育，即使是科学知识的教育也要具有善的目的和意图。其二，创新是生命个体自我实现的最高表现形态，创造型教师能以人为本，注重提升个体的生命质量，促进个体生命的创生。创造型教师善于引导学生形成正确的人生观、价值观、世界观，能确定自己的人生目标和航向，引导学生发现生命的价值和意义，并克服一切困难，最大限度地实现自己的人生价值，创造自己幸福的人生。其三，从人的本性出发，从儿童的天性出发，促进儿童天性的发展，这是创造型教师活动的出发点和归宿。人的本性是自由精神和创造实践活动，人不但是自觉创造的实践主体，还是自由、自在的精神主体。扩展和发展学生的自由精神和创造实践活动，是创造型教师教育活动的根本追求。由于学生的自由精神和创造实践能力是在适宜的教育情景、教育条件及学习、交往活动中获得的，因此，创造型教师十分重视学生的基本实践活动，重视通过自主创造性学习活动和师生、生生的交往活动来培养学生的自由精神和创造实践能力。其四，创设完整的教育过程促进学生和谐、可持续的发展是创造型教师的重要工作。学生完整生命的创生过程，要通过教师创设完整的教育过程来实现，完整的教育过程既有教师传授知识的过程，又有学生自主发现学习的过程；既有显性文化的影响，又有隐性文化的作用；既有知识信息的输送，又有人格品德的示范等。个体生命完整、和谐、持续的发展是教育、社会、家庭以及个人主观努力等因素综合作用的结果，其中学校教育活动和教师的创造活动是前提和基础，个体的自主能动性是根本和内在动力。因此，创造型教师必须创设完整的教育过程才能创造出自主发展的生命，同时不仅能让学生学习知识和文化，还能使学生整个人格得到和谐、持续、全面的发展。创造型教师是引导学生成人的人。

三、创造型教师的活动范型

研究发现，创造型教师不拘泥于传统的教育教学范式，而是适时地、机智灵活地、自主地发现和创造许多有效的教育方法和活动方式。总体来说，他们所采用的活动范型具有人性化的特征。比如，教师更多采用互动和对话方式，而不是传授、塑造、加工等外在的、物性化的方式。我们通过研究发现，创造型教师的活动范型主要有四种：发现、创设、播种与化育。

发现——教师的发现是生命对生命的发现。一是发现生命的完整性，发挥生命的整体功能，使学生的认知、情感和德性获得和谐的发展；二是发现优越性潜质对人的发展独特性影响作用，使学生潜在的生命力量转化为现实存在的生命力量；三是发现生命内在的独特性和能动性，发挥生命的自主创生作用。教师发现的关键是将自己的发现转化为学生的自主发现，让学生自觉地、主动地发现。比如，教师教学的重点不是教结果和答案，而是教会学生如何发现问题，这是现代生活所需的最重要的能力。教师最重要的是把握学生的心智水平，依势而行，给学生自主学习的时间和空间，让其独立思考和发现。学生通过自己思考，活化了知识，将知识内化到个人的经验领域中去，从而积淀为素质。创造型教师在教会学生学习的同时，还致力于教会学生理解知识对于生命的价值和意义，将知识转化为智慧。

创设——教师想方设法创设各种有利的教育情境或者提供某种获取知识的条件，促进学生潜能的发展。比如，教师将概念化、抽象化、结构化的知识转化为具体的教育情境，让学生身临其境，同感共受，积极、主动地参与教育教学活动。教师不是立即追求一种教育的结果，而是提供条件，启发讲解，让学生自己体验，自主发展。这里蕴含着一种"自然到位"的教育智慧。因为教育不是立竿见影的事情，不能揠苗助长，而是创设和提供某种教育情境或条件，顺其自然，等待教育效果的自然显现。

播种——教师是人类智慧的启蒙者和播种者。教师除了向学生传递文化知识外，还要在学生的心田播种成功、自信、信任和希望等生命的种子，这一点对学生很重要。事实上，由于教师的疏忽，学生的希望和自信等生命潜能被扼杀的现象是经常发生的。正如一位教育家所说的，没有教不好的学生，只有不会教的教师。只要教师相信每一位学生都能成才，并能因材施教，即使是有问题的学生，也不放弃对他们的期盼和教育，那么教师播下的生命种子就会获得成长。

化育——教师对学生的教育教学应采取人性化的方式，要靠爱心、靠点拨、靠耐心，任何机械的、粗暴的、简单的教育教学方式都是"反教育"的。教师的化育是点点滴滴的，犹如春雨"随风潜入夜，润物细无声"，对学生的生命成长产生不同寻常的影响。教师要时刻锤炼自己的感情，培养自己的爱心和耐心，以此来影响学生。

四、创造型教师的成长

有关教师成长的理论可以归结为三种：理智取向的理论、实践—反思取向的理论和生态取向的理论。[①] 一是理智取向的理论。1996 年，霍姆斯小组和卡内基教学专业委员会提出，使教师的教育拥有更为坚实的理智基础，并指出明确教师专业的基础知识是教师成长的重要问题。赞成者认为，教师要进行有效的教学，必须拥有学科知识和教育知识。目前世界各国正规的教师培训都采取这种模式。二是实践—反思取向的理论。这是一种探究性的教师成长理论，旨在形成教师的反思性实践能力。这要求教师能对自己的教育活动有深入的体验和理解，发现和找到教育活动的意义。三是生态取向的理论。这种理论认为教师的成长不是个人的事，而是有赖于教师群体形成的教师文化。教师个人的成长与教师群体的合作是一致的。

事实上，教师的成长是一个极为复杂的过程，用某种单一的理论来诠释并不能完全地揭示其实质，需要创造性地运用多种理论，尽量完整地理解其内涵。我们的研究发现，教师成长的核心是教育哲学观的发展，促进教师教育哲学观的发展是创造型教师成长的关键，为此，需要解决以下三个问题。

其一，最主要的是让教师具有反思和批判的意识和能力。反思意

---

① 教育部师范教育司编：《教师专业化的理论与实践》，3～7 页，北京，人民教育出版社，2001。

识和能力是一种理性智慧，通过反思能力，教师能对自己的教育观念进行客观的、理性的认识、判断和评价，并进行有效的调节，最终形成教师个人化的、独特的、带有新质特点的教育观念。通过反思意识和能力的发展，教师的自主能力逐渐得到增强。教师反思过程的最大特点是主体自主的意识活动，反思活动要靠教师主体自主参与才能实现，因此，有反思意识和能力的教师也必是自主的、创造型的教师。

其二，学科知识和教育知识是创造型教师成长的前提。知识是教师反思和批判的前提，是教师开阔视野、扩展胸怀、提升境界、产生教育智慧的基础，有渊博知识的教师，才有可能在教育中形成教育智慧。因此，创造型教师一定拥有必备的知识并能使其转化为教育智慧。教师要努力汲取先进的科学文化知识和科学教育理论，通过学习知识提升自己的理性认识，教师特别要学会选择有智慧价值的知识，将知识转化为智慧、转化为个人经验领域的观念，实现认识的飞跃。

其三，教育实践是创造型教师成长的关键。教师的教育哲学观念是个人化的教育理解和认识，与教师个人的教育实践和教育体验密切相关。因此，教师的教育实践非常重要，教师只有在教育工作场景中才能真正地形成自己的理性认识，产生教育智慧，使学到的知识转化为教育的理解和体验，最终形成个人的教育哲学观。教师的教育实践是创造型教师成长的重要环节，特别是校本培训过程和行动研究过程，更是教师将理性认识转化为教育经验、教育认识和教育智慧的关键。不脱离教育工作场景，从教育生活中获得鲜活的教育经验，通过实践来驾驭教育理论，然后再提升为成熟的教育理论，并用教育理论来指导教育实践，这是创造型教师成长的重要途径。

教师的教育哲学观不是一个固定的、封闭的、静态的结构，而是一个开放的和持续生成的过程，需要教师自觉地、不断地学习并努力实践才能真正实现。

个人化教育知识及其建构①

　　教育既是一项公共事务，又是一项专门职业。作为公共事务的教育从业者，教师乃是社会的知识者、国家的公民、有基础教养和品质的人；作为专门职业的教育从业者，教师需要不断更新教育知识并在自己的教育实践过程中构建个人化的教育知识。什么是教育知识？何谓个人化，又是如何构建的？本文试图通过对实践观念的阐释以探讨个人化教育知识的特有品性及其生成的问题。

　　在实践理性中，知识观是与人的生活方式、与我们想要实现的善紧密相连的，因而也是和一个人的德性紧密联系的。提出构建个人化教育知识这个命题，也是对教育领域中不断出现的"分离"现象的忧思：在教育研究中，理论与实践分离；在教师培养中，教学与教育分离；在教师的工作中，教学与德性分离。最终，这些问题关系到我们赋予教育活动的价值之善，教育不应当是机械的、僵死的、统一的和标准化的，不论是学生还是教师，或是一名准备做教师的师范生，学校都应当成为激扬生命、放飞理想和释放潜能才华的地方，成为一个让人成长的神奇的地方。

---

① 本文是作者与严开宏合作发表在《南京晓庄学院学报》2009 年第 4 期上的文章。

一

教师的培养存在两种不同的知识，即教育知识和教育学知识。

教育学知识是关于教育的知识。当我们把教育活动对象作为客体来研究时，就产生了学科形态的教育学知识，当学科形态的教育学知识逐步系统化后，就产生了教育理论，广义上称为教育科学——系统化的知识。一般来说，它包含三个主要组成部分。第一，哲学式的教育学知识，即哲学教育理论，它系统回答教育"为什么"，如教育目的、教育价值等。第二，科学式的教育学知识，即科学的教育理论，它系统回答教育"是什么"，如教育功能、教育本质等。第三，工程学式的教育学知识，即技术教育理论，它系统回答教育"怎么办"，如教学过程、教学方式等。

教育学知识的特征是科学化和理论化。从科学化角度来看，是从形而上学式的经验概括到实证意义上的经验科学，其进步是把教育活动设想为定量化的、可测的存在，进而能够对教育做出准确刻画，以便设计出可控的教育。然而，通过可测的教育学知识生产可控的教育活动似乎远离了教育的神韵。对此，教育现象学学者范梅南认为，教育学从根本上讲不是一门可以用实证方法研究的科学技术，教育学是一门成人与儿童如何相处的学问，它作为一门生活实践的学科更多地需要转向人的生活体验的世界。[①] 其实，教育学知识的实证科学化和它力图脱离的传统的形而上学共享一个基本假设，即独立于认识主体的对象世界本体论承诺。在这个意义上，它们都是理论的知识，目的是加深人们对教育的认识，而不是教育行动，因而是理论理性而非实践性。形象地说，学习教育学知识的人，完全可以是一个没有，甚

---

① 李树英：《关注生活的体验与以人为本的德育——现象学的人文科学方法在德育中的运用》，载《中国德育》，2006(8)。

至不打算进行教育活动的人，这种学习不一定需要调动个人的经验，因为这种知识并不很在意个体的实践旨趣。

当然，说科学的、理论的教育学知识不影响我们的教育实践，也是不恰切的。科学知识可以转化为实用技术，技术教育理论就是科学教育理论的应用。但是实践不是实用，影响也不意味着改善。例如，假使某个科学教育理论揭示，奖励比惩罚更能抑制学生的错误行为，一名教师在技术上的操作可化为"更多的奖励和更少的惩罚"，但这只是操作应用还不是教育行动，因为后者要求教师具有实践慎思，要求教师更多地关注行动本身和行动中的人，而不仅仅是行动的结果。对于教育而言，容易看到的是行为的改变，这是技术的旨趣；不容易看到的是人的改善，这才是实践的旨趣。

教育学知识作为人文学科的性质，发展出来的是使用质性研究方法获得的教育理论的解释。解释教育理论拒绝用因果关系表述教育活动的一般规律，它注重的是对"特殊"经验的解释性理解，对"个别"行动的生动叙事，对"独特"价值的深度描述。解释教育理论把知识看作主体与主体互动的产物，研究方法上强调"主位"而不是"客位"。观察是主体与客体之间的认识行为，理解是发生在主体与主体之间的沟通行动，在这个意义上，解释教育理论的确较之科学教育理论更具有实践知识的韵味，用狄尔泰的话说就是，我们用自然科学解释自然，用精神科学理解心灵生活。① 所谓心灵生活，用在教育上，就是教育活动中的人的内在体验、经历、情感和价值，宽泛地对应于个体在实践活动中所要实现的善和在善的实现活动中表现出来的德性。但是，在实践的问题上，解释教育理论并没有脱离理论知识所坚持的客观主义

---

① ［德］尤尔根·哈贝马斯：《认识与兴趣》，郭官义、李黎译，139 页，上海，学林出版社，1999。

立场。解释是"静观"的不是"行动"的，它是理解性解释行动，不是以理解性解释为基础的行动，解释理论并不是一种规范性的理论，它的目的是加深人们对意义世界的认识与理解。① 着眼于认识世界的知识是理论理性，着眼于规范行动的知识是实践理性，解释教育理论旨在描述教育中更为复杂微妙的教育行动的意义，虽区别于科学教育理论，但终究在认识和实践之间有一层隔膜。例如，阅读质性教育研究的"叙事"，读者固然要调动自己的体验以便理解一种德性，但并不意味着读者也要或也会实践这一种德性，有时候我们体验到的或许仅仅是他人的生活而已。

其实，以规范命题的形式表达教育学知识的并不少，传统教育学就是这样一种实践教育理论。实践教育理论力图把教育学知识定位成诸科学或学科知识的应用、综合：以往实践教育理论的综合究竟是怎样的一种综合？它把所有属于其他形式的教育理论研究的任务都揽于一身，把所有不同形式证明及陈述逻辑都混为一体，在完成实践教育理论综合的同时，也使自己成了大杂烩的理论。② 这样的实践的确不少，它们以实践规范命题陈述知识，如"应当做什么"和"应该怎么做"，不过，主语不是"我"，而是"你们"应当如何。实践怎么可能不是"我"的实践呢？这样的知识也只能成为无切己感悟的他者知识的应用，并且由于这样的知识脱离"我""你"的具体情境，只能是教育原则之类大而无当的指导意见，最终沦为理论教条，反过来却是阻滞了个人生动的教育实践。

---

① 唐莹：《元教育学——西方教育学认识论剪影》，341 页，北京，人民教育出版社，2002。

② 唐莹：《元教育学——西方教育学认识论剪影》，407 页，北京，人民教育出版社，2002。

二

教育学知识是理论知识，是关于教育的知识。此处的教育是独立于个体经验的客观存在，教育学知识是对教育忠实的、客观的描述，这类知识是普遍的（独立于个体经验）和符号的（客观的描述）。教育知识是实践知识，是教育的知识。此处的教育不再是外在于主体经验的客观存在物，而是他本人的教育实践活动，因而是通过他的实践活动表达出来的知识。教育知识是个人的（融合在个体经验中）和场景的（关于教育活动）。

教育知识具有综合性，各个领域学科形态的知识在个体的教育活动中被综合起来，或者说，当这些知识用在个人的教育活动中时，才构成了教育知识。第一，从涉及的领域看，教育知识不只包含教育学知识。从教育的广义概念角度来说，教育知识涉及教育与政治、经济、文化、民族等方面的知识；就狭义角度而言，教育知识涉及影响人身心发展的各种知识，如脑科学、神经认知科学、心理学、生理学、伦理学、美学等。第二，从表征的形式看，教育知识不是以命题形式表达的明确知识，它属于情境性、情感性、个体经验性的缄默知识。上述广泛的知识领域在与教育相关的意义上，并不自动构成教育知识，只有在与个体教育活动相关的意义上，才能生成教育知识。教育知识的综合性是个体在教育实践中完成的，实践性是教育知识的基本特征。

如何理解教育知识的实践性？实践性不是实用性。实用的知识可以帮助我们达到预先设定的目的，实践的知识造就了我们的生活方式，教育知识的实践性是它与教师生命、教育活动有内在的关联。我们可以通过亚里士多德的知识分类来分析知识形态与生活方式的关系。

亚里士多德将知识分为三类：实践的、制造的和理论的，其要旨是辨明"作为是的是"的本体学问。① 理论知识的本原是"是"，目的是求真，包括物理学、数学和神学或第一哲学。本体（是）变动或不动，其原因都不在人，而在本体自身，最高的第一学问就是研究独立于质料又不变动的"是"，也就是"作为是的是"，它是最崇高的。实践的和制作的学问其本原是"人"，在知识的主体之中，目的是行动。实践的学问包括伦理学和政治学，制作的学问包括像建筑、医疗这样的关于技艺的实用性知识。从"是"的层次上看，它们都是有关具体的、变动的和经验的、题材的知识。在《尼各马可伦理学》中，亚里士多德从善与德性的角度进一步区分了三类知识。首先，人拥有两种理智，即沉思的理智和实践的理智。沉思的理智同实践与制作没有关系。它的状态的好坏只在于它所获得的东西是真是假。获得真其实是理智的每个部分的活动，但是实践的理智的活动是获得相应于遵循着逻辑的欲求的真。② 欲求的真就是行动选择上的正确，德性是选择的品质。亚里士多德对两种理智的划分和康德理论理性与实践理性的划分是一致的，概括地说，理论知识的目的是认识、求真，实践知识的目的是行动、求善。其次，实践的知识和制作的知识不同。二者虽都是对于因人的努力而改变的事物、基于某种善的目的的行动之知，但是实践的目的就是活动本身，是内在善，制作的目的是活动之外的产品，是外在善。从实践知识的角度，概括地说，明智不同于科学，是因为实践的题材包含着变化。明智不同于技艺，是因为实践与制作在始因上不同。③

---

① ［古希腊］亚里士多德：《形而上学》，吴寿彭译，118～119 页，北京，商务印书馆，1959。

② ［古希腊］亚里士多德：《尼各马可伦理学》，廖申白译注，168 页，北京，商务印书馆，2003。

③ ［古希腊］亚里士多德：《尼各马可伦理学》，廖申白译注，173 页，北京，商务印书馆，2003。

明智乃是同"人的善"相关的、合乎逻辑的求善的实践品质。

我们对事物的认识和我们对人的理解密切相关。亚里士多德的知识三分类，是因为实践、制作和理论沉思是人的活动的三种主要形式，我们就是在这些善的实践活动中，成就了德性和幸福。在教育知识中，教育不是外在于我的事物，而是我力图通过自己的努力把它导向某种善的活动，在其中、在善的实践活动中，我体认着、成就了自己的德性与幸福。饱含了价值、情感和体验的教育知识不可能把教育作为不动的本体来思辨地描述它，因而教育知识不是沉思的理性；也不可能把教育仅仅作为实现外在目的的手段来评价其为善，我的德性与幸福不是在与我的活动相分离的产品那儿才有价值，教育活动自身的善也是目的，因而教育知识不是制作的技艺。

教育知识的实践性既与教育活动是善导向的活动有关，又与实践者追求的德性有关。教育知识的实践品质意味着这种知识必定是事实与价值混合的形态，这恰与近现代以来知识的客观化及其赋予知识的理论色彩相悖，它的核心是实证主义的科学方法论和经验科学的知识观。教育知识不仅要面对实证科学对其混杂着主观意见的指责，还要揭示纯粹的科学知识有其指导认识的兴趣，我们可以通过讨论哈贝马斯的知识分类深入地理解教育知识的实践旨趣。

知识是和兴趣无关的纯粹认识吗？实证科学在批判形而上学知识缺乏可检验的经验材料时恰好地继承了它的基本假设，实证科学借用了哲学中的两个要素：一是理论观点的方法论思想，二是不依赖于认识者的世界结构的本体论的基本假设。① 出于自在世界的本体论假设——正如我们在亚里士多德理论沉思的自足性中看到的，科学知识

---

① ［德］尤尔根·哈贝马斯：《作为"意识形态"的技术与科学》，李黎、郭官义译，122页，上海，学林出版社，1999。

给自己的任务是纯粹客观地描述宇宙，因而在方法论上，分离事实与价值，分割客体与主体，区别描述性陈述与规范性陈述，禁止兴趣与认识的联系。值得一提的是，科学知识虽然秉承了亚里士多德理论知识关于"是"的本体悬设，却放弃了理论与生活的关联：幸福与沉思都是追求德性的生命态度。科学从哲学那里保留了纯理论的外观，但拒绝承认认识与兴趣、知识与生活的关联，当科学在方法论上不知道它要干什么时，它对自己的学科就更加确信不疑。①

拒斥价值的实证主义获得了纯理论的外观——为认识而认识，同时也放弃了对自身的反思——当它试图把宇宙秩序（认识）运用到人间秩序（实践）上时，就发展出了压倒一切价值的价值：技术与控制。知识和人类自我解放的命运密切关联着，回应亚里士多德以人类的繁盛为旨归的实践伦理学，哈贝马斯提出了一种批判的社会认识论。一切认识都有着指导认识的兴趣、旨趣或乐趣，它是与人类再生产的可能性和人类自身形成的基本的既定条件，即劳动和相互作用联系的基本导向。兴趣决定求知，不同的求知活动有不同的认识兴趣。技术的认识兴趣包含在经验—分析的科学观中；实践的认识兴趣包含在历史—解释学的科学观中；解放的认识兴趣包含在以批评为导向的科学观中。② 自然科学，或以自然科学为知识蓝本的经验科学使用假设检验的分析逻辑，在有控制的观察中发现事物间的联系，进而做出预测和控制，它的主要兴趣是使可有效地加以控制的活动有可能从信息上得

---

① ［德］尤尔根·哈贝马斯：《作为"意识形态"的技术与科学》，李黎、郭官义译，134页，上海，学林出版社，1999。
② ［德］尤尔根·哈贝马斯：《认识与兴趣》，郭官义、李黎译，126页，上海，学林出版社，1999。

到维护和扩大，并以这种兴趣来揭示现实。① 换言之，用技术把握人类生活，目的是通过对自然的控制来摆脱自然对人的控制。精神科学或一般人文学科通过内涵的理解来把握人类的精神实质，它的主要兴趣是确保个人和集团的可能的、以行为为导向的自我理解以及其他个人和集团的相互理解。② 换言之，意图把人从固执的意识形态的依附关系中解放出来。然而，现实世界中相互理解之路并不通畅，这就需要反思以规律命名的形形色色的意识形态，自我反思能把主体从依附于对象化的力量中解放出来③，即批判的社会科学，其认识的兴趣是人对独立、自由和主体性的渴望。

教育知识的旨趣有赖于我们对教育活动的理解。如果我们把教育当作对学生的控制，就会是技术导向的知识。不用否认，大量的实践教育学就是这个旨趣。首先，我们接受既定的教育目的——被设想为种种客观的或时尚的教育理念，于是就不再需要反思自己行为的真正动机和价值，我们的行动只剩下如何应用的策略。这大概就是亚里士多德界定的制作的技艺，目的是行动本身，所以它不是实践活动。其次，策略的焦点是如何使用最佳的手段有效地实现那个目的，同时这又是需要客观认识的科学知识。比如，心理学和社会学的指导，其认识的兴趣被技术所主导。在两重意义上，我们束缚于意识形态，一是当作客观理念的外在于我们行动的教育目的，二是同样外在的作为技术与科学的意识形态。那么，我们自身的主体性、价值追求、专业精

---

① ［德］尤尔根·哈贝马斯：《作为"意识形态"的技术与科学》，李黎、郭官义译，127页，上海，学林出版社，1999。
② ［德］尤尔根·哈贝马斯：《认识与兴趣》，郭官义、李黎译，168页，上海，学林出版社，1999。
③ ［德］尤尔根·哈贝马斯：《作为"意识形态"的技术与科学》，李黎、郭官义译，129页，上海，学林出版社，1999。

神和生命体验又在哪里？离开了这些内在的善的引导，教育活动就成了工具行动，而不是实践行动，教师具有的就是工具理性，而非实践理性，教育知识的实践性就不复存在。

教育知识是以实践兴趣为导向的。教育活动是主体与主体间的交往活动。交往是通过沟通来相互理解的，不是借助控制来实现征服的。如果我们把儿童当作"被驱动的物"、把教育当作"可观察的事"，那么就是把儿童、把教育作为"可以用工具操纵的物体"；如果我们把儿童看作"有活动能力和言语能力的人"、当作"可理解的人"，就是把教育看作"交往活动中发生的相互理解"。教育知识一方面是通过互动在相互了解、谅解和理解的关系和过程中产生的；另一方面就是教育知识本身就是沟通、理解、交往的经验。简洁地说，教育知识就是在沟通中形成的沟通的知识，在理解中获得的理解的经验。理解儿童是教育的前提，教育的奥妙就是如何理解儿童，正是对儿童的理解才构成了教育知识的核心经验。如果说教育乃是善的实践活动（取亚里士多德意义上的实践含义），是人性的饱满和人类的繁盛，那么，在交往关系中相互理解的可能性就构成了实践的前提。所以，指导教育知识的兴趣称为"实践的"。

但是，要使交往发展成为免除了各种"意识形态"束缚的自由的对话，就需要其成员具有独立判断和自我反思的兴趣和能力，这构成了指导教育知识的批判和解放的旨趣。批判的兴趣表现为支配选择的性向或德性，是教育实践者对教育意义的体认和对可能的教育行动的选择倾向，这是支配教师行动的个人化的教育哲学。教育知识的批判导向赋予了教师实践慎思的品质，这种品质使他的教育知识和德性追求能够保持自我同一性，从而成为生气蓬勃、个性和谐的人，所以，指导教育知识的兴趣也是避免分离和免除压抑的解放的旨趣。

三

从教育学知识到教育知识，是知识的个人化过程。这并不等于一个人学习了教育学知识，然后应用到自己的教育实践中，就产生了个人化的教育知识。作为理论形态的教育学知识固然有它应用的功能，教师也的确需要学习这样的知识。但是，一者，无论是哲学教育理论还是科学教育理论，它们都还不成熟、不规范，技术化、操作化是对教育学知识不切实际的要求；二者，教育实践是十分复杂的活动，引导教育知识的是实践旨趣，不是技术旨趣，否则教育知识就会变得十分狭窄，教师工作就会变得很无趣。教育知识是主体在实践中掌握的知识，这不仅意味着教育知识是在实践中生成的，还意味着它具有内在于实践活动的品质。离开了具体的教育实践活动，就不能恰当地评价这种知识，也不能恰当地评价拥有这种知识的人。实践善的同时说明了支配实践的知识和行动者的德性，所以，这样的实践知识可称为个人化的教育知识。宽泛地说，个人化教育知识是对知识论中如个人知识、日常知识、缄默知识、场景知识的回应，在教育活动中更多的是针对亚里士多德所讲的实践知识的本原在主体之中的思想，也就是实践理性，即那种和我们所求的生活之善紧密相连的理性。

我们追求生活价值的丰满、丰富，但是各种偶然的境遇、个人的主观经验，以及难以控制的因素都会影响我们的判断。于是我们希望能够有一种普遍的、准确的、独立于个人的知识来引导我们的实践活动，普遍性和可说明性使得技艺（知识）能够通过系统过去掌握未来；可教性使未来的进步建筑在以往的成就之上；而准确性确保了前后连贯和减少错误的可能性。① 抽离于个人之外的普遍性知识使我们摆脱

---

① ［美］玛莎·纳斯鲍姆：《善的脆弱性 古希腊悲剧和哲学中的运气与伦理》，徐向东、陆萌译，126页，南京，译林出版社，2007。

了对经验的依赖，却严重地歪曲了我们的经验，简化了我们的实践，致使生活之善变得单调乏味。与上述知识特征比照，个人化教育知识具有的独特品质恰当地体现了教育实践的内在机理。

区别于普遍性，个人化教育知识具有经验—反思的品质。个人化教育知识不是已有的、作为人类的文化形式的知识，而是经过个人在教育活动过程中的行动，由自我意识对这些行动进行反思的知识。在人类知识的形成史上，经验起初是作为偶然、易错、歧义的东西被概括、抽象掉的东西，哲学爱好理念；近代科学的崛起重拾经验，但去除了个人体验成分，还原为可以重复观察的事实，科学要求证据；现代社会的知识等同于信息，谁掌握了信息谁就能控制事态，知识的兴趣是技术。个人化教育知识的经验性，是杜威所说的经验的不断改造和重组。它首先是个人基于教育活动的综合判断，它不求分析的恒真，因为教育活动是不断变化的；其次是开放的，它是在交往互动过程中生成的经验判断，教育活动是师生在交往活动中不断生成经验、体验和意义的过程；最后它是反思的，经验是不断增长着的经验，教育活动是主体努力求善的活动，不是凭经验办事。反思并不是课题化的研究，而是在行动中反思、在反思中行动，这样的教育实践者是反思的实践者，他们在可能的范围内构成反思的共同体，以行动研究为自己的职业生活方式，以自己的教育理论来表达和提高自己。① 对学校生活体验的原始素材做经常性的反思是最适合教师的教育研究方式，也是"自己的教育理论"的源头活水。

区别于准确性，个人化教育知识具有情境—情感的品质。能普遍化的知识是独立于个人经验的知识，其衍生出的准确性，或者是要求

---

① 唐莹：《元教育学——西方教育学认识论剪影》，143页，北京，人民教育出版社，2002。

知识能够准确地描述事实，或者是要求知识能够准确地预测结果，这就势必要去除情境的复杂性、多变性，屏蔽情感的体验性、即时性。我们不可能准确地刻画教育的神韵，却能够用精确的度量"塑造"出标准化的教育，这就是哈贝马斯所担忧的标准化、宰制性的知识凌驾于陶冶性、救赎性知识之上的"被殖民"的生活世界，也是当前教师教育令人忧虑的地方。靠知识传递与技术性手段不能形成教师的个人化教育知识。由于教育活动的文化性、境脉性，教师的职业场景，尤其是学科教学场景及教养情境的多变性、偶发性、个体差异性，教师的教育知识源于大量的教育实践活动。形象地说，情境是"热"的，符号是"冷"的，教师积极的人格态度是个人化教育知识形成的深层机制。教师的情感状态及其品质是其人格最强大的动力和动机系统，甚至可以说，情感几乎是个人化教育知识形成的最大奥秘。因此，优秀教师的本色特征是他能够构成与学生的教育关怀的关系，在具体的情境中，在不同学生身上处理这种交互关系，能体现教师的敏感性、规范性、平衡性和分寸感。学校精神氛围与情感应答关系是孕育教师积极情感如热爱、耐力、自尊、成就感、精力充沛等的土壤。

区别于明确性，个人化教育知识具有内在—多元的品质。工具理性—技术旨趣所引导的知识格外强调外在目的。所谓外在目的，是指一项活动的目的可以独立于活动本身而被说明，是可以与活动过程相分离的"善"。正是由于和具体的活动相分离，目的才是单一的、清晰的、可以事先确证的，由这样的目的所引导的活动是可测的，其知识是明确的，但是教育活动要复杂得多。一方面，教育活动具有内在目的，教育的目的是促进人的成长，教育本身就是人的成长过程，因此，杜威说生长就是生长的目的，教育就是教育的目的，教育活动本身就有价值。另一方面，由于教育目的内在于教育活动过程，同时具体的活动又是丰富多样的，人的成长也是多方面的，因此，教育目的具有多元性，我们不能离开具体的教育活动来评价教育目的。二者合一，我们无法根据一项教育活动评价它，所以，指导教育活动的个人化教育知识不是明确的，而是缄默的——不是说这样的知识不能表达，而是它只有参照实践才能领会、把握和评价的知识。个人化教育知识内在于具体的教育实践活动，它把握的是"多元"的善的实践活动。

区别于可说明性，个人化教育知识具有意向—规范的品质。当我们对行动的结果能够给予清晰的因果解释时，或者当我们能够用原理来解释、指导行动时，我们说它是可说明的。主要是回答为什么的知识，我们称为可说明性的知识，它是理论知识，如教育学知识。个人化教育知识则是实践的。一是意向性，它不是关于外在行为的说明，而是由主观态度、情感、价值观融于其中的内质性活动的知识。二是规范性，它不是技术知识或生产性技艺，而是教育者期望以一种正确的、良好的、恰当的方式来活动的知识。实践是实现善的活动，个人化教育知识强调的是在实践活动中的德性养成，它是高度德性化的知识，是和教育者品质、价值、态度高度关联的知识。个人化教育知识不仅是"运用"着有效的知识，还使运用者由此获得了对该知识价值上的确信——是效果的确证，更是情感和态度上的确信；获得了自己与该知识价值有联系的感受——自身的生活变得有趣，自身的价值得到了确认，自尊心得到了维护和提升。

区别于可教性，个人化教育知识具有实践—整合的品质。从知识的传递性质来看，普遍性知识带来了传授的可能性，因为这种知识的有效性独立于个人的经验，并且我们可以在经验发生之前就学习它，它描述的是我们实践之外的事物——虽然个人的经验有助于理解这类知识，但知识的有效性毕竟不取决于我们是否理解它。不借助于个人的实践经验而能够直接传递，谓之"可教性"。相反，个人化教育知识描述的是在个体经验之内的东西，其有效性直接取决于个体是怎样理解自己的实践活动的，直接通过个体践行的善和追寻的德性表达出来，因而，它不可能被直接地作为"知识"来教。正如苏格拉底讨论美德是否可教时一样——如果教乃是直接的教，美德便不可教，但美德可学。作为实践知识，所谓间接的教就是广义的"教学做合一"或"做中学"的实践性学习。个人化教育知识具有实践—整合的品质，其学习的机制遵循亚里士多德和杜威的实践教育传统。

四

无论是职前师范教育还是职后教师教育，教育知识的个体化生成过程都依赖广义的"教学做合一"。一个活动对事说是做，对己说是学，对人说是教。知识、做事与做人是统一的，它的核心是实践。亚里士多德和杜威都赋予实践内在善或内在目的的特征，实践知识的生成不能独立于实践活动。在亚里士多德那里，实践就是善的实现活动，并且这个活动本身就具有善的品质。在善的实现活动中，我们逐步形成了支配自己做选择的品质，一个人的实践活动什么样，他的品质就什么样，如我们通过做公正的事成为公正的人，通过节制成为节制的人，通过做事勇敢成为勇敢的人。做那样的事，然后才能成为那样的人。个人教育知识就是做了才有的知识。在杜威那里，获得知识的教育活动和生活实践本质上是一件事情，即个体经验的不断增长和不断改组的过程，教育就是更多的教育，生活就是更多的生活。同时，经验的增长还有两个条件，一是反思、实验的品质，二是和他人的自由交往、相互交流。个人化教育知识就是不断增长的教育经验。

个人化教育知识靠师范课程的培养不足以生成，镶嵌和内隐着道德直觉、智力敏感与审美情趣的个人化教育知识只有靠生活经历在职场中体验、积累和磨砺，其生成方式才能多种多样。例如，可以在读书、工作中培养联想的习惯，与自己的生活经验相关照；也可以从自己或他人的经验中琢磨、体悟、提炼新的认识。无论哪种生成方式，都应与个人产生这样或那样的联结，引起思维和情感上的活动。只有活动才可能进入内化过程，否则是知识与学习者分离的学习。知识与学习者分离的学习不能构成个人的意义，不能进入内化过程。个人化教育知识的职场途径主要体现在两个方面。一是教师的学科教学过程，它是教师个性化处理知识的过程，如寻求、加工知识的结构，善于将知识和不同的学生产生联结，使学生的学习过程变得对个人有关联、有意义。二是教师的品德教化过程，这个过程包含了教师对德性价值的理解，如善于处理不同学科的不同教材，挖掘和展示其中的教育价值和内涵，设计情境和活动，使学生获得积极的情感体验，有效地处理教学过程中道德及价值观教育的要素、事件、触点，如榜样、纪律、合作、竞争、奖惩等。无论是智育过程还是德育过程，教育作用发生的基本条件都是恰当的交互式实践，究其本质而言，个人化教育知识就是恰当的交互式实践的经验。教师的成长虽然始终与知识学习、教育研究工作相伴随，但其根本的来源是教学和教养活动中变幻无穷的丰富经验，对所发生的教育实践敏感有兴趣、重积累，这些是个人化教育知识生成的基础。

今日师范教育特别需要调整学习方式。粗略地看，今日的师范教育存在两种不同的学习方式。一种是理论知识的学习方式。理论知识意在描述个体经验之外的本然之真，它追求独立于个人经验的普遍有效性，或者是大量经验的抽象概括，或者是概念的推演系统，由此具有的"可教性"把"教"理解得相当狭窄，在现行师范教育中，就是以传授、记忆和封闭式考试为主的学习方式。另一种是实践知识的学习方式。实践知识意在指导个人的实践活动。重在知识和个体实践经验的多向度关联，由此具有的"可学性"是一种实践性学习方式，包括采用问题为本的学习，参与式、研究性学习，讨论式、分享式学习，情境性、综合应用式学习等。由于教育活动的实践本性，在现行的师范教育中及教师在职培训中完全讲授的方式必须改革，否则，将来教师在职场中不仅不能胜任教育教学工作，还会很难成为善于反思教育经验且在职业生活中不断成长的人。虽然在未来很长的一段时间内，针对不同的知识和不同的人，两种学习方式还会并存，但基于理论知识的注重知识记忆和传承的传统教学方式的确不利于培养学习者的"真实性学力"。实践性学习不仅是生成个人化教育知识的基本途径，还是促进师范教育中理论知识教学方式改革的途径。

实践性学习就是广义的"教学做合一""做中学"。广义上的实践性学习，是任何一种主动的经验联结方式，做不止于操作，实践不限于应用。对实践性学习的支持包括制度化和非制度化的途径。制度化的途径包含课程学习、见习和实习。长期以来，我们对制度化理解得过于狭窄，把课程理解为教学，把教学理解为教授，似乎没有讲授就没有了教，没有教就没有了学。在师范教育课程中，我们应当着力开发支持实践性学习的课程。例如，20世纪90年代在美国的教师教育中广泛开展的"服务性学习"。"服务性学习"课程的学习方式就是强调通过实施服务来提升教师的教育实践价值观。同时，我们迫切需要改革、改进现有的教育理论类课程。例如，基于案例的学习，从案例中提升观念；基于问题的学习，从问题中寻找解决问题的方法；基于专题的学习，从专题中推导、联结各种教育观念的关系，等等。非制度化的途径则更为广泛，包括校园文化、社工志愿者、学生班级工作、中小学教育实践，与中小学建立合作伙伴关系，帮助师范生获得教师的多元角色体验，如教育者、管理者、关爱者、咨询者、监护者、革新者等，从而锻炼其能力，增加其阅历，使其获得职场感。

教育是实践活动，教育知识是实践知识，无论职前、职后，教师的培养都有赖于培植个人化的教育知识，这一过程又是在实践中进行的，它提倡的是实践整合型的教师培养模式。在更为宽泛的意义上讨论教育知识的实践性、个人化，是对现代社会中日益发生的知识与人的分离、认识与伦理分离的一个教育学回应。

弘扬具有民族特质的教师精神^①

2007 年 8 月 31 日，胡锦涛总书记在全国优秀教师代表座谈会上讲话时，称赞优秀教师"集中体现了人民教师胸怀祖国、热爱人民，学为人师、行为世范，默默耕耘、无私奉献的高尚精神"。胡锦涛总书记的讲话不仅是对优秀教师的肯定，还是对当代中国教师群体精神特征的高度提炼，是对全体教育工作者的期盼。学习胡锦涛总书记的讲话，我们每一个教育工作者都应该思索：在今天，中国教师应当弘扬什么样的教师精神？

一、教师精神是中国传统文化精神的一部分

民族精神是一个民族与时俱进、不断发展的内在的价值取向与精神动力，是一个民族优秀传统文化的集中体现。在五千多年的历史长河中，在中华传统文化的长期熏陶下，我国各族人民形成了中华民族以爱国主义为核心的勤劳勇敢、团结统一、爱好和平、自强不息的民族精神。这种民族精神永远是中华民族生生不息、发展壮大的精神支撑。

---

① 本文是作者发表在《中国教育报》2007 年 9 月 29 日的文章。

教师是传承中华文化和民族精神的最重要的主力。他们接受中华优秀传统文化的熏陶，又把中华优秀传统文化内化为自己的学识、品格影响受教育者。教师既是中华民族精神的继承者、实践者，又是传承者、发展者。长期以来，以教师为主的中国文化人一直是中国社会的精神脊梁。

在传承中华优秀传统文化的过程中，教师群体逐渐形成了带有民族精神烙印的具有中华民族特质的教师精神。他们忧国忧民，信奉"天下兴亡，匹夫有责"的信念，始终以培育"治国、平天下"的栋梁之材为己任；他们以"学高为师，身正为范"为职业准则，坚守"己所不欲，勿施于人"的人生信条；他们诲人不倦，遵循"知之者不如好之者，好之者不如乐之者"的育人之道，"博学之、审问之、慎思之、明辨之、笃行之"；他们崇尚变革，"穷则变，变则通，通则久""小革则小治，大革则大治"；他们淡泊名利，"捧着一颗心来，不带半根草去"。

悠悠几千年，中华民族历经磨难。中国教师以其柔弱的身躯，筑起了中华民族的精神灯塔，用智慧之光照亮了历史的长河。于是，便有了"宁为玉碎，不为瓦全"的气节；便有了"先天下之忧而忧，后天下之乐而乐"的胸怀；便有了"富贵不能淫，贫贱不能移，威武不能屈"的浩然正气；便有了"人生自古谁无死，留取丹心照汗青"的坚强志士。中华民族以其特有的刚健和自强，屹立在世界的东方。

改革开放以来，中国教育取得了世人瞩目的成果，我国实现了普及义务教育，中等教育和高等教育也得到了前所未有的发展。我们用较少的教育资源，承担了全世界最庞大的教育。2006年的统计显示，我国有中小学学生2.1亿人，普通中小学专任教师1043.8万人，其中有80％在县以下的农村地区。他们当中的大部分人，物质生活还比较艰苦，工作条件也很有限，但他们日复一日、年复一年地坚守岗位，默默奉献，为学生的成长倾注满腔心血。在今天，中国教师再次用他们无私奉献的崇高品质和吃苦耐劳的坚强意志筑起我国教育的大厦。

人民教育家陶行知提出"向人民学习者，为人民的老师"，教师要集人民的优秀品质和专业知识于一身。在中国的传统文化中，教师的形象一直是"传道、授业、解惑"者，以"学高""身正"的双重要求为目标，始终以先正己而后正人为信念。胡锦涛总书记高度评价的优秀教师的高尚精神，正是有中华民族传统特质的教师精神。这种精神与中华文化一脉相承，它是中华教育文化的精髓。

二、社会变革使中国教师的职业操守面临巨大挑战

计划经济向市场经济的转型导致利益关系和分配方式的变化，使得教师的权利、生存的社会条件和他应当承受的道德责任之间的关系出现了前所未有的新的变化。开放社会各种价值观与思想文化相互激荡，不平等的竞争、金钱主义、功利主义、享乐主义与教师内心应当遵从的操守之间往往容易发生激烈的冲突。

从教育本身来看，全面推进素质教育、正在实施的课程改革以及未成年人品德形成中的新问题，都对包括教师道德素质在内的教师专业素质提出了新的要求。教师的角色变得多元，他们不仅是知识的传授者，还是课程的设计者、教育资源的利用者和创造者。他们不仅是学生学习的指导者，还是与家长、社区的沟通者，更是学生精神成长的守护者，尤为重要的是他们要在未成年人面前带头成为积极学习的劳动者和辛勤而诚实的关爱者。

21世纪，以网络为代表的信息技术的快速发展，对人们的生存方式、价值观念和学习方式产生了深刻的影响，对传统的学校教育模式产生了强烈的冲击，对儿童的身心产生了多重影响，导致众多"网络问题学生"的出现，对教师的职业构成了新的挑战。正是现代教育的更

新、教师职业角色的多元，对今日教师的职业道德要求和人格操守产生了新的期待。

三、新时期更需要弘扬有民族特质的教师精神

中国现代化建设的任务繁重而艰巨，教育发展面临的机遇多、压力大。同时，我们还存在着东西部地区、城市和农村地区教育发展不平衡；公共教育经费投入不足，教育资源相对匮乏；课程理念、课程设置和课程实践都需要改革和创新，人才培养的模式和规格不能适应社会发展的需要等突出矛盾。在教师队伍建设中，我们面临的困难和问题主要有三方面。第一，教师的整体素质，尤其是农村边远地区教师队伍的整体素质有待进一步提高。第二，结构性矛盾比较突出，教师资源的配置不尽合理，骨干教师、农村地区教师紧缺。第三，教师的地位还待进一步提高，教师的社会地位、经济地位和待遇需要进一步提高。中国教育持续而良性的发展急需高素质的教师。高素质教师队伍的建设是一个漫长而艰苦的过程。

光荣、艰巨的事业需要伟大、坚韧的精神。教师必须求真、向善，教师职业的特性在客观上规定了教师是学生效仿的榜样，是学生的楷模。教师在教学以及日常与学生交往的过程中，传递着他的价值观。教师的道德人格会转化为一种巨大的教育资源，具有强烈的感染力和影响力。因此，无论你是否愿意，无论你是否自觉，教师本身就是一部活的教科书。这部教科书总是打开着的。

为了使我们的教育产生影响力，并且具有魅力，教师要反躬自求。在现代学校，对学生进行公民意识教育、人本精神教育、环境保护教育、生命教育等都是教师的使命。有良知的教师不能推卸自己的责任。今天，我们需要重新思考教育与经济全球化、市场化、网络化的关系，

需要反思其中可能出现的思想混乱。教育不仅有科学基础，还有价值基础。教育最重要的功能是育人功能，是引导年青一代树立正确的世界观、人生观、价值观和荣辱观。中国当代教师在这一特殊历史时期，必须应对时代的挑战。

四、弘扬教师精神需要全社会的努力

教师是教师精神的主体，这一主体又生活在社会现实中。高尚精神的倡导和传播，需要良好的社会环境和条件。

首先，要有切实的政策措施保障教师的政治地位、社会地位、职业地位，维护教师的合法权益，特别需要社会对坚守教育精神的教师给予热情的鼓励和真心诚意的支持。

其次，要以恰当的尺度评价教师。现在，社会上一些人由于对教育认识和理解上的偏差，使其对教育活动、对教师的要求和期待过高，对教师的创造性劳动、对教育的职业特性不够尊重，因此他们对教师的工作评价也不尽合理。营造良好的社会环境氛围，对坚持素质教育方向的教师予以支持，对在艰苦条件下忠于职守、静心教书、安心育人的教师予以肯定和表彰。

再次，要在学生中倡导新的尊师观。我们不提倡传统的师道尊严，但我们需要启发、教育学生尊重教师的劳动。教师在学习活动中要成为学生的伙伴和带头人，同时教师也需要来自学生的鼓励和爱戴。当然，教师也需要加强自我修养。学校要创造条件让教师有更多自由阅读的时间，以丰富、提升教师的人文素养和精神内涵。

最后，要确立教师发展观。任何一位教师都处在不断发展和完善的过程中，教师的专业成长（包括精神成长）贯穿于教师整个的职业生涯。社会和教育管理者要从发展的角度给予教师适度宽容；同时，要倡导教师通过职场的活动，自觉研究、反思和积累教育经验，日臻成熟教育智慧，凝聚教育精神。

中外历史表明，任何一座精神丰碑都有其牢固的社会根基。具有中华民族特质的教师精神并不缺少厚实的历史根基，现在要靠全社会来创造现实的支持条件。所以，以广大教师为主体、全社会共铸的有民族文化特质的教师精神，是提升全民教育品位，实现民族复兴的基础性工作。

回归教育职场　回归教师主体
——新时期师德建设的思考[①]

2007 年 8 月 31 日，胡锦涛总书记在全国优秀教师代表座谈会上讲话时向全国教师提出了四点希望，希望广大教师"爱岗敬业、关爱学生""刻苦钻研、严谨笃学""勇于创新、奋发进取""淡泊名利、志存高远"。这是胡锦涛总书记对全国教师的热切期盼，是新时期师德精神的概括和总结。学习胡锦涛总书记的讲话，激发了我对师德以及新时期师德建设的一些思考。

一、时代对教师道德提出了更高、更迫切的要求

师德是一个永恒的教育话题。只要有教育活动存在，就有教师这种职业角色的存在，就有对教师德行的要求。在中国传统文化中，对教师有着"学高为师，身正为范""传道、授业、解惑"等基本要求，也就是要求教师具有渊博的学识和高尚的情操，并且两者要做到相互贯通、融为一体。这种具有中华民族特质的教师精神支撑了中华民族几千年的发展，以教师为主的中华文化人也一直是中国社会的脊梁。这

---

① 本文是作者发表在《中国教育学刊》2007 年第 10 期上的文章。

种传统的教师精神在今天需要进一步发扬光大。尽管我国改革开放以来教育事业取得了世人瞩目的成绩，但教育发展还面临着许多困难：教育发展不均衡；教育投入尚不够充裕；一些地区的教师还在物质生活条件十分艰苦的环境中工作，等等。这些现实要求教师继续发扬无私奉献、吃苦耐劳的精神，以推动中国教育事业更好、更快地发展。

师德也是一个常说常新的话题。不同时代的师德都带有鲜明的时代烙印。随着经济社会的巨大发展和人类文明方式的变化，教师的职业道德面临着更加严峻的挑战，师德建设的重要性也进一步凸显。这集中表现为以下几个方面。其一，社会改革和开放所形成的社会价值多元化使教师面临着价值选择的考验。教师处在各种价值竞争的前沿，教师的工作是教书育人。教师不仅要教给学生系统的知识、培养学生的能力，还要向学生传递知识所负载的价值意义，使学生聆听知识背后的道德声音。换言之，教育所具有的科学基础和价值基础，教师工作所要求的科学性和价值性，要求教师不能放弃传递社会价值。事实上，教师总是在有意或无意中将自己的价值观昭示出来，影响并传递给学生。社会价值的多元化使教师的道德选择变得更加重要的同时也变得更加困难。因此，对于教育究竟该不该传递价值观、有没有传递价值观的正当性和合理性，在一段时期内是有困惑的。以教师专业化为例，在世界主张教师职业专业化的潮流中，我国倡导的高学历化、综合性以及职前职后一体化是历史的必然。但是，人们常常把专业化理解为提高教师的教学水准和培养"效率型教师"，淡忘了专业化本身就包含着对教师的德行要求。加拿大长期致力于道德教育哲学研究的学者认为，教学的一个基本成分——以教师的资格表现出来的教师的道德自主性……教学就其本质而言是一种可以随时扩展的道德实践活动。[1] 据此，教师专业化不能忽视对教师的

---

[1] 朱小蔓：《道德教育论丛》第 2 卷，342～351 页，南京，南京师范大学出版社，2003。

德行要求。其二，知识社会和终身学习时代的到来，促使学校教育的功能处于不断调整中。在知识经济和终身学习时代，一个人早期培养起来的情感、态度和价值观从某种意义上说比他的知识、技能更加重要。学校教育的功能从过去以传递知识为主转向了为学生的人生奠定学会学习、学会做事、学会做人的基础，学校教育的育人功能得到了前所未有的彰显和认同。由此，教师在影响学生情感、态度、价值观方面所承担的责任和应发挥的作用变得更加重要。

二、教师道德的时代内涵

师德的要求在不同的时代会呈现不同的特点。在当前，教师道德应体现以下内容。

第一，平等的关怀。在现代民主社会，受教育权是每个儿童的法定权利。保障儿童的受教育权，要求教师平等地关爱每个儿童，关心每个儿童身心的全面发展。

教师的关怀要建立在尊重的基础上，并且这种关怀是双向的而不是单向的。现代道德关怀理论认为，关怀者应当让对方感受到自己的关怀。对于教师来说，对学生的关怀不能出自自己的一厢情愿，不能是强制性的，否则，学生不仅感受不到教师的关怀，还可能会感受到教师的压迫，教育的效果也就适得其反。教师要通过平等的、双向的交流、对话和沟通，使自己的关怀能够抵达学生，使学生体验并接受自己的关怀。

教师的关怀还应是公正、公平的。教育的公平不仅指教育的区域发展平衡、校际发展均衡，还体现在教师公平地对待每个学生上。对于每一个具体的学生来说，他是从自己的班级、从自己与教师的关系中认识教育公平和社会公平的。教师公正地对待学生，能够使学生产生对社会的信任感，激发学生的潜能，使学生与教师建立亲密的关系。

第二，多样的激励。独特性是生命的本质属性。承认生命的独特性，意味着相信每个生命都有自我发展的潜能。事实上，教育的最根本方面是激发、培育有创造力的文化生命的社会性主体的事物。[1] 现代教师的职业角色已不仅是知识的传递者、提问者、辅导者，还是聆听者、欣赏者、关怀者，是学生的伙伴、照顾者、引导者和榜样。教师要依据每个儿童独特的智力倾向、学习风格和生命秩序，采用不同的激励方式，使他们都能在自己原有的基础上实现最大的发展。教师要成为儿童最大的激励者，要主动适应儿童，在适应与沟通中调适儿童。

第三，统整的教育。在终身学习时代，支持一个人可持续发展的不仅是扎实的知识基础和技能，还要有积极的生活态度、热爱学习的情感、成长动机和健康的价值观。教师能否在上述方面影响学生，将作为新时代的要求日益凸显。新一轮基础教育课程改革旨在改变传统的课程功能观，强调通过知识的传递，培养学生的能力，影响学生的情感、态度、价值观（价值镶嵌在知识中，存在于事物的关系中），这三者在教学组织过程中是紧密融合在一起的。一个有道德意识和道德能力的教师会自觉努力地实现完整的教育目标，通过教学及与学生的交往把知识、能力与情感、态度以及价值观的培养整合起来。

第四，自觉的反思。教育工作具有实践性品格。在现代，大量的或者说真正有用的、真正能够跟得上教育形态不断改变的、原创性的教育知识生产方式正在发生改变。基于教育现场的扎根性研究和行动研究变得越来越重要。教师要改善自己的教育教学工作，需要不断地、经常地、自觉地反思自己的教育教学活动。通过反思，不断地调整工

---

① 朱小蔓：《教育职场：教师的道德成长》，91页，北京，教育科学出版社，2004。

作方法，提高教育的科学性和艺术性，日臻成熟教育智慧，所以，有道德的教师，必定是一个能自觉反思自己工作、保持不断自我成长的教师。

第五，同侪的分享。教师的成长、学校的成长与学校的组织文化有着密切的关系。苏霍姆林斯基说，教师集体是一个志同道合的创造性友好集团，这个集团中每个人都为集体的创造性做出他的个人贡献：每个人借助于集体的创造在精神上得到充实，同时他又使他的同事在精神上充实起来。[①] 今天的教师已不能只是一个孤独的教书匠、一个个体劳动者，他需要不断开放自己，加强与同侪之间的专业对话和合作，通过相互学习，分享彼此的教育教学经验，实现共同成长。

三、加强教师道德建设的途径

当前社会价值的多元、利益格局的调整，使得教育与市场之间、主导价值观与多元价值观之间存在某种紧张状态，教师道德的建设也面临一定的困难。为此，教师的道德建设需要调整思路、转换视角：教师道德建设需要回归到人，回归到教师培养的规律上，即使教师在职场中、在追求专业成长的过程中成为师德建设的积极主体，提升师德。具体途径包括以下几个方面。

首先，立足教育活动磨炼教师的德性。正如上文所述，师德建设是专业化的内在构成。教师的道德成长与专业成长是内在一致、并行不悖的。因此，在教师专业化的过程中，要重视开发教师的职业认知、情感和态度，重视教师创造热情的激发、审美意识的体验、审美能力的生成以及教师自身生命成长的价值追求与生活体验的过程，要把教

---

① 朱小蔓：《教育职场：教师的道德成长》，113 页，北京，教育科学出版社，2004。

师放在道德驾驶员的座位上，以便我们在当前迷恋于专业化的时候不至于迷失方向。①

教师的专业成长、教师伦理道德的形成源于职场的锤炼，教师每一种职业道德品质的生长都在教育教学生动、丰富而复杂的情境中。教师是通过每日每时的教学，通过每日每时与学生的交往来成就自己的师德的。因此，教师道德的建设不能脱离具体的教育教学实践，不能脱离教师工作职场。教师要在工作中、在教育活动的职场中有意识地加深对教育专业伦理性的认识，反思自己的道德实践，特别是有意识地培养自己的道德敏感性，并在道德实践中不断思考教育伦理问题，掌握处理教育伦理问题的策略。

其次，教师要加强自我修养。教师是师德建设的主体，师德建设要充分尊重并发挥教师的自主性，使提高师德真正成为教师的一种自我成长需要。师德既是客观、外在的规则和秩序，又是职业的内在要求。教师只有不断加强师德修养，才能获得教学的成功，赢得学生的信赖，也才能生发职业的幸福感，并不断强化自己对教育工作的信念。教师要通过长期的、尽可能丰富的阅读、反思，通过与学生的交往，参与公益活动以及服务性学习等来增进自己对教育、对学生的认识，学会和学生打交道。

再次，加强教师道德建设还要求学校赋权。一般而言，促进教师成长的要素有三个：一定的专业化标准；教师的成就动机及对职业的信心；健康、能保障教师奋发向上、同侪相互激励与欣赏的组织文化。国内外一些发展较好的学校也有一条基本的经验，即建立师生之间、教师同侪之间、教师与家长之间积极的学习关系，使学校成为有良好

---

① 朱小蔓：《道德教育论丛》第 2 卷，242～351 页，南京，南京师范大学出版社，2003。

精神氛围的学习共同体。为此，学校管理者要充分信任每一个教师，给教师一定的自主权，发挥教师教育创造的能力，使教师在自主、自觉的教育教学活动中成就自己的师德。

最后，加强师德建设还需要营造良好的社会氛围。教师是生活在社会现实中的，师德建设需要良好的社会条件和环境。第一，要有切实的政策措施保障教师的政治地位、社会地位、职业地位，维护教师的合法权益。特别要对坚守教育精神的教师给予热情的鼓励和真心诚意的支持。要进一步改革人事制度，健全和落实相关法律、法规。第二，要以恰当的尺度评价教师。现在，社会上有一些人对教育活动、对教师要求和期待过高，对教育的认识和理解存在偏差，对教师的创造性劳动、教育的职业特性不够尊重，对教师的评价也不够合理，这一状况亟待改变。任何一个教师都处在不断发展和完善的过程中，教师的专业成长（包括精神成长）贯穿于教师的整个职业生涯，社会和教育管理者要从发展的角度给予教师适度宽容。

未来教师的形象期待①

从 1794 年法国创立巴黎高等师范学校，1808 年将其改制为培养中学教师以来，高等师范教育发展已有二百余年的历史。教育成为人类一种独特的实践方式的时间就更长了，起初是"养老与育幼结合""师长合一"的古老习俗，后来是"官师合一""僧师合一"的漫长历史。奴隶社会后期，出现了以教育为生、以教育为业的专职教师。总之，教师经历了从兼职到专职，再到变成一个行业，逐步形成了它的职业化特征，并且作为一个专业来追求、建设的历程，其间依赖于教育理论的成分越来越多。人类最初只有所谓教育经验，后来有了所谓教育技术、教育思想、教育理论，对教育理论不断反思就有了理论的元思考。教师行业的发展与教育学形成理论体系，与教育实践相互支持、相互转化，紧密相连，其特征是日益专业化。

教育是培养人的。我们对人的期望是什么？这里有一个关于人的形象期待的问题。师范教育是培养教师的。21 世纪需要什么样的教师？我们对将来的教师有什么样的期待，或者说现在整个国际社会、不同国家在探索的过程中，对教师职业逐渐形成了哪些基本看法？对教师的形象有什么基本看法？这已成为我们办师范教育的前提。

---

① 本文是作者发表在《上海高教研究》1998 年第 1 期上的文章。

1976 年第 35 届世界教育大会研究的主题是教师问题，时隔 20年，培养什么样的合格师资又成为第 45 届世界教育大会的主题。当前国际社会对教师这个行业是否是一个专业有不同的意见。人们一般只承认它是一个准专业，还不完全是一个专业。国际社会从 1966年就开始讨论什么是专业。各个国家给出了一些标准，其中公认的是以下几条。

其一，在很大程度上越来越趋向于依赖理论。为什么会有师范教育？有两个直接原因：一是 17 世纪夸美纽斯《大教学论》的问世，把人类多年的教育经验、教育思想形成了一个理论框架；二是随着工业革命、社会的需求和班级授课制的出现，社会需要教育有规模效益。当到了可凭教育理论来训练专门从事教育工作的人的时候，师范教育就应运而生了。

其二，有一种强烈的公众服务意识和敬业精神并且为公众所承认。

其三，有一套超越了其他行业的特殊知识和技能技巧。

还有其他一些评判一个行业是不是称得上专业化的所谓结构性的专业标准。人们认为，教师这个行业现在处于从准专业向专业化道路前进的过程。

今天，世界师范教育发展很快，已经形成了一个大的师范教育体系和框架。在这样的形势下，我们要分门别类地研究小学教师、初中教师、高中教师和大学教师的专业化问题，并且要研究不同规格的师范院校功能上的分工以及它们之间的一致性、区别性、连续性、一体化等问题。

我们希望未来的教师是学者型、行动者型、完整人格型、研究型的教师。

一、未来教师应是学者型的教师，应该有高深的学问

高等教育培养有高深学问的人，实施完全中学后的教育。高等教育的专业一定要依托比较高深的学科，这种学科标志着高等教育的水平。学科知识所覆盖的一组知识、一组学科的学科视野和学科方法，能够训练人具有综合的思维能力和多学科的视野，进而有批判性的、独立性的思维。关于师范的专门学问和综合性大学的专门学问到底有什么不同，如师范大学的数学、物理与综合性大学的数学、物理究竟有什么不同，师范大学校园里时有争论，这是非常有意义的，需要讨论下去。我认为，要对学生将来所从事的行业在学术标准的认定上以及标志这一门学科水准的形态方式做深入的研究，不能停留在讲学科水平是否达到了专科或本科的程度上。美国卡内基教学促进基金会在1991年发表《学术反思》、1994年发表《学术评价》，两篇文章发表的背景是美国的高等教育面临一个困境：无论是学术型的高校、研究型的高校，还是教学型的高校，相当多的教师重视研究而轻视教学，甚至在教学型的高校也有50％以上的教师不安心于教学而去搞科研。理由很简单，因为只有实现那些科研指标才能成为教授。美国苦于解决这个问题，因此要求卡内基教学促进基金会专门研究学术与教学、教学与研究之间究竟是什么关系，但他们没有办法从政策调整上解决这个问题，最后建议另辟蹊径，重新界定了什么是学术，并且设法得到了大家的认同。这一新的学术标准提到了以下几点。第一，知识。所掌握的知识能比较全面地反映该领域的知识。第二，明确的目标。一是所教的课程尽可能全面地反映该课程领域的知识；二是所教的课程有明确的课程目标。第三，实施课程目标时有适当的方法和程序。第四，创造性地使用资源。跟适当的人做交流，查阅适当的文献，访问适当

的地方，使用适当的仪器和设备。第五，有效交流。第六，成果。包括文字的成果和培养学生的成果。

研究会还提出了"集成的学术知识"这一概念。一个人的学术水准高，他的知识就应该是集成的学术知识，就是在他所掌握的知识领域里面能够聚集知识，同时不断地组织、消化，然后做出新的阐述，以一种可理解的、能使非专业人员感兴趣的方式来阐述。

在当今多种文化交融的时代，对于"什么是学者"应有不同于中国传统治学方式的概念，同时教师又不完全等同于科研人员的概念。总之，教师应成为学者，但这种学者应是多范型的而不是单一型的。

二、教师应该是一个有综合能力的行动者

师范教育也应当重视有综合能力的行动教师的培养。人们较多地把教师的能力概括为以下四种。第一，工具型的能力。语言口头表达、书面表达作为一种沟通工具；英语作为一种国际交流的工具；计算机作为一种辅助工具。第二，把自己所学的知识转化为教学的能力。教学转化能力需要两大类知识：一为描述性的知识，即是什么的知识；二为程序性的知识，即怎么办的知识。第三，教养能力。第四，交往与管理能力。交往包括与师生、与家长的交往，与社区、与行政人员的交往。这种交往能力大家一般都认可，关键是综合性能力的培养，这是师范教育应该解决的问题。一个真正有能力的教师或者说专家教师的能力和机智更多地表现在教学活动中和教养过程中，表现在非常有创意的情境中，也就是能在特定的情境中处理教育、教学问题。我们可以用一种严格的心理学方法对师资培训进行实证研究。比如，对专家教师和新教师做比较，看看专家教师具备哪些实际的教学、教养能力，新教师不具备哪些教学、教养能力。在此基础上提出一些办法，

如反思性办法，明确提出"教师的成长＝经验＋反思"。教师这个职业需要依靠经验，光靠书本知识是不行的，但光有经验也不能成为专家教师，成长的秘诀在于反思。相应的做法有：指导青年教师写反思日记或者反思性的教育笔记，不断反思自己的教育经验；要求教师相互听课，之后写观察描述，反思自己的教学；搞工程性的学习，把不同学校的教师组织到一个短训班或考察组里，每人讲自己在教学过程中不能解决的教育、教学难题，然后讨论解决办法；要求教师对自己的教育、教学工作进行调查研究，定时把调查研究的结果拿出来，提高教师实际的教育水平。这种源于实践又有专家指导，有从理论角度，有从专家指导角度，并且边研究、边调整计划的方式叫行动研究式培训。行动研究式培训一般强调以下两点。第一，不离开情境，教师的工作实践性很强，依赖对经验的体验和特定的情况。把握好，可以提高教师的实践能力。第二，参与各种活动，有助于培养行动型的教师。

三、培养有完整智慧、完整人格的教师

智慧包括两种，一是科学智慧，二是生活智慧。在科学智慧中知识是客体，其思维方式使用的是主客两分的方式。生活智慧，也称人生智慧、实践智慧、伦理智慧，是主客统一的，不可能像用主体对待客体的那种方式去学习，这也是一直在困惑我们的问题。为什么有的政治课和道德课收效甚微呢？其中有个道理就讲，科学和道德本是两种不同的学问。道德的学问，要在实践中、具体的情境中去做。关于道德的知识知道得再多，不等于都能表现为道德行为，更不等于真正发自内心，有真诚的动机和强烈的情感去行动。这是在古代就已讲清楚了的问题——一个是关于道德的知识，另一个是关于道德行为的知识。道德的知识可以在书本中出现，但真正的道德知识是要去履行的，

是人对具体情境的处理，主客不能分。所以，无论教多少道德课，若不能解决知情行的统一问题，就始终不能解决道德教育问题。完整的智慧依赖一种不同于学习客观知识所需的逻辑理论、逻辑认识的能力，即情感品质及情感能力。20世纪50年代，哈佛大学的几位科学家承担了一个国际基金会的项目——零点课题，这一课题到现在美国学者还在做。当时，他们发现有个十岁的女孩子具有非凡的绘画能力，可语言能力、数学能力非常差。人们着手训练，结果当她的语言能力、数学能力补上来的时候，她再也画不出那么好的画了。零点课题据此和其他实证研究提出，当人的逻辑发展以后，如果对他的感受能力、非逻辑能力不加以关照的话，那他逻辑能力发展的同时感受能力可能会下降。研究的结果在20世纪70年代形成了报告，即著名的发展心理学家加德纳的一本书——《智能结构》。他在书中提出了七种智能理论，并认为这七种智能是相互自律的，可以相对独立地存在，有各自不同的核心运算方式和神经加工方式。更让我们感兴趣的是加德纳提出了"人格智能"，他认为人格也是智能，其中一种是体察别人的智能，能体察别人的情绪、体察别人的心理状态；另一种是识别自己的情绪，能识别自己的心理状态。体察别人与体察自己，分别叫作"人际智能"和"内省智能"。加德纳其实提出了一种不同于逻辑智能的情感智能。受此启发，20世纪80年代末至20世纪90年代初，我们提出了"情感能力"这一概念，并对其内涵做了具体的界定，所谓"情商"的概念，20世纪90年代在我国也曾轰动一时。从20世纪50年代末到20世纪70年代，美国共进行了三次大的师范教育革命。第一次是以知识为本位的革命，直接动因是苏联的人造卫星上了天，美国对自己的教育提出了质疑，认为美国的师范教育学科水平太低，从而导致了学校教育质量的下降。没过几年，又调整为以能力为本位的师范教育。20世纪60年代初至20世纪70年代末又调整为情感师范教育。现在美国已形成综合素质的师范教育培养模式，这与我们现在主张的综合性倾向一致。教师和人打交道，虽然可以利用媒介，但最终在学生身上起作用要靠教师和学生之间的情感交往关系，这也是情感师范教育要解决的问题。许多有关教学质量、教学效率相关因素的研究发现，在区别教师能力强弱的 52 种教师特征中，有 38 种在本质上是属于情感性的，只有 14 种与教师的知识和某种教学技能有关。这种情感特征包括重视孩子、欣赏孩子、鼓励孩子、灵活性、热爱工作、乐观主义、情绪稳定、思维开放、宽容等品质。研究发现，教学效率高的教师往往都善于和学生交往。教师面对的是一个个鲜活的生命，学生需要教师的爱和关注，学生对教师的喜欢和信任容易引起他对教师所授学科的喜欢，甚至愿意从事教师这个职业。师生之间的情感纽带对学生的自尊心、成功意识，对学校的学习生活都会产生一种积极的影响。这些使我们越来越确信逻辑智能与情感智能这两种能力对于教师的完整智慧和完整人格来说同样重要。现在的高考除了知识的测试以外，还有了对能力的一些考查，但是人到底有没有适合当教师的条件，如理解心、同情心、善解人意、语言表达、识别与处理人际关系的能力，目前的考卷没办法测试。所有的师范院校都要找到自己的校园文化、师范精神、师范教育的灵魂，这可能是我们培养情感人格素质、完整人格的最重要的育人环境氛围。强化文学课程、艺术课程以及活动课程的开发都有助于对学生在该方面的培养。

四、未来教师应该是研究型的教师

大学本科教育主要还是基础教育，远远还没有进入专业化的教育阶段。本科教育要为学生打下研究的基础，使其具有研究问题的意识。社会在发展，学科也越来越多，为教育学科提供了重要的基础、保证和条件，我们完全可以用这些知识来丰富教育学科。教育学除理论教育学外，还有临床教育学与有中介性质的教育学。教育学的范式多种多样，是教师和理论工作者共同形成的。培养研究型的教师，哲学的训练也很重要。美国耶和华大学教育哲学教授曾谈起他们是怎么开设教育哲学的，讲什么是教师时，他介绍了心理学家罗杰斯所提倡的非指导性教学，即主张教师和学生之间要有情感，这种教师是促进者的形象；介绍杜威时，他把学校的教育和社会的教育连接起来，找出学生在生活中遇到的问题，并在学校的课程设置中予以解答，学生学习后，能够解决在生活中碰到的各种问题，这种教师是中介者的形象，是沟通校内和校外、生活和书本之间的中介；介绍柏拉图时，就讲一种完整的理念、构造、框架，把学生带入门，告诉学生怎么学习，给学生整体框架以及把握知识和组织知识的能力，这是师父型的教师；介绍斯金纳时，则强调把教育希望的行为通过强化加以巩固，这是训练型的教师。促进者、中介者、师父、训练者是不同的教师形象、不同的教育教学观念，这就是教育哲学。我们的教育哲学课也应该改造，不能把教育哲学这种活生生的、完全启迪人的理论思维的课变成知识化的教条。

师范教育改革要在以下三者的关系上着重考虑：师范教育结构中作为高等教育性质的学科专业，作为师范性质的教育专业，以及作为通识文化基础的素质教育。这三者之间究竟是什么关系？认识上如何把握？在实际中如何操作？实现学科专业和教育专业融为一体的关键在什么地方？在这个问题上，认识和实践推进一点，可能就是我们未来出路的所在。

师范精神及现代师范教育的专业化特征①

我国师范教育自 1897 年南洋公学特设"师范院"开始，到今天已经走过一百多年的历程。一百多年来，师范教育取得了很高的成就，但其专业化追求与坚持师范精神的矛盾从来没有停止过，并以不断变化的形式呈现出来。由于我国现代化进程和教育现代化的需要，师范教育在我国教育发展战略中被确认为具有优先发展的地位，并在最近十几年有了长足的发展。当前，一个调整师范教育体系内部格局、探索构建职前职后一体化的大师范教育体系的高潮正在到来。我认为，这一体系内部虽然各自的功能定位、角色分工不同，但师范体系有其共同的本质，那就是对师范精神的保持、发扬和创新。因此，在我国师范教育发展的特殊时期，有必要清醒地梳理人类师范精神发展的轨迹，以此为我国师范教育的调整改革提供教育哲学的理论参照。

一、师范精神的传统与内涵

在人类社会发展的历史长河中，师范教育虽然只有二百多年的历史，但是教育成为人类的一种独特的实践方式以及人们对"教育

①　本文是作者发表在《江苏高教》1998 年第 1 期上的文章。

者"——"师"的价值认识和师道精神的追求有着同人类文明进化一样漫长的历史。

人类进入文明社会以后，有了学校教育的形态，逐步形成了"养老与育幼结合""师长合一"的古老习俗。当学校成为一种政治或宗教手段后，"官(吏)师合一""僧师合一"的教师制度延续了相当长的时间。随着社会制度的变迁更替，出现了以教育为生的专职和专业教师。总之，教师经历了从兼职到专职，再到成为一种行业，逐步形成了它的职业化特征，并且作为一个专业来建树它自身的精神。我国古代十分强调"师道尊严"的权威性，实际上"师"是"道统""政统""学统"的化身。在古希腊，"哲学家"是柏拉图理想国中的统治者，也是他教育理念中的师之化身。后来，由于教育事业越来越发达，人们关于教师本质及其附着的教育精神已不再限于一种哲学思考，而是试图从系统的教育思想和专业教育理论上对此进行深入的探讨。我国唐代的思想家、文学家、教育家韩愈对教师做了较为精辟的概括："师者，所以传道授业解惑也。"近代德国师范教育思想家第斯多惠首次系统地提出了师范教育的理论，被全世界公认为"师范教育之父"。

纵观历史上人类对教师专业及其精神追求的大致历程，我们不难发现，人类追求的师范精神正是一种理想化、人道化的教育精神，概括起来说这种精神就是教育的人文精神。它是以对人的成长与发展的关怀为根本宗旨，以时代教育精神为价值取向的教育文化精神，并且这种精神对人的身心发展具有广泛的影响力和内在的推动力。它是师范精神的灵魂，这种灵魂也是人类文化传统和教育理想在教育主体身上最丰富、最生动的表现。也正因为有了这种精神之魂的存在，教师对人的发展才具有如此巨大的影响力，对人的心灵趋美向善的向往之情才产生了如此巨大的魅力，也才能如此震撼人心直至改变一个人的个性和成长的道路。

综合起来看，这种以人文精神为灵魂的师范精神具有以下三方面的特征。

第一是主体化特征，它以已经具有的精神力量及其教育价值观为依据，以"人—主体"为根本，关心个体现实的成长过程和未来的发展趋向。这非常明确地表明师范精神不仅关心现实人生，而且也关心人生的未来成长与发展。它的关怀理想建立在现实人生基础上并为现实人的思想所达到或者体验到的水平上，因而师范精神对于人的关怀意义而言是一个为人的理想而又超乎人之上的"精神权威"。

第二是人情化特征，它不仅关心人的生存智慧，而且也提升人的生活情感。从全部教育价值观的表现内容来看，在关注教育对人的认知性关怀的同时尤为关注人的情感和人格的发育与成长。

第三是人类化特征，关心全部人的全部精神，体现师范精神的公平性和人道性。尽管教育是具有阶级性的一项社会活动，然而从教育发展的历史来看，它的人文关怀精神是具有普遍意义的。它不因为一个受教育者家庭的贫富、肤色的不同、民族地域的差异而将一个具有塑造可能性的人拒之门外，它认可每一个具有发展潜力的对象。

教师主要是以他的教育风格和人格魅力来影响学生的。从古到今，有无数的仁人志士都出自恩师的启蒙和教诲，人们对教师总是充满着无限的期望和信念。无数的家长曾怀着"师道尊严"的崇敬心情，将他们的子女送到教师面前，并且把他们子女的成长全都托付给教师。家长凭什么要这样做？因为他们相信在教师的身上，有着丰富的科学知识、不平凡的社会经历和人生体验和理想的道德人格，说到底是有一种他们（家长）自己都说不清、道不明的精神力量在召唤。这正是我们前文所论及的教育人文精神的召唤力。

二、师范精神的演变及其内在矛盾

师范精神的历史演变过程大致可分为四种形态，即初始形态、古典形态、分化形态以及当代师范教育所追求的整合形态。师范精神虽然是教育人文精神的一种永恒存在，但是在不同的历史时期和不同的时代背景下，其表现方式和表现程度是不一样的。

师范精神的初始形态主要是指在原始教育活动中孕育出来的一种原始教育精神。它以"传承"为主要活动过程，但是已经有"示范"的含义了。在原始公社时期，成年人都担负着捕猎、采集任务，剩下来的老人和小孩集中在一块做后方工作。同时，由年长的人向下一代传授生产和生活经验，以及原始人意识形态的内容(如原始宗教仪式、原始艺术创造、群居道德习俗等)。不同部落的文化意识形态是有差别的，但他们的教育方式(传承)却有着惊人的一致性。有一种理论认为，教育活动源于儿童对成人的模仿。且不论这种理论的缺陷与不足，就其模仿的观点而言，它将导出"示范"的教育过程和"示范者"形成过程的另一种理论视角。

师范精神的古典形态主要是指在早期学校教育的历史发展过程中所表现出来的教育人文精神。从外在的形式看，此时教育活动成了专门的社会活动并出现了专门的职业，学校这种专门的教育机构也应运而生。从内在的形式看，它的一个显著特征就是"示范者"受到了空前未有的重视并被赋予了崇高的地位和权威：这就是对教育者的人格境界做了较高起点的规定性，实际上这也是为了维护师范精神的权威性(如中国传统的"师道尊严")。由此，古典形态的师范精神形成。古代社会的教育虽然较为单一，但是教育的人文精神尤其是师范精神得到了彰显。

由于当时的教育任务具有一致性，以道德人格教育为主要目的的教育似乎更能体现我们现在认为的这种师范精神。在当时的教育价值观中"体、用"的关系较为统一，教育活动不会因为像现代人这样面临着大量的知识和技术而使人类文化内容在个人身上产生分裂，师范者的主体性呈现的是完整的状态。教育者以充分体现人文精神为己任，应该说在古代的教育活动中教育的主体地位是十分明显的，尤其是教师的权威性更加明显。这在客观上更能使教育对象对教育人文精神产生信仰和敬畏之情。

师范精神的分化形态主要是指从西方近代工业革命以来，在科学化、理性化、专业化的背景下表现出来的师范精神。一方面，兴办起来的各类师范学校积极依赖业已出现的系统化的普通教育理论，对师范生进行分科制的学科专业教学、传授教学法和教养法，表现出将教师职业积极纳入专业化轨道的现代师范意识。另一方面，各学科包括教育学科知识、技能层面的训练、工匠式的训练渐渐消解了教育所固有的完整的人文精神。人们明显地感到师范教育在强调学术性的同时缺少了传统师范精神中的人文价值追求与完整人格关怀，知识与价值在示范者身上产生了分裂。这一分裂形态在国内外师范教育史上历经百年，至今仍未真正走出峡谷，原先整合的师范精神出现变异。其演变过程主要呈现了以下三对主要矛盾。

第一，教育学术化与教育伦理本性之间的矛盾。在近代自然科学及其哲学思维方式的影响下，人被看作可以使用和操作的物质，教育渐渐成了一个成型、制造以及类似处理客观物质方法的活动，教学更是被完全理解为传递知识的活动。人性中如情感、意愿、想象、洞察力、价值观、道德观被置于派生的地位，教育的伦理价值（以教师传授和示范的社会伦理规范及为人之道）绝不会因为知识的传授就自然而然地实现自身价值的转换。师范教育与其他专业人才培养的规格和目标体系是不同的。师范精神、师范教育、师范性等一系列问题的焦点都可以归结为师范生人格特质的培养；归结为他们是否有和以何种人的精神情感与能力处理教育和教学过程中的人际关系。教育活动是人影响人的一种活动，然而不是所有的人与人之间的相互影响都可以称为具有"示范"意义的影响。培养具有"示范价值""示范能力"以及"示范人格"的师范生，这种专业化的教育才能称为"师范教育"。"传道"和"授业、解惑"之间的关系应该是"知识主题"与"伦理主题"的完整统一，它在师范生身上应该体现为一种整合性的素质结构。师范教育必须是一种整合的、调和的教育，而不是分解式、疏离式的教育。

第二，教育理性化与教育实践品格之间的矛盾。近代师范学堂的兴起是教育理性化的产物。17世纪以来，逐渐系统化了的普通教育理论走进了师范学校的讲台，其革命性和进步性明显，但与此同时也产生了两种倾向：一方面原本与教育实践紧密相连的教育理论传授变得知识化、程式化、凝固化，难以实现师范教育的目的；另一方面教育理论研究渐渐走进象牙塔，所谓学院派的教育理论难以发挥指导教育实践的作用。师范精神中原本重哲学沉思与重实践力行的双重品格发生了畸形变异。

第三，教育市场化与教育奉献精神之间的矛盾。师范精神对人具有崇高意义的关怀，也是示范者的一种奉献精神。然而，在世界性的市场化进程中，发达国家随着教师地位的提高、薪资待遇的提高，教师职业生存谋生的功能削弱了师范精神中的敬业奉献精神。同时，在一些发展中国家的师范教育中则表现为师范专业与非师范专业的矛盾。非师范专业一方面为师范生开阔了学科视野，为改善办学条件拓宽了思路，但是它不可避免地冲击和弱化了师范教育的灵魂——师范精神。

从事教育事业需要教育者无私地奉献自己的知识和情感，这是师范生的一种人生观的选择。这种选择过程的本身就是师范生建立教育理想和人生信念的过程。

三、师范精神的继承创新与现代师范的专业化特征

联合国教科文组织国际教育发展委员会在《学会生存》一书中指出，教育不能再限于那种必须吸收的固定内容，而应被视为一种人类的进程，在这一进程中人通过各种经验学会如何表现自己，如何与别人交流，如何探索世界，而且学会如何继续不断地、自始至终地完善他自己；教育也应该体现它的真正本性，即完整的和终身的教育，从而超越千百年来硬加在它上面的各种机构上、程序上和方法上的限制。这预示着一个新的整合形态的师范精神被召唤并且即将到来。整合形态的师范精神体现了对传统师范精神的继承与创新，将传统师范精神与现代师范专业意识的精华重新融于一体。从世界各国近几十年师范教育的发展变迁来看，在追求整合形态的道路上或迟或早地显现了以下几个方面的特征。

首先是培养目标高层化的特征。随着中等师范教育逐渐大专化的趋势，师范教育的办学目标正在朝着高层次的要求发展。从 20 世纪初开始，西方发达国家就开始逐步实行小学师资大专化的高等师范教育战略，欧美各国的师范教育也先后走上了由双轨并为单轨直至一体化的道路。我国江苏省也在 20 世纪末全部实现了小学师资大专化的战略构想，这一特征也是世界范围内师范教育发展的潮流。

其次是专业追求完整化的特征。20 世纪六七十年代以来，国际社会对教育专业化的标准渐趋完整，即强调教育专业的伦理本性及从业者职业道德标准与敬业服务精神，强调有超越其他行业之外的、特殊的、经过严格训练的知识和技能，强调依赖于系统化的教育理论和对教育实践积极的研究态度及其成果。显然，这一较为完整的专业化内

涵，扬弃了分化形态中的弊端，体现了师范精神的现代创新。

最后是师范生素质结构和谐化的特征。有的发达国家自20世纪60年代以来经历过知识本位的师范教育改革模式、能力本位的师范教育模式、情感本位的师范教育模式，发展至今仍倾向综合素质取向的师范教育模式。20世纪90年代后，国内有的学者提出要专业精神、教育理念、专业知识、专业能力、专业智慧五个方面的"专业形象"的观点；也有学者提出教师是"学习者、行动者、研究者、完整人格者"的"教师形象"以及教师的教育哲学思想、教育信念；还有学者提出在完整科学知识水准层面，在学科教学、道德教养能力、操作智慧层面的"整合型素质结构"的观点。在上述素质结构中以优秀情感性道德品质为基础和核心的人格特质被格外看重，它包括充满爱的教育，具有温情、理解、接纳的态度，积极的自我观念等。

要继承和创新师范精神，全面把握师范专业化的内涵及其当代特征，关键是如何在观念和实践中处理专业学科、教育训练与通识文化三大块的关系。怎样处理这三大块的关系绝不是物理时空上的调整和安排。说到底，它必须突破师范教育的职前"预备性"模式，转入师范教育的"终身性"模式，建立新的师范教育哲学。根据我国现行师范教育实践的现状，我们至少要在以下几个关系上做深层的、内在的把握。

第一，高等教育的知识水准与中小学学科课程水准的关系。我国师范教育在逐步进入高等教育的序列。大学是学习高深学问的场所。现代师范的特征之一是专业学科发展的高学术性，对高等师范生应强调有一门以上扎实的学科基础，有把握该学科前沿的视野和敏感性，掌握该学科的独特方法论，由此才可能建立综合的、多学科的视野和方法论，才能有"居高临下"的知识结构与能力特点，由此才能培植中小学生探索高学科发展的兴趣并做好相应的准备。同时，作为面对中小学学科课堂的教材教法的知识能力也是重要的，这也是今日师范院校需要大力倡导和加强的，但是它们并非传统争论中的学术性和师范性之分。国外高等教育关于教学与科研的关系可以借鉴所谓"集成性知识"的概念。师范教育应建立新的学术性标准，将知识水准、与人分享成果、普及宣传能力、建构知识的意义等集成整体。

第二，知识的学术层面与动力价值层面的关系。知识与价值的统一是体现师范精神的根本着眼点，正如前文分析的那样，一旦知识与价值产生分裂，教育过程中的师范精神也就失去了其相互依存的形式。这一关系强调的是，在让师范生掌握高水准学术知识的同时，也必须让师范生获得一种教育精神和人格动力。唯有如此，才能解决"师道"的培养问题。需要指出的是，师范生这种师范精神和人格动力除了来自专家的影响外，更多的来自他们对所学理论知识的深度理解和感悟。以今天我们对教育过程的认识程度来看，有必要对"师范课程"的概念进行突破性的界定。它应该是以某种共同精神为核心而集合起来的教育内容的"共同体"，是一种"集群课程"。它的学术规定性是有限的，但它所产生的影响延伸力，特别是对人的精神领域的影响力是无限的。或者说，它的量的规定性是有限的，而它的质的规定性是无限的。因而，不能将师范课程仅仅看作一种动作技能和实证知识的系统汇总，改革师范课程体系也不只是增删某些课程及课时。

第三，修己正身与促进自我教育的关系。传统师范精神的核心是"示范"，是讲求为人师者的道德楷模作用，这是最值得继承的教育人文精神。师范大学的校园精神与综合性大学或其他专科性大学相比，最有特色的当属刻意构筑的道德教化氛围。但是，现代师范教育要求师范生不仅修己正身，还要帮助学生识别信息，判断价值；不仅向往和追求真、善、美，还要学会和敢于对付假、恶、丑；不仅要学会自我教育，还要教人进行自我教育。这正如叶圣陶先生的至理名言："教是为了不教。"现代师范精神应更加强调培养人的道德主体性，并以自身的道德主体开启后人的道德自我追求。这就要求在师范教育的操作策略上不仅要重视挖掘显性课程的道德价值，还要重视隐性课程在道德人格化方面的特殊价值；不仅要重视精心设计、刻意引导，还要大力提倡师范生参与校内外道德自我教育活动，积累道德经验，分享和解析道德经验。

第四，学习教育理论与培养教育研究能力的关系。师范生必须接受教育理论的学习，但它不只是对"知识教育学"的接受，还要注意其教育研究意识和能力的培养。除了现有的教育系列公共课程及其教学法要改革外，还要使师范生从入学起就建立对教育实践的敏感性，对教育经验的批判反思意识和理性抽象能力，对教育科学的热爱和研究习惯，并且还要使教育研究的训练与教育见习、实习贯穿于整个师范教育学程，要探索解决师范教育中教育理论与教育实践脱离的现象。对于高层次的师范大学来说，其师范专业性不仅体现在教学、教养的资质条件与技能技巧的培养上，还要求毕业生在日后的教育实践中创造出独具个性风格的教育教学思想观念，甚至创造出不同范式的、活生生的、新的教育理论来。有好的理论指导才会有有效的实践，当然，实践也可先于理论，实践的过程也能产生有价值的"实际的理论"。

创建情感师范教育^①

情感师范教育，是 20 世纪 70 年代提出的有关师范教育的教育改革思想与实际操作。其兴起与发达国家、地区当时教育现实中缺少情感教育局面，对师资队伍的培养偏重认知素质，忽略情感素质，以致影响人的全面发展有关。根据我国各级各类学校教育的现状，有必要借鉴他国教育运行中某些共同的规律性问题，引进情感师范教育这一概念，根据我国教育的实际加以运用，从而在我国师范教育体系中建立有我们自己特色的情感师范教育。

情感师范教育，指的是在各级师范教育中，加强对师范生情感素质方面的培养，使师范生的认知、技能水平达到师范教育目标，同时在一般的思想政治素质方面具备其他类别目标没有的、特殊的职业条件，并且能够在未来的师范职业中，善于与学生顺利进行情感交往，能够胜任对学生情感导向的教育工作。

本文就我国建立情感师范教育问题提出了初步的论证与设想。

---

① 本文是作者发表在《师道》2008 年第 11 期上的文章。

一、建立情感师范教育的必要性

师范教育的目标是培养合格的、能胜任各级各类学校教育教学工作的教师。在现行师范教育体系中，主要是按中小学和学前教育的学科门类设置专业及其配套课程，为未来师资奠定专业知识基础，同时安排最基本的教学方法论及适应师范职业的教育学和心理学方面的知识教育。总体来看，这样的师范教育多为知识形态，培养目标与培养方法均着眼于教师的专业知识水平及其认知教学技能的训练和提高。虽然我们也强调重点培养师范生的政治思想素质和道德素质，但我们并未认真发掘其中的情感素养。掌握在教育实际运行中认知过程与情感过程两个相互区别又相互联系的特殊关系的必要性以及教师在这一运行中如何驾驭这一关系，我们应该有比较清晰而自觉的意识。

笔者通过几年来对情感教育的研究，初步获得了以下一些认识。

第一，学生的认知学习并不是对客观知识的机械接受，要进行有意义的学习，使学生在理解知识的基础上不断形成新的认知结构，同时还有师生在情感上的共同介入。从教师方面看，教师只有把全部情感投入教学或教育内容中，对教材中既有的客观知识的逻辑联系实现所谓意义上的接合才可能整体地把握教材。隐性的接合意义整体形成了，表层的形式才可能形成，学生也才可能跟随教师给出的形式进入教材内在的、隐性的接合意义整体。换句话说，把握这样联系背后的意义联系不仅是形式的、分析的接受过程，还是意义的、综合的体验过程。学生有效的学习只能是意义的发现，客观知识只是学习的开端，直到它的个人意义被挖掘出来，变为个人信念体系的一部分，它才开始影响行动。根据情绪心理学和教育心理学专家的研究，儿童在接受教学内容的含义、指标，选择注意的目标，形成情感上的反应进而接受、理解知识都必须要有情感给予的前提。从学生方面看，学生的情绪—情感作为主要的非认知因素，指导着认知学习。它以兴趣、愿望、热情等形式构成学习的动机，在学习过程中起驱动、诱导、调节的作用。因为情绪既是一种客观表现，又是一种主观体验，情感状态所构成的心理背景或一时的心理状态，都对当前的信息加工起到了组织和协调作用，它可以促进或阻止学习记忆的推理操作和问题的解决。因此，一方面教师本人要具有对世界的生动感受，对自己的教学内容产生爱的情感；另一方面，教师以自己对学生的合理期望与评价作为指挥棒，调动学生的兴趣与热情，使师生双方在选择—理智方面与情绪—感受方面相互促进，从而整合性地前进。

第二，学生在学校求学的动力，不仅源自对知识本身的兴趣，还出于认识上的需要，并且伴随着其他心理上的欲望。心理学家分析至少有三种欲望：（1）求知欲望，即期望理解自己周围的事物与观念世界；（2）社会归属或团体归属欲望，即期望归属于团体，得到团体的承认，取得应有的地位与他人的尊敬，并且期望得到他人的理解，要求自我表达；（3）情感欲望，即爱、依赖、孤独与确认等。① 教师充当着满足、调节和提升学生各种心理欲求的重要角色。如果家长在家庭早期教养中能培养儿童正确的情感应答方式，那儿童就会有健康的依恋感、安全感、信任感和积极的兴趣—快乐情绪的享受能力以及初步的移情能力。但这些主要反映人的自然—适应性的情绪品质如果在学校环境中不能得到满足和延伸，就难以顺利地完成向社会—适应的发展转化。只有教师本人的信念及价值体系所支撑的爱才能使学生在情感发展的链条上得到更高形态的心理满足，或得到对早期情感发育不足

---

① 瞿葆奎：《教育学文集　第10卷　教学》(中册)，375页，北京，人民教育出版社，1988。

的补偿，从自然依恋感发展为社会团体归属感；从安全感、集体感发展为愿意友好合作的情感；从同情、关心发展为责任感以及终极关怀。

第三，学校教育不仅要为学生掌握知识技能，还要为学生全面的人格成长奠定基础。人的思想品德、情感素质和行为习惯方面，不是依靠认知教学过程来完成的，是学生自发模仿教师，在不自觉的情况下受到教师的影响，从而制约自己的行为，这就是潜移默化。有的学校德育工作效果不明显，原因有很多，但至少有一个原因是存在的，即把德育过程、人的情感品质培育、教养过程认知教学化了。由于教师主观上的原因以及客观教育大背景上的原因，由教育者个人的价值体系，包括信念、情感、态度、价值观构筑起来的教养环境不具有情感上的吸引力和导向力。

第四，无论是认知教学的质量，还是在人格、情感引导上的成功，都不是仅仅由专业知识水平和认知教学能力决定的。它们与教师的情感特征和情感交往水平有很大关系。美国心理学家梅索特、伯利纳和蒂库诺夫发现，教师的情感特征(非认知特征)最能区分"效率较高"和"效率较低"的教师。在观察员和评定员使用的区分高低效率教师的 52 种教师特征、特性中，有 38 种(约占 75%)实际上是属于情感的，只有 14 种是表现教师知识或特别教学技能等方面的。阿斯巴和罗巴克发现，具有较高(人际关系)技能的教师负责的学生极少出现捣乱现象，也极少有严重问题。他们总结为，教师的人际关系水平与学生的成绩、出勤率、自我认识、对学校的态度和在校行为有直接关系。[①]

综上所述，既然实际的教育过程在客观上存在着对教师情感素质、

---

① 邓金：《培格曼最新国际教师百科全书》，教育与科普研究所编译，77 页，北京，学苑出版社，1989。

情感交往能力与情感导向能力上的要求，并且这一素质，包括能力的养成并不是自然成熟、提高的过程，它与师范教育的其他目标一样，是一个教育培养的过程，那么，建立情感师范教育的设想便在情理之中了。

二、关于情感师范教育的操作思路

建立情感师范教育既有办学体制、制度、规划、招生改革、课程设置、教材更新、师资培训方面的硬件建设，又有办学思想、价值观念、校园文化氛围等方面的软件建设，它们都必须围绕情感师范教育的具体目标来进行。

情感师范教育的目标可以分为两个主要方面。

第一，强调师范生本人的价值观、人生态度和个性气质应有以下特征。

一是重视精神文化价值，尊重知识，乐于做传播人类精神文化的工作。

二是有积极的自我观念，能以积极的态度正视自己。

三是有广博的、增进的及过程导向的理想、志向与个人兴趣。

四是能以善意、信任、友好的态度对待他人。

五是具有坦诚、率直的人格特点。

六是善于了解别人的知觉情绪、愿望，分享其情感并进一步依此来引导其行为的参照结构。

概括来说，情感师范教育注重培养未来的教师应当充满爱，具有温情、理解、接纳的态度和积极的自我观念，善于了解并引导学生的价值等思想人格素质。

第二，强调师范生有情感交往的能力与技巧。具体表现为以下七个方面。

一是善于观察识别学生的情绪反应，适当地对这些情绪做出相应的应答。

二是善于倾听学生的倾诉，帮助他们灵活、合理地宣泄情绪。

三是能够自然地与学生平等相处，并与之进行情感交流。

四是善于用语言、体态、手势等方式激起学生的积极情感，引导学生的情感方向和情绪强度。

五是在语言的运用上要与有关交往模式相匹配，善用鼓励性语言，慎用惩罚性语言。

六是善于营造积极良好的情感氛围，并用幽默机智调节情感氛围。

七是能够初步诊断学生的情感病症，并给予初步的教育治疗。

全民教育全纳化：教师的准备与行动①

一、从全民教育到全纳教育

（一）思想、概念及其演化

1946 年，联合国教科文组织在巴黎宣告正式成立，它是各国政府间讨论关于教育、科学和文化问题的国际组织，其宗旨是通过教育、科学和文化促进各国间合作，对和平与安全做出贡献，以增进对正义、法治及联合国宪章所确认的世界人民不分种族、性别、语言或宗教均享人权与基本自由的普遍尊重。

1948 年，《世界人权宣言》诞生，宣言明确指出，人人享有受教育的权利。当时的全民教育思想期望普及义务教育。

1990 年，在泰国宗滴恩召开世界全民教育大会，来自 155 个国家的代表强烈呼吁，采取必要措施为所有儿童实施初等教育并大幅度减少文盲数量。会上明确提出了"全民教育"的概念，发表了《世界全民教育宣言》。宣言超越了普及初等教育的理念，使用了"基本教育"这一术语。"基本教育"的概念突破了学校教育的范围，不仅扩大了全民教育的

① 本文是作者发表在《素质教育大参考》2009 年第 24 期上的文章。

对象，而且强调为人的生活关键方面打基础的教育形式，包括人应对生活世界和工作世界的能力以及作为公民积极的情感、态度和价值观。

1994 年，联合国教科文组织和西班牙政府联合召开了"世界特殊需要教育大会"。这次会议旨在通过考虑促进实现全纳性教育——使学校能服务于所有学生尤其是有特殊需要的学生——所需要的根本的政策调整，来进一步实现全民教育的目标。[①]

1996 年，来自 73 个国家的约 250 名代表聚集约旦安曼，参加全民教育论坛十年中期会议，评估全民教育发展十年中期检查的结果，并寻求克服老问题、迎接新挑战的方法。

2000 年，联合国教科文组织世界教育论坛在塞内加尔首都达喀尔召开，通过了《达喀尔行动纲领》，该文件提出了全民教育到 2015 年要实现的 6 项目标。

2001 年 8 月，九个人口大国全民教育部长级会议在北京召开，会议通过了"追求有质量的全民教育"为主题的《北京宣言》。

2003 年，在联合国教科文组织全体会议上对全民教育的看法出现了新的转变：从一般的读写能力和普及初等教育转向全民教育的基本方面，如职业技术教育与培训、提高就业能力的技能发展、有效的公民的素质、面向工作世界的功能性素养，实现了从读写能力到多元素养的拓展。

2008 年，第 48 届国际教育大会在日内瓦召开，主题为"全纳教育：未来之路"。这次大会的召开，在世界掀起了一股实施全纳教育的热潮，宣告全纳教育的时代已经到来。

---

① 赵中建：《教育的使命——面向二十一世纪的教育宣言和行动纲领》，129 页，北京，教育科学出版社，1996。

(二)全纳教育的基本理念

全纳教育是 1994 年由联合国教科文组织在西班牙萨拉曼卡召开的"世界特教大会"首次提出,且为与会诸国代表确认并正式通过的教育术语。全纳教育源于特殊教育,主要是关于残疾学生和其他在主流学校就读的有"特殊需要的"学生的教育,之后,全纳教育被认为与接纳"不良行为"儿童有关。现在,有一种趋势,即将全纳教育更广泛地看作克服歧视、关注易受排斥的弱势群体的教育。联合国教科文组织2005 年发布的《全纳教育指南:确保全民教育的通路》中对全纳教育的定义是,全纳教育是通过增加学习、文化和社区参与,减少教育系统内外的排斥,应对所有学习者的多样化需求,并对其做出反应的过程。它以覆盖所有适龄儿童为共识,以常规体制负责教育所有儿童为信念。全纳教育涉及教育内容、教育途径、教育结构和教育战略的变革和调整。[①]

全纳与排斥是相互联系的。全纳就是要积极消除排斥,全纳关注的是所有在校的儿童和年轻人。它的重点是鼓励加入、参与和成就,关注和发现"学习和参与的障碍",寻找和使用"支持学习和参与的资源"。全纳是一个过程,而且是永无止境的过程。现在,对全纳教育虽然仍有不同的理解,但全纳教育的概念正在走向趋同和扩大。

全纳教育主要基于以下认识:教育是一项人权,它提供了一个更广泛的视野和更全面的全民教育战略。全纳教育被看作实现全民教育的指导原则,主张以多样性消除人的学习障碍。全纳教育不仅是教育教学的态度与方法,还是旨在通过发展有质量的教育体系,建立更加开放、公正和公平的社会。这一教育体系不仅对学校教育,而且对人们多样化的终身学习做出了回应。

---

① 周满生:《全纳教育:概念及主要议题》,载《教育研究》,2008(7)。

(三)全纳教育是实现全民教育的助推器

全民教育思想从最初注重普及义务教育，提出"全民教育"的正式概念，到"基本教育"术语的提出，再到对"有质量的全民教育"的追求，都充满着对人受教育权利的关怀。全纳教育所包含的相信人人都可能学习、相信人人都能够学好的理念，将极大地释放教育的潜力和功能，为实现全民教育的目标铺路。

全民教育的理念认为，人人都有学习的权利，都有接受高质量教育的权利，高质量的教育不仅能够促进人的认知学习，提高人的生活能力和工作能力，还是一种能培养人的积极情感、态度和价值观的教育。全纳教育要求教育者为每一个人的学习寻找适切的资源和适切的方式。从这个意义上说，全民教育必然走向全纳教育，全纳教育是全民教育思想和实践的延伸，是实现全民教育的助推器。

二、对中国基础教育的启示

(一)实现全民教育目标任重道远

《达喀尔行动纲领》提出全民教育到 2015 年要实现以下六项目标。

第一，扩大和加强幼儿保育和教育工作，尤其是易受伤害和处境不利幼儿的保育和教育工作。

第二，确保到 2015 年，所有儿童，尤其是处境困难的女童和少女，都有机会免费享受良好的初等教育。

第三，确保所有青年都有机会参加传授实用知识和生活技能的课程。

第四，到 2015 年，使成人（尤其是妇女）的识字（扫盲）水平提高50%，并使他们在接受基础教育和进修教育方面享有平等机会。

第五，到 2005 年，消除初等和中等教育中的性别差异，到 2015

年实现性别平等。

第六，提高教育质量，使全民教育取得重大成效，这主要体现在识字、计数和必要生活技能的掌握上。

其中"普及初等教育"和"实现男女教育机会平等"，被列入联合国大会通过的"千年发展目标"。

在我国，落实这一目标的重点主要是中西部地区和广大的农村学校。我国约有 7.4 亿农村人口，占全国人口总数的三分之二。目前有普通中小学教师 1043 万人，其中 81.7% 的教师在县镇以下农村地区任教。农村小学约占小学总数的 80%，农村初中约占初中总数的 70%。农村教育是我国教育的重中之重。

中国教育部副部长陈小娅 2008 年 3 月 11 日在印度尼西亚巴厘岛举行的第七届九个发展中人口大国全民教育部长级会议上发表讲话：进入 21 世纪以来，中国全民教育重点放到了中西部农村地区、经济欠发达地区，每年新增教育经费主要用于农村。

中华人民共和国国务院总理温家宝在联合国教科文组织第五届全民教育高层会议上指出，中国是一个拥有 13 亿人口的发展中大国，正在举办世界上规模最大的教育。中国政府对国际社会倡导的全民教育做出了庄严承诺，并体现在国家发展战略之中。中国的全民教育取得了历史性进步。温家宝在联合国教科文组织第五届全民教育高层会议上致辞，到 2004 年年底，全国普及九年义务教育人口覆盖率达到 94%，青壮年文盲率下降到 4%，女童入学率达到 98.9%。中国全民教育的蓬勃发展，为世界全民教育做出了巨大的贡献。

(二)今天怎样看待质量

质量是教育的核心，教育质量决定儿童能够学到的知识及学习成绩，决定他们所受的教育能给个人、社会及事业发展带来多大益处。优质教育是指有利于获取知识、技能和具有内在价值的处世态度，有助于实现重要的人类目标。

1990 年，"质量"的概念尚不完善。2000 年的《达喀尔行动纲领》扩大了"教育质量"定义的范畴，阐明了学习者的美德、教学过程（称职教师采用的积极教学方法）、教学内容（相关课程）和相关体制（善政和公平的资源分配）。《2005 全民教育全球监测报告》指出，界定"质量"的两个原则：质量至少包括两大要素。首先，提高认知能力是教育系统永恒且普遍的目标。其次，所有人都希望通过教育的提高成为一个合格公民，并形成参与社会生活所必不可少的行为特征、态度和价值观。

从全民教育思想的发展脉络来看，质量一直有两个维度：认知和情感。质量不仅包含人的生存技能，还包括人对待生活的积极态度。质量不仅是结果，还是进步的幅度。

许多国家已采取了新的改革措施以提高教学的质量和适切性。例如，哥斯达黎加将军用资源转用于教育事业，从而为半数的小学配备了电脑，这些设备同时也可用于开办成人夜校。但是，在许多贫富程度与其相近的国家，其提供的教育质量水平惊人的低下，从而导致较高的留级率和辍学率，在贫困的农村和城区尤其如此。[1]

教育质量的提升有助于全纳教育的实施。有研究表明，残疾儿童能否从主流学习环境中受益，取决于教育的质量而不是环境本身。其中，教师的素质是关键。对教师的调查发现，教师对全纳教育的态度，在实施全纳教育并掌握全纳教育所需专业技能后会变得更为积极。

---

[1] 赵中建：《全球教育发展的研究热点——90 年代来自联合国教科文组织的报告》，224 页，北京，教育科学出版社，2003。

三、教师应对全民教育全纳化趋向的建议

指向全纳教育的公共政策是综合的，范围是广泛的，涉及教育体系的所有方面如从愿景、战略与规划、课程、学校组织、领导和结构到教师培训、学习方法与评估，等等。

但是，一些国家的成功经验证明，全纳教育的成功，在很大程度上依赖教师对全纳教育的积极态度、高超的专业技能、高质量的职前培养以及通过在职培训和与其他教师的交流来促进专业的持续发展。"国际全民教育论坛"公报指出，尽管我们必须不断地运用新技术和媒体，但这永远无法取代教师作为教学过程的组织者和年轻人的指导者与榜样的重要作用。① 他们深信全纳教育的核心是教师。

早在1966年，在国际劳工组织、联合国教科文组织联合发表的《关于教员地位的建议》中明确提出，教育工作应被视为一门专业。无论是普通学校教师，还是特殊学校教师，都面临着一个共同的问题，即如何实现全纳教育理念下的专业化发展。

(一)树立全纳教育观

全纳教育哲学观认为，全纳是一种态度、价值和信仰，它强调尊重每个学生特殊的禀赋和需要，努力使每个学生感到被接纳、安全及成功。它以所有特殊儿童有权与同龄儿童一起在自然、正常的环境中生活与学习为前提，强调给予学生平等参与学校所有活动的机会。在我国一些中小学校里，全纳教育理念还没有深入每一位教师的心中，甚至一些城市的教师不愿意接受有特殊需要的学生进入普通班级学习。

---

① 赵中建：《全球教育发展的研究热点——90年代来自联合国教科文组织的报告》，224页，北京，教育科学出版社，2003。

因此，在教师群体中宣传和普及全纳教育仍是一个艰巨的任务。

第一，教师应对所有的儿童特别是有特殊需要的儿童抱有爱心和信心，肯定特殊儿童在普通教育环境中与其他儿童一起接受教育的权利，认识实施全纳教育的意义。全纳教育能够帮助有特殊需要的学生提升学习能力和社会适应能力，为他们将来的社会生活和工作做好准备，从而消除社会排斥；同时，它也能够提升教师的教学能力；全纳教育还能够帮助普通学生形成一种更为积极的生命观，正确对待有特殊需要的学生，从而推动社会公平正义观的形成，提升社会和谐。

第二，教师应不断提升自己的专业能力，主动学习特殊教育的知识和技能，把普通教育和特殊教育结合起来，制订和实施个别化的教育计划，以便更好地服务班级中有特殊需要的学生。

(二)与学生建立良好关系

如果说教师与学生建立良好关系是教育职业的基本要求，那么，在全纳教育的视野下，这种良好关系是积极、有效学习的前提。在全纳教育的视野下，与学生建立良好的关系包括与普通学生特别是有特殊需要的学生建立良好的关系。教师首先应树立全纳教育的思想，即人类对自由、平等人权的追求，强调参与，拒绝排斥。具体而言，即教师要主动适应学生，要加强所有学生的参与，促进学生特别是有特殊需要的学生参与学校的文化、课程、社区的活动并减少学生被排斥的现象，满足所有学生的正常需要与特殊需要。诸多研究认为，"关怀"是教师的基本素质，包括以下有利于学生学习的因素，即关怀、理解、认同、尊重、友情和信任。学生只有在知道你关心他们时，他们才会关注到你的学问。

(三)让学生有兴趣、有能力掌握学习工具

全纳教育的主旨是能够发现所有学习者的学习障碍并提供支持和帮助。学习的内容是多样化的，知识的类型有多种分类法，如事实知

识、原理知识、技能知识、人力知识；生存性知识、技能性知识、感受性知识、描述性知识、分析性知识、命题性知识。智能也有多种，如数学—逻辑智能、语言智能、音乐智能、身体动觉智能、空间智能、人际智能、内省智能、自然智能，等等。

敏感而有能力的教师善于发现和支持学习者使用智能和工具学习，培养其兴趣，帮助其获得信心。全纳教育强调教师和学生的合作。教师和学生是一种伙伴的关系，因为教与学都是在一个团体中进行的，都是为了同一个目标做共同的努力。教师应为有特殊需要的学生提供帮助，使其有效地参与普通的课堂教学。在美国的大学里，有特殊需要的学生与普通学生一起接受教育，共同学习未来社会所需要的知识技能和情感态度，对于班级里有特殊需要的学生，学校特别派了一位教师帮助其学习。

(四)通过参与和反思成为有道德敏感性的教师

成为教师是一个旅程，而不是一个目的。通过反思和更新，沿着追求卓越的道路走下去是不会让教师徒劳无获的。全纳的要义是为学习者构建适切的环境和良好的关系。因此，教师必须参与其中，与学习者发生互动，体察学习者的需求并做出适切的回应。

建议教师进行现象学的观察和写作，通过描述自己在教育、教学中的体验，发现其中未曾发现的教育意义。通过反复的写作，展开教师不断反思和成长的过程，训练和提高教师的道德敏感性。

依马克斯·范梅南的看法，教师从事的是一种交互性教育实践活动，它具有一种微妙的极高规范性的特征，教师经过锻炼和自我修养才可能达到"教育的智慧性"和"教育的机智性"。[①]

---

① ［加］马克斯·范梅南：《教学机智——教育智慧的意蕴》，李树英译，270～274 页，北京，教育科学出版社，2001。

目前，教育界越来越多的人认为，我们只需要一种教师，没有必要把教师细分为特殊教育教师和普通教育教师。全纳教育充分肯定这一认识并将其完全融入教育实践，以推动世界教育朝着更加符合"以人为本"的方向发展。

班主任与班主任工作
——一种值得重视和挖掘的教育资源[①]

对于我国的教育来说，除了教育观念和教育管理要力求先进外，还要注意教育资源的合理配置。教育资源中最为核心的还是教育人力资源即师资队伍的问题。它包括两方面的含义，即教师学科水平与教学能力，教师的人格素质与教养能力。在我国中小学教育中，甚至在目前一些高校的管理体制中，班主任是上述两种含义，尤其是后一种含义的集中体现者。因此，班主任与班主任工作是值得重视和挖掘的教育资源。本文拟从教育人类学和教育生态学的视野、从完整教育理念的哲学思维论述班主任与班主任工作是我国基础教育中最值得重视和挖掘的人力资源。

一、班主任是学校教育时空的富有者

现在班主任工作在有些学校得不到应有的重视，一些班主任反映，学校一切工作围绕教学，升学的压力使班主任的工作时间和空间非常有限，因而使班主任感到困惑和苦恼。人类从早期的教育开始，就包

---

① 本文是作者发表在《教育理论与实践》1997 年第 1 期上的文章。

含知识传授与道德教养，并且以后者为根本。但是近现代以来，社会对教育选择功能的需求强化，为市场服务的功利要求增强，也由于现代人类在意识观念方面遇到越来越复杂的难题和困境，使得学校道德教育、人格个性教育效果下降，学校完全成了知识教育的场所。在我们推进教育现代化的今天，首先需要重新建立完整的教育理念，不仅要从知识论的层次上认识教育，还要从生存论的层次上，从完整生命的角度认识教育。德国文化教育的第三代学者——教育人类学代表人物鲍勒诺夫把教育时间称作"时间性"，把教育空间称为"空间性"。在他看来，人对空间的关系问题就是"居住"问题。教育学的一个重要课题是，帮助人们学习居住的本领以便实现人的本性。住所是生活秩序的标志。至于人与时间的关系，他认为，人不单是关涉瞬间的存在，人还是关涉未来的存在。因此，人应对未来有责任感，为着这样的未来，还要积极筹划富有价值的生活。根据教育人类学的理解，我们至少可以从以下几个方面挖掘并认定班主任是教育时空的富有者。

第一，班主任是代表国家公共教育机构作为学生班级的管理者和学生教育生活的指导者。班集体对每个学生来说，是学校教育空间的"居住地"，学生要在这里适应过集体生活，要在不知不觉中学会公共生活的规则，并受到社会文化的习染，觉知在个体之外还有形形色色不同生活经历和个性特征的人，学会与他们打交道。因此，可以说，班集体生活是把一个人从自然人提升为一个社会人的最重要的场所。班主任的有效工作，可以使学生的集体生活井然有序，使学生对这一教育"居住地"有心理上的安全感、稳定感，并在这里度过人的社会化发展的最重要的时期。

第二，班主任代表国家教育文化，有目的、有计划地在班级精心组织各种教育活动以实现教育目的，同时把教育意图通过日常的晨会、班会、班队团干部培训指导以及个别思想工作进行善恶是非的价值评价，这些工作使学生不仅学习"实然性思维"，还学习"应然性思维"，学习对真、善、美的价值判断，它所起到的对人的思想定向的作用，以及情趣爱好、欣赏品位定向的作用，即价值观教育作用，也许对学生一生的影响在物理学、数学意义上的时空并不多，但教育人类学意义上的时空则是巨大的、意味深长的。

第三，更为重要、更需要我们加以发掘的是，如果我们承认教育是面对活生生的人，人又是有差异性、偶然性的人，那么，教育就不仅有连续性的一面（如循序渐进、日积月累），还有非连续性的一面（如顿悟、唤醒、豁然开朗等）。教育是连续性与非连续性的统一。班主任可以利用入学仪式、开学典礼、生日纪念、入队入团、成年节日庆典等各种机会，让学生经受日常生活中不容易经历的精神洗礼，相信人在这些具有特殊意义的时刻，或在一种特别的精神情感氛围中会发生思想上的某种觉醒和跃迁。另一方面，也应不失时机地抓住学生生活中不愉快的、偶发性的事件、变故以产生平时难以获得的教育效果。例如，学生因严重的学习挫折、疾病、失足或家庭变故等生活危机会打断日常生活的因果链，失去原先的轨道。鲍勒诺夫的教育人类学思想认为，每当危机出现时，人将直面自己的处境，并深切地面对自己的过去、现在和未来。这正是教育应该抓紧时机的"节点"，掌握了这个"节点"，教育便会在连续性中产生一种非连续性的飞跃，从量变达到质变。"危机"不是可怕的坏事，它禀有一种促使生命闪射光芒的特征，成为对生命过程产生积极意义的必不可少的现象。人正是在同"危机""打交道"的过程中使自己的品格外化，实现自己的存在和价值，开始新的生活。班主任对引导学生克服"危机"，走向生命崭新层次，具有特别的角色地位。他以"教育之爱"的拳拳之心、殷殷之情，给学生以关怀；以倾听、接纳、劝诫、吁求、催醒等方法唤起学生心灵中潜在的自尊、自爱，使学生学会用沉着冷静、面向未来的思维方式与意志力量处理厄运、摆脱困境、闯出新途。

总之，只要我们不再把教育局限于知识论层次上、局限于认知学习的单向度上，而是进入存在论层面、在认知学习与情感体验学习的双向度上，班主任的教育时空观便会得到更新，从而相信自己是学校教育时空的富有者。

二、班主任是教育生态关系的调节者

20世纪70年代以来，不断有人把生态学的观点引进教育学，形成一门新的学科——教育生态学。通过教育生态学的学科视野，我们可以进一步挖掘班主任作为教育生态关系的调节者的丰富内涵。

第一，如果我们把个体从出生开始面临的教育环境视为一个大的教育生态系统，那么，人从家庭早期教育到公共教育机构便是一个大的教育生态改变。在家庭中，儿童是在父母血缘亲情中学习社会文化和道德规则的，由于父母的全力关照和呵护，儿童一般都会形成以安全感、信任感为特征的、健康的依恋感。我们认为，这种健康的依恋感是道德人格发展形成的最重要的基础，同情心、同理心、自制力、自主感、乐观、信任、积极甚至责任心都是这种基本情感的衍生发展、迁移创生。班主任作为公共教育机构中社会价值体系及其规范的最直接的代表，面对着两个难题：一是需要保持健康依恋的心理链条并使之不发生断裂，使人的心理发展具有连续性、稳定性；二是必须使家庭培育出的带有一定自然适应性的初级社会情感扩大、延伸并转变为适应公共教育准则的更高形态的社会性情感。也就是说，班主任要培养学生具有与原有教育生态中"异质同构"的情感，它们是对学校的依恋、对教师同学的依恋、对班集体的依恋，这一形态的依恋感是未成熟的一代走向爱家乡、爱社区、爱民族、爱国家的第一个"中转站"。

班主任在这一教育过程中，角色地位和活动余地都极为显著。他要设法营造班集体既规矩又温馨的教育环境，要在类似父母的爱的呵护、安全心理氛围中巧妙地将本质上不同于家庭依恋的、更高社会化的要求给予下一代。他还要在家庭与学校之间积极地工作，通过家访、家长会、家长学校等形式协调家庭文化与学校文化之间的矛盾，促进两者的"接合"与"融合"，对那些与学校文化反差很大的家庭文化，班主任不仅要亲自做工作，还要通过儿童在学校培养下形成的"反哺文化"去影响、改进家庭文化。在每一个新学期的开端，在小学、初中、高中的学习转折时期，班主任调节教育生态关系的工作格外繁重。

第二，就学校的教育关系而言，应当是和谐的。这一思想在苏霍姆林斯基的教育思想中有集中的体现。学校教育的本质是筛选、传递人类的、民族的优秀文化，进而通过培养优秀人才创造新的优秀文化。从这个意义上说，学校的一切关系都应当是优美的、和谐的。苏联审美心理学家斯托洛维奇指出，不是任何儿童都有机会在家庭、居住地区看到美的事物的。学校教育应当让儿童接触最美、最好的事物，从而使他们在情感心灵上趋向真、善、美。因此，不少学校设法在校园环境、人际关系、教学过程等方面考虑美与和谐，班主任在班级布置，包括色彩的设计、变换，座位格局的安排、布置，在教育、教学语言美方面，特别是在人际关系亲密和谐方面做了大量的工作。应当说，学生所处直接教育环境的和谐首先归功于班主任的带领和指导。如果没有从学校领导者到班主任对这一优美和谐教育关系的创造，在一定意义上可以说就失去了学校教育的意义。

第三，人所面对的社会现实关系是一个不那么完善、不那么理想的关系。尤其是在动荡年代或社会转型时期，学生所体验的真实生活环境与学校教育的较为纯净、理想的环境有时反差很大，以至于有些班主任怀疑起自己的工作效果；这种辛辛苦苦构造的优美与和谐是否在造成一批批不适应社会生活的"温室里的花朵"，我们是否需要降低学校教育的"优美和谐度"，以接近真实自然的生活？在我们看来，问题的关键是班主任并不是一厢情愿地将现成的"优化关系"提供给学生，更不能有意为学生设置假、恶、丑的环境以及学生无法逾越的障碍，而是引导学生自觉参与"和谐关系"的创造，在积极、主动的，甚至是艰苦的创造中体验创造的快乐，培养向往和谐与美的心灵。21世纪人类面临的仍然是两大难题，即市场竞争与科学技术主义带来的生态恶化与道德下降。这一时代特征要求学校教育教会学生不仅向往优美和谐、积极创造优美和谐，还要敢于直面挫折与苦难。班主任工作应包含教会学生觉知人际生态环境，敢于面对和善于应付假、恶、丑。传统教育在这方面存在很多不足，需要从观念上和教育内容上予以具体改造。

三、班主任是两种智能整合的优秀者

班主任一般都担任着某门学科的教学工作，他们往往是从学科教师队伍中挑选出来的有较强社会工作能力和管理工作能力的人，在他们身上往往具有特别的陶冶能力和教化能力。

人类早期对智力的认识是笼统的、直观的和模糊的，但又是相对完整的，他们用智者，即有智慧的人来标示，其中既包括对客体世界的认识能力，又包括对人际与自我的道德能力。随着近代科学的发展，人类对智能概念逐步丢弃了古代的那种哲学理解，变为一种科学理解，出现了将智慧等同于理智，理智等同于逻辑—理智的功能窄化、结构窄化现象。西方近代实验心理学诞生以后，智力商数测定在近两百年里控制着人类对智力的观念，控制着教育目的、教育活动和教育评价，限制着对人自身的看法。

美国发展心理学家加德纳在 20 世纪 80 年代初发表了关于智能的新理论,其中最有价值的是提出人类存在有两种人格智能,即体察他人内心的人际智能与体察自己内心的内省智能。这一理论实际上已经表明智能本身既可以用逻辑—理智能力来表征,又可以用情感—体验能力来表征。本人在 1991 年写的专著《情感教育论纲》中对情感发展与教育,包括情感能力问题做了较为详细的探讨。1995 年年底,美国的丹尼尔·戈曼写了《情绪智商》一书,进一步明确地把情绪智力从人类智能中离析出来,指出根据统计人的成功只有 20% 依靠智力商数,成功更依赖于情绪智力。该书作者把情绪智力的意涵规定为自制力,能够延迟满足、克制冲动、管理情绪,善于激励自己、有愈挫愈勇的精神以及特别重要的体察他人、感情移入、善解人意的同理心。不管上述概念规定得是否准确、合理,人类客观上都存在着这样两种不同功能性状、不同神经生理机制的智力则是不可否认的。两种智力的理论认为情绪、情感能力十分有助于包括教师在内的一些职业活动。这样的结论其实在教育心理学、教学心理学、社会心理学、社会学、文化学的研究中也都分别用科学实证主义的和人文现象解释主义的方式获得了大量资料,证明有效的教学、有效的教育都具有明显的情感性,都是教师道德人格由其情感品质外化为情感能力的结果。因此,不少国家在 20 世纪六七十年代以来相继提出对教师的这一特殊职业的素质要求及其选拔问题和培训问题。例如,美国在 20 世纪 70 年代初兴起的情感师范教育实施计划,有计划地对师范生进行价值观、自我科学的情感人际交往技能技巧的教育培训。对 229 名教育系毕业生的调查结果表明,有 1/3 以上的人认为师范生需要接受情感教育。阿斯巴和罗巴克的研究报告显示,教师掌握人际关系的水平与学生的成就、出勤情况、自我要领以及对学校的态度和在学校的行为均有直接关系。[①]
伯利纳和蒂库诺夫发现，观察者和评估人员用来区别教师能力强弱的
52 种教师特征中有 38 种(几乎是 75％)在本质上是情感性的，只有 14
种与教师的知识和某些教学技能有关。又如，苏联及欧洲一些国家在
师范院校招生考试中加试资质测试，了解考生有无同情心、仁慈心的
理解力，以及识别情绪，鼓励、影响他人情感等方面的能力。

　　鉴于上述研究，我们认为班主任工作需要两种智力的整合，优秀
的班主任一定是两种智力整合的优秀者。

　　第一，优秀班主任是善于做价值引导的人，当代价值引导工作必
须有两类智力的整合。传统道德教育常常用优秀人物榜样、各种美德
故事对未成熟的一代进行教育。这在等级化、有序化和意识形态单一
的社会是行之有效的。现代市场社会到来后，人们觉得这种简单灌输
道德内容、戒律，出示道德榜样的"美德袋"教育不是那么有效了，取
而代之的是认知主义道德学派的兴起，他们主张增强学生道德理性判
断的能力，让学生学会在多元价值、多种行为理由中选择自己认为合
乎道德的行为反应方式。显然，这对培养现代人的自主性格，使道德
成为理性选择、意志自律的人类特殊实践方式是有积极意义的。但是，
当过分地强调价值辨析、澄清和自主选择而不考虑未成熟一代身心与
生活经验、道德经验存在明显自身局限时，带来的是学生在道德和价
值观选择上的盲目、无所适从以及由此导致的行为混乱、道德下降。
因此，我国当代的道德教育、思想政治教育需要有一种经过对传统道
德教育、西方道德教育审视、扬弃后的新的复归，即在高层次上强调
对学生的价值引导。既然是引导，就必须有理性和正当的道德理由作

<hr>

① 　邓金：《培格曼最新国际教师百科全书》，教育与科普研究所编译，77 页，北京，
　　学苑出版社，1989。

为支撑，有理有据地说服学生，允许学生追问：我为什么必须这样做？为什么这样做是正当的、是善的？通过平等对话，以丰富的人类社会发展的知识为背景在认识人类公理和社会秩序的层次上，在个人生命质量和生活意义的层次上理解价值观教育和道德教育的正当性。显然，班主任若没有逻辑认知和社会认知的背景，上述教育目的是难以实现的。

同时，由于价值观教育和道德人格教育的特殊性，其特别需要诉诸情感。大哲学家康德在 18 世纪就说，人们知道什么是真理不等于知道为什么这是真理；知道为什么是真理不等于知道应当怎样去做；知道怎样做不等于愿意并真正去做。因此，班主任对学生价值观引导的有力、有效，源于其本人对一定价值准则体系的信念、热情，源于他本人健康、积极的人生态度、生活态度，善于激励自己，也能够感染、鼓舞别人。从教育机制上说，这类学习与课堂教学中的认知学习不同，它需要学习者从情感上认同，有自己的感受体验作为认可和接受的基础，需要在教育者与被教育者之间发生心灵上的沟通与相互承认和理解。并且，这类学习往往是学生自发地模仿、认同教师和信任者，在不知不觉中接受教师的影响，建立行为的制约，即潜移默化。因此，班主任有无博大的爱心，有无同理心，有无公正、无私、宽容、接纳、善解人意的情感特质都作为教师人格的重要组成部分并以人格的独特魅力吸引学生、影响学生。

第二，班主任工作不仅需要优秀、健康的人格特质和情感品质，这是班主任工作的灵魂，还需要情绪、情感方面的能力技巧与认知能力相匹配。首先，班主任应当善于管理自己的情绪。例如，古希腊哲学家亚里士多德说，人人都会生气，但是在什么场合，用什么方式表达生气可就不容易了。班主任不能把自己的消极情绪带到教育过程中，不能把自己情感喜厌带入对学生的评价中，需要冷静，内心情感充沛，细腻、适时而有分寸地对待每一个学生。情绪管理不是仅凭情绪本身，它从生理机制上是大脑皮层和边缘系统的相辅相成，是脑内杏仁核与海马作用的相辅相成，在心理机制上是对自己情绪的认知评价，意志力与情感的相互作用与整合。因此，这种管理不是抑制，而是合适的表达。班主任要学会正确表达情感，学会表达的技巧。对教师来说，这是教育的艺术。马卡连柯当年常常对师范生有严格的要求。他说，如果我们能用至少25种不同的语言表达方式，如语气、声响、目光、手势、体态等，对学生说"请过来"的话，我们就再也不用担心不能与学生进行心灵上的沟通了。

此外，情感能力技巧也表现为敏于觉知和体察学生的情绪反应，对这些情绪反应及时有效地做出应对，并根据学生的情绪反应调整自己的教育内容与手段。班主任善于分析自己与学生的人际交往的生态关系，善于分析学生的神经发展类型、个性类型，以及智力潜能的方向性，找到最恰当的方式与学生发生情感交往，这样才可能使自己的工作全面关注每个人，凝聚全班人心。

在我国大、中、小学校的班主任工作岗位上，集中着一批两种智能相互支撑整合的优秀人才，他们以自己高尚的价值追求与突出的情感交往能力（艺术）赢得了学生的心。可惜，目前我们对这类体现在班主任工作艺术中的两种能力，特别是独特的情感能力还没有进行科学实证性和人文解释性的丰富研究和概括，更无从以此对班主任工作，乃至对全体教师做出普遍要求并进行有目的的训练。

建设高素质教师队伍亟待解决的
三个问题[①]

一、完整理解教师专业化的内涵

在世纪之交，我国政府适时提出了师范教育的重大改革，以"教师教育"这一新范畴涵盖原有的"师范教育"概念。这是清醒认识和正视教师职业特殊性和培养特点的表现，具有战略意义。教师的培养不只是职前师范教育，更重要的是在终其一生的职业生涯中不断进行职场锤炼。在全球性的主张教师职业专业化的潮流中，我国倡导的高学历化、综合性以及职前职后一体化是正确的，这是教师队伍建设的历史必然。

我们对教师职业专业化内涵一定要有完整的理解，尤其是它的核心精神和灵魂不能丢失。胡锦涛总书记在讲话中指出，要坚持育人为本、德育为先，把立德树人作为教育的根本任务。正是教育的根本任务，决定了立德树人的素质及其能力是教师专业化的灵魂和核心。

在中国传统文化中，对教师形象和工作的期待一直以学高、身正的双重要求为主脉，始终以正己而后可正人为信念。这一深厚的教育

---

① 本文是作者发表在《中国教育报》2007 年 9 月 6 日的文章。

文化精髓与发轫于当代西方的教师专业化思潮相比，有自己的民族特色和意趣。

中小学教师的工作是日复一日在课堂、教室、校园里展开的，通过和学生的交往体现出来。教师和学生交往的时间长度、频度，以及学生特定身心年龄阶段的易感性特征，使教师的德行、人格素质格外重要。它们不仅在外显言行上为学生所模仿、遵从，而且会内在地、由内向外自然地投射出来，无形地持存，其情感、态度、价值观在其所有的教学、教养工作中被整合。

新一轮基础教育课程改革的一个重要理念是旨在改变传统的课程功能观，期望在知识传递的过程中，帮助学生学到学习的方法，培养学生对知识的热爱，并形成应有的价值观和态度。这就要求任课教师能够敏感地发掘本学科内容中蕴含的价值观资源，并艺术性地呈现出来，使知识学习与价值观影响整合在一起。同时，现代教师在教育活动中所体现的职业角色已经大大扩展，他们不仅是知识的传递者、提问者、辅导者，还是聆听者、欣赏者、关怀者，是学生的伙伴、照顾者、引导者和榜样。教师在学生面前充当着不同的角色，自然携带并传递着不同的价值观，这种镶嵌在知识事实和学校生活过程中的价值观影响，绝不是诉诸课程文本和简单的道理即可实现的。引导学生树立正确的世界观、人生观、价值观，对教师自身的德行操守和人格魅力有内在的、必然的期待和要求，这是由教育活动的特殊性和复杂性决定的。

尤其是我们正在进入终身学习的时代，支持一个人可持续发展的不仅是扎实的知识基础和技能，还是其积极的生活态度、热爱学习的情感、成长动机和健康的价值观。教师能否在上述方面影响学生，这将成为新的时代要求。

高素质的教师是指教师有精良的专业素质，教师职业所需的专业是特殊的复合型专业。我们不能把教师的专业仅理解为教授学科的专业，教育学科显然也属于教师专业的范畴，教师在这两方面的专业素养都需要提高。

现在中小学素质教育的推进有困难，除社会大环境、评价制度及教育体制方面的原因外，还与教师自身的教育观念陈旧、有效教学能力不足有关。上述双重专业能力强的教师善于抓住不同学科课程的主干知识、核心知识、活性高的知识来教学，方法多样、有趣味、少而精，且能发挥学生的学习积极性，从而解放学生的时间、双手和大脑，使他们学业成绩提高，并且发展均衡。有的学校和教师以考定学，考什么，学什么，搞题海战术，机械训练过度，大大限制了学生的兴趣爱好和潜能，导致"惰性"知识充斥，人文、社会经验贫瘠，身心发育不良，创造力低下，情感意志和性格方面问题很多。

因此，如果我们对专业化理解偏狭，甚至盲目追求以文凭为标志的高学历，不顾专业的学以致用，片面认识高学科性，淡漠教育素养，特别是人文精神的涵养，教师专业化建设就会走上歧途。

二、着力探索、改进教师培养和培训的模式

随着教师教育的转型，特别是新一轮基础教育课程改革的推进，已经刺激和带动了教师培养、培训模式的调整、革新。但从总体上看，师范院校培养模式的改革及其成效滞后于素质教育和基础教育课程改革的要求。在职教师的培训工作除受制于经费投入、培训资源外，更加合理的培训体系、更加规范的培训市场、更加适切的培训方式也都有待改进和完善。胡锦涛总书记提出，要高度重视教师培养和培训，加大对师范教育的支持力度，积极推进教师教育创新，提高教师整体素质和业务水平。

现行师范院校包括普通教育课程、学科专业课程和教育类课程在内的课程结构，需要进一步加强上述三大板块之间的互动和融通，避免线性的、串联式的课程形态，并且三个方面应力求保持平衡。

培植教师专业意识、感情和信念应贯穿教师培养的全过程，不能等到学科专业学习结束后才安排教育类课程，更不能把教育类课程过分知识化、学科体系化。现行的师范生实习方式必须尽快改变，应尽早安排师范生到中小学实习，把中小学的教育教学经验尽可能地融入教师的职前教育中去。到基层、到农村的支教实习、顶岗实习也是很好的培养措施。对师范生教职学科的专业学习，应当转向服务中小学教学、教育工作的培养模式，不能盲目追求大学化的专业设置及其学科标准。其实，走向高学历、综合化培养教师的本意和旨趣主要是希冀未来的教师有较丰富、宽阔的知识背景，对学科及其前沿敏感，有较高的成就动机，有一定的研究意识和能力，以使他们有持续发展的有力基础。中小学教师需要特定的学科素养，现行师范院校专业学科的课程体系及设置需要调整、完善，它应包括了解本学科专业基础知识；了解学科历史、学科方法论、学科的社会功能及其伦理标准；对本学科高度热爱的情感、信念；熟悉中小学该学科课程的知识及其教学法；具有与中小学生沟通的知识与能力，等等。享誉世界的苏联教育家苏霍姆林斯基生前常对他所在的帕夫雷什中学的教师说，你们一定要懂得，你不是教物理，你是教人学物理。这一说法通俗而深刻，它清晰地区分了学科专家与学科教师的职业工作特性及其不同要求。

除了课程体系、设置的调整外，还有十分重要而紧迫的任务，即大力更新教师培养、培训的教与学的方法。长期延续的重分割性学科、重知识体系、重传授和记忆与纸质考评为主的学习方式，应当转向更多采用问题为本的学习，转向参与式、研究性学习，更多地进行真实情境学习，特别是服务性学习。如果我们的职前教师和在岗教师仍然以灌输与记忆学习、应试性学习为主，缺乏问题意识，缺乏综合应用知识的能力，缺少口头表达和动手操作的机会，不善于合作学习和研究性学习，那么，在走向实施新课程和素质教育的中小学里，他们无法胜任工作。

我国教师队伍庞大，至 2006 年年底，全国普通中小学专任教师已达 1043.8 万人，其中县镇以下农村中小学教师占 81.7%。这一具体现实的国情，对实施有效培训是一个极大的难题和挑战。为此，我们必须充分利用网络信息技术手段，发挥远程教育在教师培训中的作用，建设教师专业学习的网站，同时还要积极探索与社会主义新农村建设的结合，切实走出一条适合中国国情的农村教师培训的道路。

三、依靠教育科学，大力提倡旨在改善教育工作的教育研究

胡锦涛总书记在 2007 年 8 月 31 日"全国优秀教师代表座谈会"上提出，要高度重视和切实加强教师队伍建设，对教师提出了四点希望：一是希望广大教师爱岗敬业、关爱学生；二是希望广大教师刻苦钻研、严谨笃学；三是希望广大教师勇于创新、奋发进取；四是希望广大教师淡泊名利、志存高远。

提高教育质量，建设高素质的教师队伍，必须进一步依靠教育科学，重视和加强教育科学研究，特别是要大力提倡旨在改善教育工作的教育研究。现代意义上的教育科学的产生和发展，从一开始就与人类师范教育相生相伴、相互彰显。在西方，最早的师范学校都是当时形成的教育科学转化和应用的直接场所。在中国近代建立起来的高等师范学堂和中等、初等师范学校，也无不重视传播中外教育科学成果。教育科学中最先积累和发展起来的是关于儿童身心发育的知识，是教

育人类学知识，是教学和教养思想与方法的知识。中小学教师从事的日常教学、教养工作，离不开这些最贴近、最实用的教育科学知识。20 世纪五六十年代以来，情绪科学、认知科学有长足进步；20 世纪 90 年代以来，脑科学、基因学、神经认知科学知识更新周期进一步加速，并预言 21 世纪的教育从某种意义上说就是脑培育。

另一方面，在当今开放的时代、社会变迁加剧的时代，教育与经济、政治、文化的联结进一步增强，教育科学已经发展为分支学科众多的学科群。因此，也有国外专家将教育学描述为人的学问中科技含量最高的学科。瑞典教育学家胡森等认为，教育学科从 20 世纪八九十年代以来快速发展，其成就已可以与人文社会科学大类中的其他学科相媲美。尽管我们对国内教育科学的发展水平不甚满意，但并不能据此轻视教育科学的重要价值，特别是在当前我们致力于提高教育质量、推动义务教育均衡发展、办学更注重内涵和品质发展时，更需要引导全社会建立对教育科学的信任，引导教师依靠教育科学提高自身的教育工作水平。

教师职业是一种综合性很高、需要高度创造性的工作，教师学习教育科学不应片面追求学科化和体系化，应提倡以问题为本，从实际出发，综合学习、运用教育科学知识。长期以来，教育科学是专业研究人员的专利，现在提倡教师研究，并不是要教师为发表论文、争取功名而研究，而是要崇尚科学精神，树立终身学习理念，如饥似渴地学习新知识、新技能、新技术，拓宽知识视野，更新知识结构，不断提高教学质量和教书育人本领。要静下心来教书，潜下心来育人，在参与教育教学改革中理解当前的教育改革，对教书育人的经验做反思性研究，积极探索教育教学规律。对一线教师而言，特别需要提倡旨在改善教育教学本职工作的研究。此外，教师还需要一定的宽松环境和自由阅读的条件，阅读中外教育经典，阅读人文与科技书籍。教师的人格魅力、学识魅力来源于勤奋而有创造性的工作，来源于广泛的阅读和深入的思考。全社会一定要认识到，教育是一门科学，教育也是一门艺术，需要教师安于本职、潜心钻研、积累经验，日臻成熟，成为具有教育智慧的人。教育发展特别需要良好的社会舆论环境和精神氛围。

教师的质量在很大程度上决定着教育的质量。推动教育事业又好又快发展，培养高素质人才，教师是关键。尊师重教仅仅提高教师的地位和待遇是不够的，我们需要在科学发展观的指导下，重新审视教师职业的特性、教师培养模式的改革以及社会的评价取向，激发教师内在的成长动力。

"以县为主"农村义务教育管理体制下的
教师专业管理[①]

一、"以县为主"农村义务教育管理体制下教师专业管理
面临的困境

  20 世纪 80 年代中期,为适应当时农村改革的形势,我国县以下的农村地区建立了"乡教办"一级教育管理机构。之后,随着农村税费等一系列改革的不断深化,我国农村的政治、经济及教育环境都发生了深刻变化。1994 年,我国财政体制进行了"分税制"的重大改革。在这一过程中,财权层层上收,事权层层下放(中央财政从占全国财政收入总额的不足 30% 上升到 54%。宏观调控能力得到大力加强,而乡镇一级的财政收入则大大缩减)。在这种情况下,"以乡镇为主"的农村义务教育管理体制已经无法保证农村义务教育的正常发展。为此,国务院于 2001 年 5 月专门召开全国基础教育工作会议,并印发了《国务院关于基础教育改革与发展的决定》,提出农村义务教育实行"在国务院领导下,由地方政府负责、分级管理、以县为主的体制",并且重新规

---

① 本文是作者与李敏合作发表在《教育发展研究》2008 年第 22 期上的文章。

定了各级政府应该承担的责任："国家确定义务教育的教学制度、课程设置、课程标准、审定教科书。中央和省级人民政府要通过转移支付，加大对贫困地区和少数民族地区义务教育的扶持力度。省级和地（市）级人民政府要加强教育统筹规划。搞好组织协调，在安排对下级转移支付资金时要保证农村义务教育发展的需要。县级人民政府对本地农村义务教育负有主要责任。要抓好中小学的规划、布局调整、建设和管理，统一发放教职工工资，负责中小学校长、教师的管理，指导学校教育教学工作。乡（镇）人民政府要承担相应的农村义务教育的办学责任，根据国家规定筹措教育经费，改善办学条件，提高教师待遇。" 2002 年 4 月，国务院办公厅印发了《国务院办公厅关于完善农村义务教育管理体制的通知》，着重强调农村义务教育必须实现两个根本性转变，即农村义务教育的责任从主要由农民承担转到主要由政府承担，政府对农村义务教育的责任从以乡镇为主转到以县为主。2003 年 9 月，国务院召开全国农村教育工作会议，并印发《国务院关于进一步加强农村教育工作的决定》，进一步强调要坚持和完善"以县为主"的农村义务教育管理体制。

至此，"以县为主"的农村义务教育管理体制迅速在全国范围内确立并不断得以巩固和深化。从 2002 年至今，贯彻和落实"以县为主"的农村义务教育管理体制，成为社会普遍关注的热点问题，成为农村教育改革的重要突破口，成为农村乃至中国基础教育健康、协调发展的关键。

"以县为主"的农村义务教育管理体制在许多方面打破了过去"以乡镇为主"的教育管理和教育发展瓶颈，有效推进了新时期农村义务教育的发展。但是，在"以县为主"的农村义务教育管理体制下，我们也面临着诸多困难和问题。其中，农村教师队伍的建设和管理，尤其是农村教师的专业发展如何通过"以县为主"的教育管理体制得以有效推进是一个突出问题。过去，乡镇教育机构管理当地中小学的职能较为全面，实行"以县为主"的农村义务教育管理体制后，中小学的管理职责上移到县教育主管部门，而县教育主管部门的管理资源十分有限且管理方式行政化，这使许多需要直接对口进行细致、专业性管理的事务陷入了管理困境，如对教师发展的专业管理和灵活指导极可能湮没在政府部门强调规章制度的条块化管理中（如县教育主管部门的人事科负责教师任用、调转、考核的制度管理，县职改部门负责职称评定的制度管理，教师进修学校负责教师培训的制度管理等）。

　　出现这种情况的主要原因有两种。第一，县级教育主管部门主要履行行政管理职能。大多数行政管理人员不会经常下学校，与一线教师接触不多，对教育教学缺乏实践认知，很难对教师进行具体的专业管理。第二，县级教育主管部门管理力量不足。面对几百所甚至上千所学校，特别是在交通不便、学校布局分散的山区，县教育主管部门根本无力管理每一所学校。因此，对教师的管理必须借助有形的制度管理模式。然而，教师的生存和发展境况是整体的而非局部的，教师的需要也是琐碎的而非确定的，县教育主管部门的粗放型管理方式难以满足对教师进行专业管理的需要。

二、对三种教师专业管理模式的探讨

　　在"以县为主"农村义务教育管理体制下，我们必须审慎思考如何实现对教师的专业管理，改变当前条块化、粗放型的管理方式，使当前更多具有行政意味的"教师管理"向更多反映教育教学规律的"教师专业管理"的思想和行动转变。目前，已有一些农村地区认识到了教师管理的重要性，如有的地方依靠县教育主管部门内的县教研室、进修学校开展教师管理工作，有的地方设立了教育人才管理中心，履行组织、指导、协调全县教育系统的人才流动、服务工作，从而使教师资格制度和教职工聘用制度等职能得以落实，然而这些部门或机构尚未形成教师专业管理的意识。尽管如此，我们还是欣喜地看到，一些农村地区正在用实际的变革行动积极建构和探索我们所倡导的"教师专业管理"理念。本文将介绍三种教师专业管理模式，从中可以看到改革传统教师专业管理的努力，也可以看到在变革过程中遇到的阻力和困惑。

(一)"中心校"模式

"中心校"模式是自"以县为主"农村义务教育管理体制确立以来较广泛采用的一种模式，最早在安徽开始实行。2002年，经过摸索和反复论证，县教育局开始了设立乡镇中心学校的历程。中心学校受县教育局委托，在辖区内行使部分行政管理职能和教育教学的研究、管理和指导职能。

对于学校管理工作而言，中心学校的管理职责主要是负责所辖学校及其他教育教学机构的教学管理工作，提高其教育质量；做好所辖学校年度教育经费编制及学校的财务收支管理工作；负责所辖学校教育统计、教育资产管理和教育教学资料的管理工作；协助县教育局做好所辖学校校长队伍和教师队伍的建设工作；做好校长竞争上岗、教职工聘任等工作，及时办理教职工晋级、晋职、评优、培训、考核、定期交流等具体工作。由此可以看出，过去由乡镇一级教育管理部门负责的教师管理工作转由县教育主管部门委托下的中心学校全权负责。

事实证明，中心学校在协助县一级教育主管部门履行管理职能、加强农村中小学教师队伍建设中起到了积极的作用。而且，中心学校在实际运转过程中，也确实有利于全县统筹做好教师队伍发展规划，有利于教师队伍的逐步优化。中心学校模式还为真正实行教师资格制度和聘用制度创造了条件，使统一配置教师资源成为可能。

但中心学校模式在实际运作过程中也面临着一些困难和阻力。首先，根据安徽省现有乡镇的规模，中心学校一般要管理 10～20 所学校，并要代行县教育局部分管理职能，目前既无编制又无专项办公经费，直接管理每一所学校显然力不从心。尤其是在教师继续教育和教师培训方面，县财政无法保证国家要求的从公用经费中拿出 5% 用于这方面的开销。其次，中心学校管理难以到位。乡镇行政区划调整后，面积增大，人口增多，形成学校多、分布广的特点。在山区乡镇，一些学校距中心学校有几十公里的路程，且不通车，难以开展经常性的教学检查，客观上加大了中心学校的管理难度。受教师编制的制约，中心学校领导班子除日常行政事务外，还要承担一定的教学任务，很难充分管理全乡镇的教育教学工作，对教师的具体事务管理和专业发展更难做到细致化。最后，中心学校的性质尚不明晰。目前的中心学校不是行政主体，虽然它行使着部分行政管理权力，但并没有在政策法律程序上得到认可。从实际工作情况来看，如果仅仅赋予中心学校教学研究和教育管理职能，而不给实际的行政权力，让其长期、有效地组织和引导当地学校的教育教学以及履行对教师各项事务的管理工作也不大可能。

(二)"学区制"模式

河北省承德市率先打破县乡村分级办学模式和资金使用模式，用两年多的时间进行了"学区制"模式的探索。"学区制"模式遵循的理念是，农村义务教育要实现优质均衡发展的跨越，就必须遵循教育自身的规律，打破乡村行政区划限制，实现规模化办学。为此，2004 年承德市在围场县开始了彻底打破乡村区划、建立县域内教育学区的试点，按照交通相对便利、区域位置相对集中、教育资源相对均衡的原则，以人口出生率为依据，将全县划分为 12 个学区建设。之后，全市开始推广围场县学区建设的做法，并提出用 3～5 年的时间在全市建设 72 个学区的规划，目前全市已建成 41 个学区。

承德市的"学区制"模式对县域内义务教育优质均衡的发展起到了巨大的推动作用，在新建的学区内，原有的师资力量、教学设备等被重新整合利用。在教师管理方面，其通过均衡配置的方式定期组织教师交流学习、推进教师培训，使教师管理的专业性在区域性的综合管理中得以体现。目前，安徽省阜阳市也在积极探索"学区制"模式，具体做法是将乡镇所辖学校按地域分为若干学区，以学区为单位组织教师的专业学习和业余文化活动。安徽省阜阳市"学区制"的实践进一步拓展了思路，集中发挥了"中心校"和"学区制"两种模式的优势。一方面让中心学校辅助学区管理，另一方面又借学区学校的发展推进了中心学校的建设，形成了教师专业管理的良好局面。

目前，"学区制"模式在教师管理方面面临的问题和困难主要集中在以下两方面。第一，缺少专业部门或人员对各学区教师进行综合调配和管理。第二，主要精力和财力均投入到了硬件建设中，对教师和教学的"软管理"尚显乏力。

(三)"伙伴校"模式

"伙伴校"又称"学校发展共同体"，它是由成都市青羊区首先提出和实施的一种以教师发展带动学校发展的管理模式。自 2006 年开始，成都市青羊区有 40 多所小学组成了 7 个共同体，以此搭建了学习和发展的平台。"伙伴校"模式以学校共同发展为愿景、以获得共同进步为目标，由不同发展水平的学校结成组织机构。共同体内部学校地位平等，成员间相互学习、资源共享，在共同进步的同时，实现每所学校最大限度的发展。在共同体的运作问题上实行各片召集人联络制，召集人承担联络组织任务，根据教育局各项工作的具体安排或共同体内部商定的工作计划，组织各学校相关干部、教师开展活动，并对教育局负责。教育局机关各科室和教师学习与资源中心作为共同体活动的协调部门，协助各个共同体进行相关工作的管理、组织，保障工作的有效开展。

经过两年多的实践，"伙伴校"模式取得了较大成效。尤其是"伙伴校"以学科带头人带动共同体发展的方式有效推进了教师队伍的专业化发展。共同体十分重视教师的主体参与，通过积极组织和开展各项活动，有机组织学校间的党、团、队工作，促进了教师的交流学习以及教研组之间、年级组之间的交流。同时，共同体建立了共享资源库和学校间的共享关系，依靠联席会议制度，保证活动的时效性和畅通性。"伙伴校"模式有效利用行政力量推动了教师间的合作与共同发展。

当然，"伙伴校"模式在实施过程中也面临着一些困难，如经费的长期保障、名优教师的引进和培养、教师专业化的有效加强等。

综上所述，无论是"中心校""学区制"，还是"伙伴校"，三种模式都将教师专业管理的职责转移给了学校。这不仅在一定程度上减轻了县教育主管部门的工作压力，而且在很大程度上缓解了县教育部门职能条块化、"多头"管理教师队伍的实际矛盾。更为重要的是，以"中心校""学区制""伙伴校"模式推行的教师管理，能够在一定程度上体现教师管理的"专业性"。在三种管理模式中，"中心校"模式和"学区制"模式更多地要求学校在体制上做出某些方面的职能调整和拓展，"伙伴校"模式则更多的是在学校现有体制不变的情况下创新、丰富教师管理的工作方式。相比较而言，"伙伴校"模式更为接近我们所倡导的"教师专业管理"的理念。教师专业管理的落脚点是让教师在职前、职后的教育生活中获得专业性的支持和帮助，最终能够在教师队伍内部形成良性的专业自治。同时，三种管理模式均在实践探索中涉及了一个十分重要的教师专业管理理念，即促进教师间的合作式发展。

对于教师管理而言，合作式发展不仅是一种教师专业化的途径，它还是一种高效的教师专业管理手段，能够在一定程度上降低管理成本，甚至可以带来事半功倍的管理绩效。教师间形成的合作关系，能够实现教育(智力)资源的交换和均衡配置,教育组织也能形成内在的凝聚力。更为重要的是,通过合作式发展可以推进教师自我管理,激发其上进心和创造力。

此外,三种管理模式均注重挖掘教育、教学、教师的自身资源,有效借助外部行政力量推动教育、学校以及教师的发展,这使教师管理具有了一些"专业"的味道。例如,"中心校"模式,其所依傍的中学或小学本身就是功能俱全的学校实体,有自己的教育需要、发展设想以及对困境的感知。因此,在对下属校的管理上势必会具有特定的教育眼光和专业思路。"学区制"模式使教师管理进入了规范化轨道,集中学区内优势资源定期组织教师交流学习,推进教师培训,使教师获得了专业成长。"伙伴校"模式更是直接激发了教师队伍自身的能量,通过教师间的定期交流和学习推进了教育资源的均衡发展和学校间的共享。行政管理力量主动介入教师的专业成长和发展,不仅增加了教师管理的专业特质,还让教师管理具备了活力和凝聚力,一改过去教师与各级管理之间"管"与"被管"的紧张关系,逐渐形成教师积极依靠"教师专业管理"获得自身发展的良好局面。

三、对教师专业管理的进一步思考

当前,全国各地正在逐步调适和完善"以县为主"的农村义务教育管理体制,克服了许多困难,接下来的任务就是深入、细致地推进各项工作。随着教师聘任制的广泛采用以及教师培训如火如荼地开展,教师管理如何走向专业化已引起研究者的关注。这里主要考虑以下三方面的问题。

第一,"专业管理"的含义需要厘清。

管理工作本身应讲究专业性。当各级行政力量介入教师管理,尤其是县教育主管部门全面接管教师评聘、考评、流动、培训等各项工作事务时，就需要特别关注管理本身是否具有专业性。管理者除需具备基本的教育知识和教育管理能力外，还需要具有专业精神和专业态度。面对需要更多专业发展的教师群体，各级各类组织的管理者也需要必要的培训和教育。

管理工作应指向促进教师的专业发展。教师管理工作不同于对其他人员、岗位的管理工作，教师队伍的管理必须落脚到如何有效地推进教师的专业发展。教师专业发展既包括教师的学科专业性发展，又包括教师的教育专业性发展。国家对教师任职既有规定的学历标准、学科素养要求，又有必要的教育知识、教育能力和职业道德的要求，教师需要经过专门的培养、培训，并能终身学习。这一专业发展的需要要求义务教育阶段的教师管理工作应将重心放在如何提高教师教育的治理工作上。

第二，管理机制呼唤创新。

当前，教师专业管理迫切需要机制创新。在"以县为主"农村义务教育管理体制确立初期，需要我们摸清农村教师管理体制，建立开放的教师专业发展合作机制。因此，我们可以汲取上述三种管理模式的成功经验，搭建从事专业管理的平台（如中心学校、学区等），平衡行政部门和专业机构两大力量，建立教师合作的研究共同体，加强校际合作，营建学校内的良好文化氛围。

第三，基础性政策亟待完善。

目前国家高度重视农村地区教师队伍建设的问题，但是因为缺乏系统的农村教师专业管理的政策文件，所以在教师管理政策方面尚有不完善之处。各地教育行政部门在农村教师管理中虽不乏创新，但是总体来说在面对农村教师队伍管理过程中出现的新情况、新问题时，仍缺乏相匹配的管理制度，"无章可依"的情况比较普遍。"以县为主"

的农村义务教育管理体制确立和推行以来，各地涌现了不少创新教师管理的方法，但普遍存在的问题是，许多好的方法难以善始善终。这反映了教师管理工作缺乏基础性的政策支持，更缺少对各种创新性政策执行情况的监管。

富兰指出，影响教师发展的四个因素有：①把教师发展重新定义为一种学习过程；②学校领导的作用；③学校的组织文化；④地方或地区层次的外界机构的作用。这四个因素也渗透在教师专业管理中。可以这么认为，只有"专业"的教师管理才会全面考虑教师发展的所有支持性条件，让各个因素产生作用，而非其中某一个因素，或仅关注地方或地区的外界机构的作用，或仅依靠教师的自觉意识。教师专业管理既是一种负责任的教育发展理念，又是教师成长和发展的实际需要。可以相信，"以县为主"的农村义务教育管理体制改革将成为形成、确立、发展教师专业管理思想的契机和实践沃土。

功能・环境・制度①
——基于生态理念的现代学校制度建设

随着知识经济时代的到来，教育正面临着经济全球化、信息网络化、社会学习化、文化多元化的挑战。深刻的国际国内背景和学校教育本身的现实状况，使学校教育改革迫切需要理论创新的引领和踏实有效的行动举措。当"制度"成为制约教育改革和学校发展的瓶颈时，现代学校制度的理论与实践研究成为当务之急。审视学校教育功能主体与环境的关系，确定现代学校基本职能与核心价值取向问题，是现代学校制度建设的充要条件。虽然"功能"与"职能"在教育理论研究领域有较明确的意义区分，通常的表述是教育功能、学校职能，但人们对学校职能的研究与对教育功能、学校教育功能的研究常常是分不开的。本文所述"学校功能"包含"学校职能""学校教育功能"的含义，主要是取"学校职能"之义。

讨论学校职能、学校教育环境、学校制度三者的关系，本文主要回答三个方面的问题：一是生态理念观照下的现代学校职能应当是什么？二是现代学校制度要在怎样的生态环境下生长？三是现代学校制

---

① 本文是作者与刘贵华合作发表在 2007 年由教育科学出版社出版的《对策与建议——2006—2007 年度教育热点、难点问题分析》一书中的文章。

度如何为现代学校职能的实现提供环境保障?

一、理念、方法与现代学校制度的生态学视角

美国科学史学家萨顿强调，在科学中没有教条，只有方法；方法本身不是完善的，但却是可以无限改善的。① 20 世纪以来，学术界对可逆和不可逆、决定性和随机性的相对重要性的估价已发生了变化。科学思维曾经普遍地认为世界的运动可以最终还原为若干方程式，甚至还希望把诸如伦理、道德、思想、文化等抽象的观念也还原在这一体系中。经过近一个世纪的思考和探索，人们终于感到传统的思维方式并不合理，对现实世界问题的探讨本身就具有复杂性，这里需要突破单一学科的界限，超越单一学科思维方式的局限，综合利用多门学科的研究优势——这一新思路正是当今方兴未艾的跨学科研究方法。

生态学方法又称生态学思维，就是用生态观点研究事物，观察现实世界。科学的生态学思维，是科学认识的生态学途径，即用生态学观点思考、认识、分析和解决实际问题。它的特点是全面地、整体地、辩证地把握研究对象。当生态学发展到人和自然普遍的相互作用问题的研究层次时，就已经具有了哲学的性质和资格，它已经形成了人们认识世界的理论视野与思维方式。具有了世界观、道德观和价值观的性质。② 生态理念贯穿两个主题。第一个主题是确认一切事物和现象之间有一种基本的相互联系和相互依赖的关系(生态系统理念)。在笛卡儿世界观中，整体的动力学来自部分的性质；生态世界观相反，部分的性质是由整体的动力学性质决定的。第二个主题是确认现实和宇

---

① ［美］乔治·萨顿：《科学和传统》，载《科学与哲学(研究资料)》，1984(4)。
② 余正荣：《生态智慧论》，41 页，北京，中国社会科学出版社，1996。

宙在根本上是运动的，结构不再被看成是基本的，而是一种基本过程的表现形式，而且结构和过程两者最终也是互补关系（动态平衡理念）。

现代学校制度是规范与调节政府、学校、社会乃至市场之间的关系，调节学校与学校之间，学校与家庭之间，学校内部人、财、物、事之间等各种关系的制度体系。生态学是研究生命主体与环境关系的科学，较之用社会学、政治学、法学、管理学、经济学等研究教育来说，生态科学具有更好的适切性。具体表现为以下几个方面。第一，观照"生命对象"的同质性。社会学研究社会的发展变化规律，政治学关注科层权力的更迭，法学强调公正与平等，管理学着眼于程序与控制，经济学追求投入与产出效益，教育科学和生态科学则共同研究"生命"，把生命作为基础，关注群体生命和个体生命的结构状态和变化规律，研究优化生命主体的存在方式与价值、生长方式、生活方式以及学习方式。第二，凸显"和谐环境"的重要性。学校教育的直接对象和终极目标是人，人的生命活动有生理活动、心理活动和社会实践活动三个层面，在实际问题的发生上，三种活动融为一体，统一于社会实践，也正是这种活动使生命个体得到发展，发展的形式是个体对环境的适应与超越，即人是遗传与环境的产物。学校教育、家庭教育和社会教育是教育的三种主要形式，也是人的三种主要生长基础和生长环境，凸显"和谐环境"的作用是教育科学研究必不可少的内容，而生态科学正是研究环境对主体关系的科学，这种适切性是其他学科所难及的。第三，强调"动态关系"长远的平衡性。虽然人类社会的文化、教育似乎是处于永无止境的变化中的，但这种变化的东西，是超越时代的不变与随时代一起变化的复合体，日本江户前期的诗人芭蕉称这两个方面为"不变"与"流行"。我们认为，人类教育"不变"的应是对人全面发展的追求，"流行"的则可理解为环境，现代学校制度就应在研究学校教育系统的历史与现实的基础上，调整"不变"与"流行"的长远、动态平衡关系。从经济学角度看，经济的快速增长是合理的，但从生态学角度看，则不尽如此，因为前者关注的是近期效益，而后者关注的是长远发展，这同人类教育活动有很强的适切性，"十年树木，百年树人"讲的正是这个道理。学校教育是关乎人、发展人的事业，在教育教学实践中，应以人为对象和主体，要求学校制度围绕"育人""发展人"来安排制度。旨在推进素质教育的"3＋X"高考制度改革，在部分学校却成了学生片面发展的加速器，很多学校从高中一年级开始就分文科班、理科班，教学内容也仅限于几门高考科目，此类急功近利、用单向度的人代替多向度的复杂人的教育教学行为，从长远看，必将导致学生认知、道德、情感和智慧的片面发展，这正是现代学校制度需要研究的一个重点。生态科学恰恰是研究主体与主体之间，主体与环境之间相互关系的科学，当把生态理念用于思考现代学校制度时，"人"的主体地位得到充分体现的同时，动态平衡的环境关系也得到了观照。第四，生态理念与现代学校制度价值取向的内在一致性。中国科学发展观最深层的动力是具有优良人格素质和高度理性良知的现代人，这就要求给予人以深切的关怀。人是自然界的产物，同时人又将自然界对象化而成为发展的主体；这种双重身份决定了人既永远不可能完全摆脱自然界的束缚，又不甘于这种约束而不断地努力以便超越自然界，寻求与自然、社会的动态平衡，它内在地要求学校教育是"尊重人、关心人、信任人、提升人和完善人"的教育。现代学校制度必须是"开放的、民主的、以人为本的，最终指向育人"的制度体系，该制度体系的价值追求是优化教育教学秩序，全面提高教育教学质量和学校效能，促进学生充分、全面、和谐发展和终身发展，允许学生个性有差异地发展，促进学校的可持续发展，促进学生、家庭、学校、社区乃至社会的协调发展。这种价值追求建立在生命与组织的动态生成、协调平衡以及个体、群体和组织系统的有机联系中。

在用生态学科看教育方面，许多国外学者似乎也情有独钟，如美国哥伦比亚大学师范学院院长劳伦斯·A.克雷明于1976年在《公共教育》一书中正式提出了"教育生态学"一词，并列专章讨论。20世纪60年代，阿什比用生态学诠释大学，用生命的观点提出了著名的"突变说""遗传环境论"等高等教育发展的新理论。1977年，英国学者埃格尔斯顿出版了《学校生态学》以研究教育资源分布为主旨。华盛顿大学的古德莱德和斯坦福大学的艾斯纳对教育改革的生态学颇感兴趣，古德莱德主编的美国教育协会第86期年鉴的主题为"学校革新的生态学"，艾斯纳在哥伦比亚大学《师范学院学报》上发表专论《教育改革与学校教育生态学》，而波特兰州立大学的鲍尔斯教授等人则多年来坚持研究生态危机给文化、学校教学、课程等带来的影响。

生态理念对学校教育的观照，是对人的主体地位、作用和生命价值的观照，是对优化环境以保障学校育人功能实现的观照。虽然在教育管理研究中有理性范式、自然范式和批判范式，我们认为，方兴未艾的生态范式将是开拓视野看教育的新范式，而且，它的思维模式更贴近教育的形态。

二、现代学校基本职能

虽然人们对教育进行研究的历史很悠久，但是作为制度化的教育研究却只有100多年的历史。现代学校的发展经历了前学校、类学校、教学生学的机构、教与学的场所、教育机构以及公共教育机构等历程，不同的历程凸显了不同的学校性质与学校职能。随着中国社会的快速发展，人们对学校的期望越来越高，学校职能定位日趋复杂。尤其是在经济市场化、文化多元化、教育现代化和素质教育呼声日益高涨的今天，现代学校应发挥什么样的职能值得探讨。

随着中国经济的快速发展，对外开放力度的加大，经济全球化、信息化、文化多元化和商业化浪潮高涨，对学校教育最为直接的负面影响是，带来学校教育基础的结构性变化，如知识基础的变化，学校地位的变化，学校秩序的变化，学生生活、学习动机和意义的变化。对学校教育最为本质的负面影响则是学生生命的"异化"，是学生生命意义的消解，也是学校道德教育职能、育人使命的消解。虽然教育的问题如同哈贝马斯所说的：灌木丛一样错综复杂，既有社会政治、经济、文化的问题，也有教育自身的制度、内容、形式、方法等问题。[1]但我们认为，教育尤其是基础教育最根本的问题是"认识人、培养人"的问题。学校教育要以具体的、现实的人为对象，直面人的生命，关怀人的生命，提升人的生命价值，同时，要更加重视基础教育学校在塑造人上所起的"基础性""关键性"和"决定性"作用。戈登·德莱顿和珍尼特·沃斯在《学习的革命》一书中指出，如果一个孩子生活在批评之中，他就学会了谴责；生活在敌意之中，就学会了争斗；生活在恐惧之中，就学会了忧虑；生活在怜悯之中，就学会了自责；生活在讽刺之中，就学会了羞辱；生活在嫉妒之中，就学会了仇恨；生活在耻辱之中，就学会了负罪感。在这种环境中成长的学生，将来很难成为道德品质高尚的人、个性发展丰满的人、智慧品质崇高的人，学生的认知、道德、情感和智慧也不可能协调发展。因此，学校在塑造人的过程中应把一个人在体力、智力、情绪、伦理各方面的因素综合起来，使他成为一个完善的人，学校的中心职责是教育；学校应该只接受那种可以被自然而又容易地转化为教育目标与活动的社会目的。同时，学校教育应使学生在教育过程中始终体验自己的尊严感：我是一个勤奋的脑力劳动者，是祖国的好公民，是父母的好儿女，是一个有高尚

---

① 冯建军：《生命与教育》，67 页，北京，教育科学出版社，2004。

的志趣、激情和不断进步完善的人，是一个关心民族和人类发展的创造者。同时我们认为，学校教育功能是其他教育机构无法取代的。学校的有目的、有意识和通过持续的努力而改变和塑造人的行为和学校通过课程尤其是通过教师长时间、高频度直接高效地给予学生的影响是独特的，学校对人生命成长的期待和对学生全面发展的关怀是独特的。这种独特性，需要在新的形势下重新加以认识，并在实践中加以体现。

值得注意的是，我们对学校教育的这种独特功能认识不足，尤其在今天这个日趋市场化和教育化的社会中，学校固然不应当与社会相脱离成为"文化孤岛"，但也必须清楚地认识到学校与其他具有教育潜能的社会机构的区别，除了培养完整人的中心职责外，学校应该只关注那些维持和改进学校所必需的行政和管理活动。评价一所学校的主要标准，是看多少时间和资源被用于真正有教育性的活动上，从而坚守学校培养完整人的独特使命。教育价值观的核心是按照一定的教育尺度来衡量办学效能，这种尺度就是育人。它着眼于全体学生，着眼于学生的充分、全面、多元、终身发展和允许有差异地发展，着眼于学生较为均衡、有个性地发展和应"世"能力的培养。由于升学的竞争，社会评价学校的尺度被扭曲了，现行评价学校绩效最直接、最有外在显性测度的，仍然是高考升学的排名。于是，许多追求眼前功利、违背学校办学规律、违背育人规律的现象频出，甚至有愈演愈烈之势，学校教育功能偏离的状况堪忧。学生被置于考试—升学—再考试—再升学的模式中，这种现象可从中考之后的生源大战中略见一斑。学生的高分数往往使我们忽视教学计划的性质和质量，忽视学生在学校里的经历，以及学校环境和学生经历对个体生命的成长产生长期、深刻和巨大的影响。在当今市场化社会里，虽然坚持学校育人的独特使命可能被认为是教育的乌托邦，但我们依然坚信，必须从育人的立场来看待办学目的；从道德的目标来看待办学方向；从道德价值取向看现在的品牌学校是否真的昭示教育发展的方向、代表社会良心、负有对社会的责任感。[①] 否则，学校在丢弃"教书育人"的基本职责时，就丢弃了学生，丢弃了教育，丢弃了社会，最终丢弃了自己。

三、现代学校环境

20世纪70年代，英国著名教育家阿什比总结说，人类教育自产生以来，共发生了四次革命。第一次是文字的产生，人类开始使用文字作为教育工具。第二次是学校的产生，使教育的主要功能由家庭转为学校。第三次是印刷术的发明，使用活版印刷后，教育实现了大规模化和一致化。第四次是一系列新工艺，如电影、电视、电台、程序教学机、计算机等在教育上的应用。今天，科学技术的高速发展，把我们带进了一个被称为"IT时代、网络时代、e时代、信息时代或后工业时代"的社会，它不仅使人们的生活、工作产生了巨大的变革，而且对教育的时间、空间、内容、形式和人们的理想、信念、道德观、价值观等方面产生了强烈的冲击。从这个角度分析，我们认为，现代是教育的第五次革命并不为过。在中国，经济的快速发展，对外开放力度的加大，在经济社会乃至教育上，出现了失衡现象，表现在城乡之间、区域之间、政治社会和经济发展之间、人与自然之间、区域内部学校之间等的失衡，这既是现代社会的现状，也是现代学校所处的环境。

为了研究的方便，人们常常对学校教育环境做进一步区分，最基本的划分是学校外部环境和学校内部环境；还有自然环境、社会环境

---

① 朱小蔓：《学校品牌管理：一种道德模式》，载《教育发展研究》，2005(9)。

和文化环境或者是物质环境、精神环境和制度环境等分类形式。

对环境的研究最为重视和最为深刻的学科莫过于生态学。由于生态学是研究主体与主体、主体与环境之间相互关系的科学，生态主体与生态环境就是生态学研究的基本视角。研究"学校"的发展问题时，学校当属生态系统的"主体"，学校之外的一切与学校具有不可忽略的联系的事物的集合，则是学校的生态环境。宏观环境方面如国际和国内的经济、政治、科技、文化、制度环境；微观环境方面有学校内部师生员工的状态、学校的结构与功能、组织与管理形式、校园文化、地理位置等。

只有分析学校功能的现实状况，才能揭示学校教育潜在的能量究竟能产生多大效应，因为学校教育在事实上发挥的功能与逻辑上可能存在的功能不是一致的。学校教育的应然功能，能否正常发挥或全部发挥，不但取决于学校教育生态主体自运行机制，还取决于它所处的生态环境。那么，影响现代学校职能主体实现的生态环境有哪些？实现和保证学校教育主体与学校环境之间的生态平衡的基本内容和要求又是什么？

在坚持学校教书育人基本职能的前提下，学校教育主体与学校环境生态平衡的基本内容和要求，大体可分为三个层次：一是学校教育系统（包括理念、活动、成果等）与学校外部生态环境（政府、市场、社会）之间的相互适应并达到动态平衡；二是学校生态系统主体即学校内部的结构和功能、组织与管理、文化与制度等生态因子之间的协调与平衡；三是学校教育生态系统与各子系统中物质、能量和信息的输入和输出过程中数量的平衡。学校职能生态主体受其生态环境影响的形式，可用图 1 表示。

在图 1 中，左边三棱锥表示学校外部生态环境 $E_{外}$；右边三棱锥表示学校内部生态环境 $E_{内}$，$E_s = E_{外} + E_{内}$，它们共同作用于学校系统，

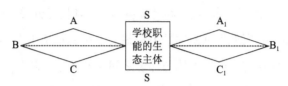

S——表示学校职能的生态主体
A——表示政府　　A₁——表示学校内部的组织
B——表示社会　　B₁——表示学校内部的管理
C——表示市场　　C₁——表示学校内部的文化
$E_{外}$（校外环境）=A+B+C　　$E_{内}$（校内环境）=$A_1+B_1+C_1$

图1　生态环境与学校职能主体关系示意图

从而影响学校基本职能的实现。两个三棱锥底部的六个顶点就表示六个重要的生态环境因子，在它们的共同作用下，学校履行相应的职能，学校教育也因此呈现特定的教育结果。因此，遵循学校教育的生态规律是必要的。所谓学校教育生态规律就是以生态学观点来研究学校教育与外部生态环境之间，以及学校教育内部各个环节、各个层次的生态因子之间本质的必然联系，以促进学生全面、协调发展。只有遵循学校教育的生态规律，学校才可能发展，学校职能和育人的独特使命才可能完成。

接下来的问题是这六大生态因子会不会自觉地遵循学校教育的生态规律，会不会自发地保障学校完成其独特的育人使命？如果回答是肯定的，那么，在现行的中小学里就不会出现片面追求升学率、学生课业负担过重、学习内容偏颇、意志品质薄弱、心理健康失调等问题，也不会出现"社会排斥问题"，同时也会减少学校教育中的暴力、经常旷课、不愿与他人接触等现象的产生；此外，教育评价中的化约主义、教育公平与效率问题、足额教育经费的保障问题、素质教育的全面落实问题、学校的办学自主权问题等都会迎刃而解。因此，出于学校教育生态规律对学校职能的诉求，导致为了实现现代学校职能对现代学校制度的诉求。

四、现代学校制度建设

人类社会中最基本的关系就是人与人的关系和人与自然的关系。现代学校作为一种特殊的复合的教育生态系统，除了以上两种基本关系外，还有人与社会之间的关系，当然，最基本的关系仍然是人与人之间的关系。在固守道德的前提下，这些关系需要现代学校制度（正式制度）、现代科学技术和制度社会资本（非正式制度）来反映或解决。

关于"现代学校制度"的概念。人们通常认为"学校""制度"和"学校制度"是有明确含义，并经常提及、使用和不需要讨论的范畴。可在"学校制度"前加上"现代"一词，变成"现代学校制度"时，对其认识就变得莫衷一是，对其讨论则变得热闹非凡。如同"素质教育"概念一样，"现代学校制度"是中国的本土概念，国外并无此提法，因此需要认真研究。

"学校制度"是调整学校主体内外与环境关系的制度体系。虽然这个概念在不同时代的理论语境中始终呈现出历史的意蕴，就像长江和黄河，在每一段河道上水质和水色都是不一样的，但其实质终究是"水"——即关于学校的、关于制度的体系。

在对"现代学校制度"难以给出确切定义的情况下，我们理解此概念可以借助马克斯·韦伯的"理想类型"法——用于定义一些无法确切定义的社会事实。概念是通过凸显被研究对象的某些性质，舍弃其他性质而取得的方法。例如，可以从现代社会中提取"分化""市场化""契约""市民社会"等特征，而得到现代社会的理想类型，它是简化的结果，但显示出了与其他社会的不同，如与传统社会的区别。[①] 根据理

---

① 李曼丽：《通识教育——一种大学教育观》，11页，北京，清华大学出版社，1999。

想类型方法，提取几种关于"现代学校制度"的概念，并分析其特性，从这些最重要概念的最重要的特性出发，来构建和理解现代学校制度一词。

· 现代学校制度是知识经济背景下（第五次教育革命背景下）的学校制度。

· 现代学校制度是"以人为本"、以"育人为中心"的学校制度。

· 现代学校制度是与市场经济相联系的学校制度。

· 现代学校制度是工业革命以来遗传与变异了的学校制度。

· 现代学校制度是调整学校职能主体与其内外环境关系，遵循学校教育生态规律的学校制度。

以上仅仅是我们在研究现代学校制度问题时，对其内涵所做的一些理解和限定。由于现代学校制度概念的本土性、复杂性和历史性，很难用一个简单的、形式逻辑"属加种差"的命题来界定和说明。也许现代学校制度的含义只有在对相关问题深入、广泛的研究之后才能加深理解，并达成共识。

关于现代学校制度的体系建设。现代学校职能的实现，必须有现代学校制度的支持与保障，由于"教育只是一个更大的社会体系的一部分。只有在这样的背景中，我们才能满意地理解和探讨许多教育问题。这些教育问题不能单靠教育体系的策略去求得解决。我们还需要具有涉及社会相互作用的各个部门的那些广泛的、综合的策略。"[1]因此，研究现代学校制度必须在社会的大体系中进行，必须在社会相关部门的广泛参与下进行。时下，在我国，许多学者、领导参加了理论与实验研究，并在现代学校制度建设的现实背景与理论背景、价值取向与

---

① 联合国教科文组织国际教育发展委员会：《学会生存——教育世界的今天和明天》，华东师范大学比较教育研究所译，216页，北京，教育科学出版社，1996。

目的、内涵与特征、制度设计等方面取得了一系列阶段性的研究成果。从生态理论的角度看，该体系可从主体与内外环境的关系切入，先行建设六大制度体系：调节 A-S、B-S、C-S 关系的制度体系；调节 A_1-S、B_1-S、C_1-S 关系的制度体系。当然，这六大体系还应细分为若干个制度、规则，从而形成相对完整的现代学校制度体系(如图 2)。

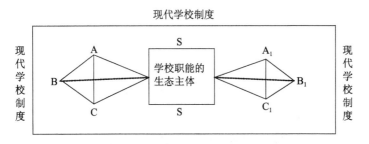

图2 现代学校制度体系对学校职能实现的保障示意图

学校品牌管理：一种道德模式①

近年来，我国教育界开始争创"一流"大学（中学、小学）。敢言树立名牌、敢言跻身"世界著名学校"、敢言"产生自己的当代教育家"，这是中华民族走向复兴过程中民族自信的一种展示，是当代中国人思想解放程度的一种标志，是对个人贡献、对事物本土化的风格与气派的一种肯定。创建品牌、推崇品牌是市场经济社会竞争的一个表现。谈教育、办学校已经不能回避市场经济现象中的产业、产品与竞争概念。创建学校品牌已经不是要不要的问题，而是中国社会转型中的必然现象。

争创品牌学校的工作，对激励中国学校管理者的理想志向与勤奋敬业，对在日益开放的社会中相互模仿、借鉴与竞争，提高学校在总体上的办学水平与效率，具有重要的现实意义。但问题的实质，或者说需要我们讨论的问题是如何认识教育品牌现象以及如何创建学校品牌。

一、学校品牌的道德价值取向

就中小学校的办学而言，我们需要什么样的品牌呢？在一个商业

①　本文是作者发表在《教育发展研究》2005 年第 9 期上的文章。

性竞争、经济利益驱动日趋强烈的社会，学校品牌应靠什么去争取、去赢得？本文主张一种道德的模式，即树立和推出真正符合教育性质、符合教育本性的学校品牌。这种学校品牌应当具有鲜明的教育价值观、坚定的育人立场和明确的道德目标。学校品牌是教育行业工作的品牌，它是教育产业的竞争，是教育的"服务产品"的竞争，其竞争力是育人的结果。

一个学校的品牌声誉是指在现代教育价值观的指导下，通过教育文化的提升，在大众心目中树立的价值形象。教育价值观的核心是按照一定的教育尺度来衡量办学效能，这种尺度就是育人。它着眼于全体学生，着眼于学生充分、全面、多元、终身发展和允许有差异地发展，着眼于学生较为均衡、有个性地发展和应"世"能力的培养。

升学的竞争，使社会评价学校的尺度被扭曲了，现行评价学校绩效最直接、最有外在显性测度的，仍然是高考升学的排名。于是，许多追求眼前功利、违背学校办学规律、违背育人规律的现象频出，甚至有愈演愈烈之势，学校教育功能偏离的状况堪忧。尽管在我国社会目前的发展阶段，基础教育学校的选拔功能较之于全面育人功能仍处于强势，但辩证唯物主义的立场和思维从来不放弃思想意识的能动作用和人的精神力量的能动作用。所以，我们需要保持清醒的头脑，对现行文化中盲目的、不健康的以及不恰当的教育期待进行批判性思考。我们特别需要重构学校精神——基于完整教育哲学理解的学校精神，需要推动人们深思、认识和追求教育的真正目的。虽然这样的呼吁可能是微弱的，甚至可能被认为是教育的乌托邦，但我们依然坚守从育人的立场来看待办学目的；从道德的目标来看待办学方向；从道德价值取向看现在的品牌学校是否真的昭示教育发展的方向、代表社会良心、负有对社会的责任感。

依上述立场和视角看，无论是什么样的学校品牌，坚持道德价值取向是其最基本的标准。

在教育日趋社会化的今天，学校教育与其他教育机构的联系需要加强，但同时，其"区别"与"独特功能"也迫切需要凸显。我认为，应该进一步认识到学校的教育功能是其他教育机构无法取代的。学校有目的、有意识和通过持续的努力来改变和塑造人的力度，以及通过课程尤其是通过教师长时间、高频度、直接高效地给予学生的影响是独特的。学校应坚守培养完整人的独特使命，即把一个人在体力、智力、情绪、伦理各方面的因素综合起来，使他成为一个完善的人，这是学校的中心职责。[1] 学校必须是"有教育意义的"，因为它们成为我们弄清楚任何实现人道、亲切、优美和共同利益等学校和社会中通常缺乏的价值观的主要基地之一。[2] 学校应当和可能通过专注于做出有意识、系统和长期的努力，在个人身上培养出那些在人文思想与教育目的中长期被颂扬的、增加个人敏感性的素质，这些素质是思维——理解、认识各种关系、判断、综合的反思等——的特征。值得注意的是，长久以来，我们对学校教育的这种独特功能认识不足，尤其在今天这个日趋教育化的社会中，学校固然不应当与社会脱离成为"文化孤岛"，但也必须清楚地认识到学校与其他具有教育潜能的社会机构的区别，从而坚守学校培养完整人的独特使命。

此外，学校教育应为实现人的各方面潜能提供支持性的环境和条件。人与生俱来就有学习的潜能。哲学人类学研究表明，人类生下来就是"早熟的"。他带着一堆潜能来到这个世界。这些潜能可能半途流产，也可能在一些有利的或不利的生存条件下成熟起来，所以从本质

---

[1] 联合国教科文组织国际教育发展委员会：《学会生存——教育世界的今天和明天》，华东师范大学比较教育研究所译，193～196页，北京，教育科学出版社，1996。

[2] ［加］克里夫·贝克：《优化学校教育——一种价值的观点》，戚万学、赵文静、唐汉卫等译，41页，上海，华东师范大学出版社，2003。

上讲，他是能够受教育的。① 苏霍姆林斯基把人的这种"可教育性"又进一步延伸为人的"可受教育的能力"，即"一个人想成为好人，想竭尽自己整个心灵的全部力量，在集体的眼里把自己树立起来，显示出自己是一个优秀的、完全合格的公民，诚实的劳动者，勤奋好学的思想家，不断探索的研究者，为自己人格的尊严而感到自豪的人"。② 这种希望"成为好人""做好孩子"，进而获得自尊的意愿便是一种学习的潜能，学校教育必须细心地为之准备土壤。从这个意义上说，学校教育的目的就是从每一个具体的学生个体出发，细心、耐心地保护和支持学生潜能的生长和强大。

就中国中小学的教育经验和问题看，学校教育首先要使学生尊重、珍惜自己和他人的生命，培养他们积极生活的心态，锻炼他们的抗逆能力，培养其在人际交往中的情绪、情感的敏感性、能力与情操。

据悉，有记者在上海浦东新区社会发展局和欧盟中欧教育研究基金会合作举办的"首届国际名中学校长论坛"期间做过一个小调查：究竟什么是名中学？统计后发现，中国校长的回答依次是办学的社会认可度、学校在一定范围内有影响力、校长在教育决策中有一定的发言权、历史文化积淀及毕业生质量。所有被采访的外方校长几乎众口一词："学生是学校的骄傲。"巴西圣保罗女中校长在会上特别强调，学校是否出名是相对的，只有我们的学生为学校争得了荣誉才能使学校出名。从近年我们中小学的办学情况看，以学生发展为本做得远远不够。时下，一些地区的学校为行政政绩、为校长出名、为家长争面子的风气把学生逼到片面追求狭隘理解的学业成就上。学生因学业挫败造成

---

① 联合国教科文组织国际教育发展委员会：《学会生存——教育世界的今天和明天》，华东师范大学比较教育研究所译，193～196 页，北京，教育科学出版社，1996。
② 朱小蔓、其东：《面对挑战：学校道德教育的调整与革新》，载《教育研究》，2005(3)。

的道德发展障碍远没有引起人们的重视。许多学校把德育仍理解为与智育割裂的教育活动，并不关心学生具体的生存境遇。因此在我们看来，今天所有的学校都要从生命教育起始，将生命教育、生活教育、生态教育作为学校教育的三大基本模式：使学生自尊、尊重、珍惜自己和他人的生命；要关注学生的生活感受，培养他们积极生活的心态和勇气；锻炼他们的抗逆能力，培养他们在人际交往中的情绪、情感的敏感性、能力与情操，使他们与自然、与他人、与自己的心灵形成和谐的生态关系。我们认为，不管什么学校，关心学生的基础性的情感及道德品格的养成，都应是学校教育的首要任务，或者说是核心任务。

总之，我理想中的品牌学校，是那些能培养出有好的品德习惯、积极的人生态度，较为宽阔的知识面和浓厚的学习兴趣，以及有积极的、比较灵活的思维能力、工作能力和活动能力的人的学校；是那些能培养出性格开朗、能与人合作的学生的学校；是那些培养的学生在十年、二十年之后，甚至在更长远的时间里，仍然能立足社会、服务社会并对自己的生活感到满意的学校。

二、学校品牌思路：多样化与特色化

树立品牌、推崇品牌需要一种多样化、特色化的品牌战略，其根本理由是，作为独特生命存在的学生的个体发展具有差异性，学生的性向、需求与学习风格具有差异性，而且在其不同的成长时期，学生本人与家庭对学校教育职能的诉求亦有差异性。具体还有如下一些理由：中国教育市场在多样化的竞争中日渐发育，学校作为激励学生及其个体潜能成长的团体，必须以生态化原则为基础。

当生态学发展到人和自然普遍的相互作用问题的研究层次时，就已经具有了哲学的性质和资格，它已经形成了人们认识世界的理论视野与思维方式，具有了世界观、道德观和价值观的性质。[①] 生态化原则最主要是承认多样性，珍惜独特性，强调关系性，张扬和谐性。生态学中有一个"多样性和主导性"原理，意思是系统必须有优势种和拳头产品为主导，才会有发展的实力；必须有多元化的结构和多样性的产品为基础，才能分散风险，增强稳定性，即主导性和多样性的合理匹配是实现持续发展的前提。这里的主导性和多样性就是特色化与多样化的品牌思路。从哲学意义上看，多样化战略为完整的生态化教育提供基本保障，为学校教育于个人发展、于社会发展的适切性、复杂性以及意蕴深度提供多种可能性，并由此挖掘出教育者和学习者的巨大潜能，扩展学校教育在现代社会的丰富功能，寄托人们对社会、对教育活动的理想和愿望。

在我国，已经形成的多样化、特色化学校有精品学校、特色学校、特殊需要学校。

关于精品学校。时下，中国的精品学校不少，如教育部直属师范大学的所有附属学校，还有北京市第四中学、湖北省黄冈中学、上海中学，等等。中国目前的精品学校是比较容易被认同为品牌学校的，它们不仅社会声望高，而且整体办学水平和升学率也比较高，其中相当一部分学校的育人水平也比较高。精品学校的存在既是一种正常的社会现象，又是我们办教育不能丢掉的品牌战略。

关于公办学校间的均衡发展，既是人民群众的要求，又是中国政府的热望。为充分体现社会主义教育的公平与公正，教育部最近即将出台《教育部关于进一步推进义务教育均衡发展的若干意见》，在现阶段，将会从政策上、制度上采取措施，以义务教育为重点，兼顾学前

---

① 佘正荣：《生态智慧论》，41 页，北京，中国社会科学出版社，1996。

教育和高中教育，首先解决人民群众最不满意的同一地区内学校间的发展不均衡问题。这些措施的出台，将会对我国基础教育的公平公正及其持续发展起到积极的促进作用。当然，我们从不认为教育的均衡发展就是平均化发展，就不允许冒尖，也不是不要特色，更不是降低教育水平和质量。对于中国的国力和人力资源而言，追求卓越从来也不能放弃。我们应当汲取日本在处理基础教育均衡发展过程中的经验教训。至少今天我们应形成一个共识，政府对公办学校的财政投入应是基本均衡的。学校追求卓越的过程和道路也不应只将目标盯在政府的财政上，校长应在财政投入之外寻求多种办学资源来发展学校，同时，通过学校内部的制度文化环境改造来提高办学水平和效益，这种内部挖潜的空间仍然很大。在校内外的共同作用下，基础教育将会在多样化中求均衡，在形成特色中提高水平。

关于特色学校。特色学校一般是指在办学实践中坚持独特的办学取向，形成独特稳定的教育教学、科研、社会服务及管理等方面的特征和风格，并形成被社会公认的传统学校。特色学校一般是基于本校特有的办学旨趣而选取适合本校的突破口、切入点，探索已有的办学之道，逐渐形成某方面教育教学优势的学校。品牌学校不仅仅是指这种整体发展水平高的学校，在这个发展模式日趋多元化的时代，每个学校都可能从某种特色（特色项目）切入，并且把这种特色项目发展为一种办学优势而最终成就品牌。例如，湖北省黄石市第三中学通过对学生的心理矫正、行为矫正、心理渗透，使学生尝试和感悟成功的快乐，从而形成了"成功教育"的特色；北京市十一学校形成了以现代学校文化建设引领学校全面发展的鲜明的办学特色等。除上述学校外，我国还有许多特色学校正在形成。

特色学校往往是因为有名人、名事、名地和名管理而形成特色的。例如，因为有校长本人特别的办学理念和志趣；因为有名师使教学有特色；因为有名地域即历史文化而彰显特色；因为践行中外政治家、教育家的思想而闻名，如浙江省慈溪市杨贤江中学、上海市元培学校；因为有好的生源和毕业生而形成了特色学校。关于特色学校的发展轨迹可用图1表示：

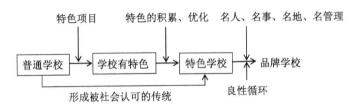

图1 特色学校发展轨迹示意图

关于特殊需要学校。它是为残疾人、为少数民族子女、为进城务工人员子女等有特殊需要的人群开办的学校。这类学校体现了全纳教育理念，其基本思想是关心所有的学习者，特别是传统意义上的没有获得教育机会或没有获得公平教育机会的人群。其出发点是，受教育是基本的人权，是维护社会正义的基础。特殊需要学校是社会不可或缺的学校，通过学校自身努力和政府的政策支持，也会办出特色，并形成受人欢迎和尊重的品牌学校。

尽管如此，学校品牌多样化程度离现实需求还远远不够。市场需要的多元化，民众对孩子受教育需求的多元化，使办人们满意的教育必须走多样化创名牌的道路。

三、学校品牌管理：以道德管理为本，走生态型发展道路

20世纪90年代以来，基础教育学校的品牌形成道路大致经历了如下四个高峰时期。

第一，科研兴校为特征的时期（20世纪90年代初至21世纪初）：伴随素质教育的推行，不同学校探索不同的具体模式而形成各具特色

的品牌学校。

第二，教师兴校为特征的时期（20世纪90年代末至今）：伴随新一轮基础教育课程改革，借鉴国外中小学教师教育的校本培训方式，形成以校为本、以职场为中心的教学研究、教师成长研究。

第三，追求精英教育学校为特征的时期（20世纪90年代至今）：伴随中国高等教育大规模扩招和高中教育的大发展，一大批原有基础全面、厚实的学校明确精英教育的办学定位，形成了与世界著名中学相比肩的趋势。

第四，形成后发优势品牌学校为特征的时期（20世纪90年代中后期至今）：伴随对教育公平思想的追求、宏观教育结构以及基础教育均衡发展的和谐社会发展思路，拆并校、新建校、薄弱校改造、手拉手等支教活动而形成新的有后发优势的品牌学校。

现在，政府在调整对薄弱学校的各种政策，如增加投入、支持教师队伍建设等。同时，很多校长已经认识到，他们自己要有创品牌的意识和志气。其实，很多办学思想的实现虽然需要一定的经济条件，但这并不是唯一条件。教育最根本还是靠文化育人，校长最重要的是引领学校向积极的生态型文化方向发展。当前备受关注的现代学校制度的理论与实践，使学校更加关注其文化生态建设，吸引学校进入新一轮快速发展期。

学校品牌创建与管理是什么思路呢？我的回答是，以道德为本管理学校品牌，走生态型发展道路。其依据有四：其一，教育的道德性；其二，以人为本建设和谐社会、走可持续发展道路的宏观发展背景；其三，管理理论新概念——道德为本；其四，新社会组织理论——生态化原则。

根据上述思想，我们将重新定义和描述学校管理者的领导行为与领导形象。可以说，办学校、建立教育品牌本质上是道德化的行动模式。那么，一种道德模式的品牌学校管理有什么特征呢？第一，将学校看作成人（教师）与学生复杂交织在一起、共同成长的团体。第二，良好的关系模式是学校各类人群成长和发展的基础。第三，领导首先是对教育价值观的管理，是将办学理念、发展目标、共同愿景以互动和激励的方式帮助教师、学生不断建构教与学的意义。第四，道德的领导激发教师成为有道德的教师，集教学能力与关心品质为一身的有道德吸引力的教师才可能影响学生身心和谐发展。第五，管理者用充分赋权、关心教师专业发展、营造学校文化氛围、民主的制度等支持学生发展潜能、形成个性。

最后，我想再次强调，教育品牌管理不是一般意义上的管理，它是理念、价值观，特别是教育价值观的管理，是道德管理。所以，教育品牌的管理者一定是教育领导，是认同、推崇并信仰教育价值观的领导，并且坚定地相信只有这种领导才能前瞻教育。只有这样，教育品牌才能立得久远。

认识小学儿童　认识小学教育[①]

　　小学教育的早期模式在西方可以追溯到古希腊、古罗马时期。古希腊人按年龄把教育分成三个阶段：第一阶段是学前期，即0～7岁儿童；第二阶段是初等教育，一直持续到青少年期；第三阶段是各种类型的中等教育。古希腊人习惯将7岁以前的儿童留给公民家庭教育，7岁以后进入学校接受基础教育，其课程构成了后来称为"七艺"的自由主义教育的内容。它的一个基本思想是主张这一年龄阶段里培养全面和谐的人格。著名的古罗马教育家昆体良认为，儿童的道德教育最好在7岁以前开始。

　　在我国，夏代、西周开始有了学校。我国古代对儿童的启蒙教育主要是官办的小学，春秋时期私学兴起，逐渐有了"蒙馆""学馆"等私学。据宋代理学家朱熹"小学理论""小学"（"小人之学"的简称）里划分的年龄阶段为8～15岁，这一阶段的教育与"大学"（"大人之学"）阶段相对，教育目的是打基础（培养"圣贤坯模"），教育内容主要是"学事"（基本礼节）、"学文"（基本知识，文史为主）。

　　现代意义上的小学教育是19世纪后半叶，首先在欧、美、日一些经济发展较快的国家和地区根据立法建立起来的。我国近代的小学教

---

① 本文是作者发表在《中国教育学刊》2003年第8期上的文章。

育制度自 1902 年清政府颁布"壬寅学制"始,在此之前有 1878 年(清光绪四年)上海正蒙书院内附设的小班,有 1897 年(清光绪二十三年)南洋公学内的公立小学堂。历经清末民初和革命战争时期的小学教育的演化,中华人民共和国成立以后于 1951 年颁布《关于学制改革的决定》,确定了保证劳动人民子女受教育的制度。1986 年颁布实施《中华人民共和国义务教育法》。这些年来,党和政府高度关注义务教育的普及和义务教育朝向全面实施素质教育的方向改革,取得了相当瞩目的成就。无论在国际还是在国内,人们对我国当代小学教育的总体办学水平和质量的认可度是比较高的(指在整个教育体系中相对其他教育阶段而言)。

据 2001—2002 学年中华人民共和国教育部和国家统计局的统计,我国有 491273 所小学,另有 114384 个小学教学点,在校小学生125434667 名,小学教师有 5797747 名。显然,这是一组巨大的数字,连同为小学教育做直接、间接服务工作的人员,真是一支庞大无比的队伍。我们在从事世界上最大规模的小学教育,这一工作既是为现在的中国,又是在创造中国的明天,甚至可以说,势必影响世界的明天。为了发展和建设我们的小学教育,我们需要总结中外小学教育史上的思想和实践,并随着时代的进步与需求重新认识小学教育。

一、重新认识现代小学生的发展特征与教育

小学教育是为小学生举办的,我们不能仅仅要求小学生适应现有的小学制度,适应小学教师现有的教育方式。相反,小学教育和小学教师必须正确认识小学生,认识他们的发展规律及发展需求。儿童观是人们对儿童总的看法和基本观点。不断发展和进步的儿童观是我们办小学教育的前提。意大利教育家蒙台梭利早就警示人们:了解儿童,

注意我们和儿童世界的关系，乃是一个良心的问题。被誉为现代"中国儿童教育之父"的陈鹤琴先生也说："只有了解儿童，才能教好儿童。"儿童观又是随历史变化的，它与人类主体的发育水平（含社会生产力）以及时代精神辩证地一致。以西方为例，古代的儿童观基本上是"小大人"的儿童观，即没有看到儿童与成人的本质差异，将成人自身的特征投射到儿童身上。儿童存在的价值和权利是不被重视和承认的。直到文艺复兴时期，伟大的教育思想家伊拉斯谟提醒教师要研究儿童自然和自由的天性，他指出"儿童"这个词在拉丁语中意味着"自由者"。所以，自由的教育是符合儿童的，如果用教育的手段把本来自由的儿童奴隶化，是何等的荒谬。他提醒教师，不要指望他们的小学生有像大人一样的举止。捷克人文主义教育家夸美纽斯也认为，在儿童身上，自然地播种知识、道德和虔诚的种子，可以通过教育使他们茁壮成长。儿童的天性中蕴含了主动的学习愿望，应该经过教学将它激发出来。18 世纪法国杰出的启蒙思想家卢梭则更加明朗地表明，真正的教育是发展而不是压抑儿童的自然本性。他说，大自然希望儿童在成长之前就要像儿童的样子。如果我们打乱了这个次序，我们就会造成一些早熟的果实，它们长得既不丰满又不甜美，而且很快就会腐烂：我们将造成一些年纪轻轻的博士和老态龙钟的儿童。儿童是有他特有的看法、想法和感情的；如果想用我们的看法、想法和感情去代替他们的看法、想法和感情，那简直是最愚蠢的事情。[①] 正是这种儿童观的根本转变，使人们将"儿童的发现"与卢梭的名字紧紧地联系在一起。

　　20 世纪 50 年代以来由计算机科学和信息技术带动的认知科学的发展，60 年代以来情绪心理学、发展心理学的发展，尤其是 20 世纪 90 年代以来脑科学知识的急速增长，使我们对小学生是如何学习的有

---

① 　任钟印：《西方近代教育论著选》，129 页，北京，人民教育出版社，2001。

了更多的了解。6～13岁是小学生身心发展速度最快的一段生命时期，他们从以游戏学习为主的生活方式进入以课堂学习各门学科为主的生活方式。学校的学习生活和交往方式刺激着小学生的突触生长并且有选择和有一定方向性地形成日益复杂的大脑"互联网络"。小学生的学习潜能和创造力是巨大的，而且只要具备良好的、有滋养性的环境，他们就会有惊人的可塑能力。同时，我们知道每个小学生都是一个独特的个体，他们有相互区别的不同的神经活动方向和水平。根据美国发展心理学家加德纳的多元智能理论，每个儿童在智力潜能上有不同的优势和发展方向。心理学中的身心跨度理论还揭示，小学一年级学生的身心跨度是3～9岁。而且，他们的学习和发展是他们与环境互动的结果。认知学习的内容，成人世界的态度，儿童生命中的情绪、情感的表达等，对个人的学习和发展具有不同的意义。所以，我们不应对小学生采用同一的教育方式和评价方式。就社会生活方式和文化大环境而言，今天小学生所面对的信息量以及信息传播方式、面对的价值观引导及其方式，以及他们自身的交往方式都发生了翻天覆地的变化，因此不能不考虑他们作为独生子女的经历，他们对网络及媒体学习的兴趣和能力，他们受到的不健康风气的影响和竞争的压力等。所以，我们必须在新的历史条件下重新整体地看待小学生。

二、重新认识小学教育的性质、任务和特殊的教育功能

小学教育与教育体系内其他教育阶段的独特之处主要表现在其基础性、全民性、义务性和公益性等方面，其中最重要的特性是基础性。长期以来，我们对基础性的理解包括两点：一是强调它是整个教育制度的基础，小学教育是为学生升入中学做准备的；二是强调培养目标上的"双基"，即基础知识、基本技能。近些年，日益激烈的"应试教

育",已经从中学蔓延到小学。众多的家长把小学作为竞争的起跑线,提前演绎升学竞争。这种状况使小学生过早地承受升学的压力,使他们失去了本该欢乐的童年,其学习热情也明显降低,对学习日益厌恶和逃避。小学教育不是升学教育的基础,而是素质教育的基础,在人类倡导构建学习化社会的时代,它是终身教育的奠基阶段,是为人生的发展奠定基础的。基础教育不是高等教育、职业教育,它是以提高国民素质为目标而进行的非定向、非专门的教育,它不是为某一行业,而是为社会所有行业培养人才打基础的。所以,它的知识、技能不是为了选拔、升学、择业,而是尽可能为人的身心全面发展提供最有利的条件。今天,仅有传统上的"双基"是不够的,我们还要激发小学生积极的学习情感和态度,使他们保持热爱学习的欲望。从一定意义上说,这种起动力作用的情感态度比"双基"更为基本、更为重要。

对小学教育"基础性"的重新定位表明,每个学生潜能的开发,健康个性的发展,为适应未来社会发展变化所必需的终身学习的愿望和能力的初步形成,将逐步代替对文化基础知识的灌输,成为小学教育的重要任务。这种"基础性"具体包括以下四种。一是道德品质发展的基础。进入小学后,小学生随着生活范围的不断扩大,会遇到越来越多的道德问题,小学教育工作者应引导学生认识、了解与他们生活经验相联系的道德观念,帮助小学生养成相应的道德习惯。二是智慧品质发展的基础。小学时期正是智慧潜力逐步显现并迅速发展的时期,小学教育的一个重要任务就是启迪小学生智慧的发展,知识教学应为智慧发展服务,智慧发展应促进知识教学。三是个性品质形成的基础。小学时期是个性倾向开始显露的时期,小学教育应当维护、尊重、发现并培养小学生的个性,使他们养成良好的个性品质。四是身体发育的基础。小学是小学生身体迅速发育的时期,应当使他们养成锻炼身体的良好习惯,掌握锻炼的基本技能、技巧,以保证他们的健康发展。

怎样针对小学生的生活和小学生发展的身心特征，根据小学教育的目标、任务和连贯的课程发挥小学教育作为制度化学校不可代替的功能，体现其独特的价值呢？我们认为，教育要回归生活世界、回归生活基础，小学教育尤其需要做出调整。美国教育家杜威一百多年前就已十分清醒地指出，教育既然是一种社会过程，学校便是社会生活的一种形式。学校必须呈现现在的生活——即对于儿童来说是真实而生气勃勃的生活。像他们在家庭、在邻里间、在运动场上所经历的生活那样。① 现在教育上许多方面的失败，是由于它忽视了把学校作为社会生活的一种形式这个基本原则……这些东西的价值被认为多半取决于遥远的将来……结果是，它们并不成为儿童生活经验的一部分，因而并不真正具有教育作用。② 我国教育家陶行知、陈鹤琴也有过相似的儿童教育思想。我们可以在这一总体思想下寻找和凸显小学教育的一些主要特性，具体包括以下三个方面。

第一，小学生从家庭生活进入学校生活，其从家庭里由血缘关系产生的依恋感、归属感（它由期待和爱的需要而产生）是生物性的亲社会情感，学校应通过建立亲密和谐的师生关系、伙伴关系，利用其中的异质同构机理，帮助小学生增加新的社会经验，把上述生物性的亲社会情感扩展和提升为更加高级的社会精神性情感。小学教师特别需要用目光、笑容、肤触及各种体态语言向小学生传递爱的信息，使小学生建立对学校及教师的依恋、信任关系。小学是小学生道德成长最重要、最敏感的时期，学校教育可以运用诸如移情、感情应答、共同感受等方式，以及小学生的羞涩、敬畏等情感来培养他们的同情、友

---

① ［美］约翰·杜威：《学校与社会·明日之学校》，赵祥麟、任钟印、吴志宏译，6页，北京，人民教育出版社，1994。

② 新课程实施过程中培训问题研究课题组：《新课程与教师角色转变》，35页，北京，教育科学出版社，2001。

谊、孝敬、真诚、尊重、宽容等基础性的道德品质。同时，小学生的认知发展也需要情感的支持，而认知感的生物学基础是个体的奖惩系统。小学教育恰当地、有分寸地运用奖惩手段有助于小学生接受物质环境和社会环境的挑战。

第二，小学生的情绪易感性、情感表达的丰富多样性、感官学习的主动性及其能力，也是小学教育最需要珍视和发挥的方面。现阶段对大脑与学习机制的研究认为，人的学习是通过刺激不同的智力潜能，使其表达出来，从而得以发展的。小学生的学习潜能往往是通过情绪情感化的方式来表达的，而且他们的表达方式极其丰富。正如意大利教育家马拉吉齐所形容的，儿童用一百种语言表达他们的思想、情感、能力和需求。小学教育特别需要提供宽松、自由、丰富的支持性环境，以促进小学生的学习。

第三，由于大脑额叶皮层的发展，小学时期是儿童整体性自觉意识觉醒的时期，他们的抽象思维、形式运算水平在这一阶段迅速发展，开始有规划未来发展的兴趣，开始有一定的能力监控与调节自己的行为，反思自己的行为过程及其结果，将自我评价与他人的评价整合在一起。因此，小学阶段是教师引导学生自主学习、养成良好学习习惯、培养独立意志、学会规划自己与管理自己的黄金时期。

第四，由于小学生的思维尚未细致分化，当前的课程改革特别强调小学课程以综合化为主，学科知识的传递应以小学生的生活经验为基础，并且要求小学教师应有较广泛的通识知识，能胜任多门学科的教学，能带班，甚至有的可以包班跟进。他们不仅要有能力关怀小学生认知方面的发展，还要有兴趣和能力关怀小学生的情感精神生活。

总之，小学教育对人的学习兴趣、欲望和主动积极的态度等人格精神的品质有重要的模塑作用。尽管这些品质在小学生的家庭里以及在学校之外的社区环境中也有重要的教育影响空间，但学校里集体学习活动的形式，有目的、有计划的不同学科的认知学习，都是小学生发展的重要场所。小学教育虽不能承担儿童教育的全部责任，但也不能推卸自己最有特殊效能的责任。

三、重新认识小学教师的培养，转变传统教师的角色

小学教育是启蒙教育。在这一阶段，小学教师与可塑性极大的小学生相处，通过各类课程以及与小学生打交道的互动过程引导他们向真、善、美和谐的方向发展。教师要直接面对身心、智能、精神发展各异的小学生，要发现和感受他们的需要，激发他们学习知识、学习道德的兴趣。教师在课堂以及其他教育现场开展工作，具有相当大的独立性、个体性。小学生观摩能力、模仿能力和感受能力强，小学教师的言谈举止需要格外掌握分寸。小学生兴趣爱好的多向性、小学生知识教育的综合性，对小学教师的知识面、性格气质、敏感程度及其应对能力等综合素质的要求很高，小学教师与大学、中学教师相比，在许多方面都具有鲜明的专业特殊性。因此，从 20 世纪 80 年代中期以来，我国在培养小学教师的体系、体制、专业建设方面都发生了重大的变化。其中，最重要的是逐步引向高学历化和专业化，逐步使小学教师经过高等教育培养，并且特别强调提高综合化培养的程度和突出小学教育的专业特点。

然而，小学教师最有效、最长远的培养是在小学教育的岗位上以及在教育改革的活动中。我国新一轮中小学课程改革为小学教师的成长带来了重要的契机。新课程对各门课程都要求实现知识与技能、过程与方法、情感态度与价值观的整合，以满足学生全面和谐的发展。为此，小学教师必须与新课程同行，从传统的角色中走出来，在新课程实施中实现自身的发展，提升我国小学教育的质量。

(一)教师要成为学生的关怀者

关怀，在人类传统教育中有着深厚的积淀。在我国传统教育中，特别是小学教育中有丰富的思想观念和经验层面的遗产，小学教师也是最具关怀性特征的职业群体，他们中有数不清的关怀学生的优美故事。教育是影响人、改变人的事业，而受影响、发生改变是人内在感情、态度和思维结构、方式逐渐变化、生成的过程。这一过程必须有人与人之间的相互吸引、趋近、接纳、理解和信任。

但是，在小学教育中不仅要关怀小学生的知识学习，还要关怀他们的情绪感受、情感体验，关注其知识的"安置"方式。如果在习得和掌握知识的同时并不能享受自己劳动的愉悦感，体验学习的兴趣、快乐以及从中获得成功感、自尊感和自信心，反而产生对学习的厌倦、消极、退缩，甚至怨恨之情，这样的关怀是片面的关怀，是"糊涂的爱"。教师作为关怀者的出发点是尊重，它建立在相互平等、协商和对话的关系上。以往学校教育的关怀，包括家庭中父母的关怀，有着过多的"成人意志"，这样的关怀往往变成"强求""控制"和"剥夺"。而且，教育关怀是对学习者负责，是理性地为学生终身发展负责。作为关怀者的教师不仅需要诉诸情感，而且需要诉诸理智。教师应当要求自己，同时也允许学生陈述理由，并鼓励他们学会选择。关怀者必须在真正了解对方的基础上给予适度关怀，而且应该使对方切实感受到这一关怀。

总之，作为教育关怀的概念必须在传统教育人文关怀的基础上做新的诠释，以适应现代社会新的师生关系。

(二)教师要成为学生的促进者

在教育改革中，教师作为知识传递者的角色发生了很大的变化。教师要改变过于强调知识传递的倾向，努力形成学生积极主动学习的态度，使获得基础知识与基本技能的过程成为学会学习和形成正确价值观的过程。长期以来，学校很难从根本上改变以教师为中心，信息交流主要是单向传输方式；教师单独拥有权力，学生主要在教师的控制和监督下学习；教师以知识传递为主，学生的情感、态度、价值观受教师的关注不够；教学目标、内容、方法、过程、结果和质量评定等都由教师决定和负责，学生的任务和责任主要是听课、练习、记忆、应试和接受评定。我们的小学教师由于受传统观念和习惯的束缚，或是被应试升学的潮流裹挟，或是受班级规模、教具、设备等的限制，教学行为和思想无法得到解放。现在，可以借新课程改革之机，在教育实践中探索实现角色的转变。教师作为促进者，主要包括由重知识传递向重学生整体性发展转变；由统一规格教育向差异性教育转变；由重教师的"教"向重学生的"学"转变；由居高临下灌输向平等交流互动转变。实现这些转变的核心信念是小学生是独立的、有血肉感情和思维的、独特的生命个体，他们是学习的主体，是教与学活动的参与者、合作者和主动建构者，相信一切真正有意义的学习最终源于学习者本身。教师作为促进者的作用是帮助小学生确定适当的学习目标，确认和协调达到目标的途径；指导学生形成良好的学习习惯，掌握学习策略，找到适合他们的学习方法；创设丰富的教学情境，激发学生的学习动机，培养学生学习兴趣，充分调动学生的积极性；建立一个接纳的、支持性的、宽容的课堂气氛，提供各种便利，为学生的学习服务。

(三)教师要成为教育的研究者

教师要成为研究者。在我国，在传统教育的观念与模式下，教师的任务和责任主要是执行，几乎很少有参与设计、开发、创造教育过程的机会。结果是教师变得只会循规蹈矩，其生活也平淡无奇，性格变得刻板。苏霍姆林斯基说，如果你想让教师的劳动能够给教师带来乐趣，使天天上课不至于变成一种单调无味的义务，那你就应当引导每一位教师走上从事研究这条幸福的道路上来。[1]

教师的研究是一种什么样的研究呢？人的学习与教育过程是一个极其复杂的、由各种因素（变量）相互作用且不断变化、生成的过程。对人脑及神经活动的生物学、生理学、心理学以及影像技术等自然科学性质的实证研究固然十分重要，但教师在教育现场的研究是不可取代的。与外来研究者相比，教师处在极其有利的研究位置上。在教育教学实践中，教师对其中的现象，有他们独具的教育观察的"慧眼"，对其中的问题，有自己经验化的处理方式。所以，我们特别主张和鼓励小学教师从自己的日常教学、教育工作出发，以找出一个起点或切入点为开端。这个起点或切入点不是管理者或外来研究者的硬性规定，而是教师在实践中发展起来的，也是教师个人希望投入精力去追求和加以解决的问题。之后，教师需要学会如何观察、记录、访谈、收集资料并用量化或质化的方式处理资料，以达到对教育情境的透视和理解，对个人在其中的表现做重新审视和调整。因此，教师的研究是改善自身教育行为、提高教育水平的重要途径。

随着我国社会主义现代化进程与教育改革的深入，小学教育正在发生深刻的变化。但是，小学教育及小学教师的专业化奋斗路程还很艰辛、漫长。不过所有从事和参与小学教育的人们都认为，这是一个最有生命力和生活气息的领域；是一个既需要接受智力挑战，又需要接受感情挑战的领域；是一个必须面对外界，但首先必须面对自己以冲破卑微感、建立自信心与自尊心的领域。

我们经历过、我们从事着小学教育，但由于种种客观条件的限制，

---

[1] 新课程实施过程中培训问题研究课题组：《新课程与教师角色转变》，35页，北京，教育科学出版社，2001。

特别是自身发展的不足，许多人并不真正了解小学生、了解小学教育。让我们在共同实践这一激动人心的事业中加紧读书，了解新的教育知识，思考和创造小学教育的未来。

童心母爱：永不熄灭的教育精神
——纪念斯霞诞辰 100 周年①

享誉世界的苏联哲学家巴赫金说，在长远时间里，任何东西不会失去其踪迹，一切面向新生活而复苏。在新时代来临的时候，过去所发生的一切，人类所感受过的一切，会进行总结，并以新的含义进行充实。② 值中国教育界敬仰的斯霞老师诞辰 100 周年纪念之际，我们希望带着对中国教育的问题意识，缅怀和思考斯霞老师的道路和斯霞精神，期待人们将斯霞建树的儿童教育文化中蕴藏的含义和潜能予以挖掘和充实。因为纪念优秀历史人物的诞辰不仅是庄重的仪式，还是寄托我们更新现实的热切愿望，表达自己的教育理想、价值取向与持守。

一、童心母爱是儿童最需要的淳朴的自然情感，它是儿童发展中最宝贵的教育资源

对所有敬仰、热爱斯霞老师的人来说，纪念斯霞老师，都不能不

---

① 本文是作者发表在《课程·教材·教法》2011 年第 2 期上的文章。

② 钱中文：《巴赫金全集　第一卷　哲学美学》，晓河、贾泽林、张杰等译，63 页，石家庄，河北教育出版社，1998。

谈她的童心母爱。当年，她曾解释："与孩子打成一片，这叫有童心，要把学生当作自己的孩子一样看待，这就叫作对学生的母爱。"四十多年过去了，童心母爱一直生动地标示着斯霞教育人格的精神特质，它已成为教育家斯霞最鲜明的符号象征。

童心母爱源自一种原始的自然—社会性情感，它是一种最自然淳朴的情感。童心表征着孩子般的纯洁、率真与好奇，母爱则表达对孩子的仁慈、无私哺育与关怀。斯霞将童心母爱作为自己的教育信念，无论是在工作顺遂时，还是在受挫时，她从没动摇过。这表明了她对教育本质最朴素的理解、对儿童教育特殊性的深刻认识。她说，我知道六七岁到十一二岁的小学生除了要接受系统的科学文化基础知识外，还是身心迅速发展的时期、个性逐渐形成的时期。他们需要母亲般的温暖和爱抚，需要欢乐的环境，需要轻松活泼的气氛，他们应该得到和谐的、协调的发展。我整天生活在孩子中间，从他们的表情、动作、言谈中推测他们有什么想法、有什么苦恼、有什么困难，需要得到什么帮助……我和孩子成天相处，他们也给我带来稚子的童趣和生命的活力，他们天真活泼的动作、纯洁无邪的心灵，也使我变得年轻了。[①]在她的心目中，童心是母爱的基础和前提，它们浑然一体而不分。在她的行为里，童心母爱天性自然，并不需要刻意的人为。那自然、质朴的情感从她心中流出，如清澈的小溪，似和煦的阳光，浸润、温暖着孩子的心灵。我以为，正是童心、母爱融为一体的温暖情感，自然地展现出人性深处的东西，才会特别吸引儿童，教师也才可能与儿童的情感、身心融为一体，从而成为儿童学习、成长最可依助和享用的重要教育资源。

---

① 斯霞、王先炯、储继芳：《斯霞教育生涯——爱心育人》，19 页，南京，江苏教育出版社，1999。

现在我们知道，对小学生而言，其身心健康发展最需要、最迫切、最不可贻误时机的教育资源恰恰是情感，即情感关怀与情感理解；最需要被关注和呵护的也是儿童的情绪状况和情感发育品质，即正向的、积极的情绪感受。例如，安全感、被认可和被尊重的自我悦纳感，学习中探索、胜任的快乐，与人相处时适应、合群的惬意，还有共情、他心想象、利他的满足感、安宁和愉悦等。正是这些积极、正向情感的不断表达，以及在脑部形成的神经传导回路，已经被证实是人的自我认识、社会性发展和创造性思维的脑神经基础，也被证明是提供其身体能量、滋养精神发育的心理基础。在今天已经到来的终身学习时代，经由情感反应模式积淀、影响而形成的学习、生活习惯、态度、趣味、价值倾向恰恰是身心、人格健全发展的基础。可是，成人世界常常被眼前的功利模糊了视线与心灵，不能认识到儿童时期情感关怀的缺失以及情绪感受的负性积累可能造成的巨大危害，不能真正意识到支持小学生长远发展的"根"和"翅膀"究竟是什么！

现在的小学教育，甚至学前教育总是把知识教育看得过重，对知识标准掌握得过死，而且往往把知识狭隘地理解为抽象知识、用语义记忆的知识，对直观知识、对社会认知性知识、对那些用情景记忆的知识不那么看重，也不那么敏感。斯霞老师的语文教学，包括分散识字的成就至今仍被中国小学语文界视为丰碑。其所以有效，是因为她的教学从来不是枯燥无味的、冷冰冰的。由于她对儿童心理的深度体察和关怀，她必然会在教学中关注儿童理性思维和操作思维的发展，以及儿童情感发展的水平。现代神经科学的最新报告显示，童心母爱的情感可以同时激活小学生多个脑区的活动，将两类知识同时交融学习；后一类知识学习多与人的情绪活跃、情感发展相伴随，多与人的有意义的生活经验相联系。儿童时期的学习需要大量能形成小学生生活、学习和审美习惯的知识，需要学习与脑神经回路的建立和不断完善有关的知识。小学生虽然开始用高层次的意识学习抽象的知识，但主要还是在用感知的意识层次学习。并且，不是所有学生都适合现代学校教育体系越来越偏向抽象知识的学习取向及其检测。小学学习阶段，如果没有教师童心母爱的情感来保护小学生的感受性，那么他们的知识学习不仅会丧失其丰富性、完整性，而且学习时间和生命精力会消耗、浪费很多，产生学习与自己"无联系""无意义""无自我"的消极情感。斯霞老师说，所谓备课、备人、备教法、备学法，实际上都离不开备学生，离不开对学生的爱。真正爱学生，就会让学生把精力用于"有效"的学习上，就会让学生享受童年的欢乐![1] 现在，人们往往习惯将德育与智育分离，学校教师则埋怨给他们"控制"使用的德育时间不够。斯霞老师向来注意在教学过程中培养学生的道德意识和习惯，也从不放过适时的道德教导与行为要求。今天我们知道了"同情共感"本是人类形成社会秩序的基本的天然禀赋，是进化的结果。童心母爱所表达的关爱的自然情感是可以引发小学生朴素的"道德共情"的，因此，斯霞帮助小学生建立的价值观和性格倾向是由外至内、由内向外的情感上的喜好与认同，这对儿童期的道德启蒙特别有效。21世纪初，脑科学发现，社会性认知过程需要激活脑的下列三种功能，即自我意识、场景记忆、他心想象，从而使自我和他人通过场景建立交往关系。[2] 这为斯霞老师智德一体的教育方式及其效果，为新一轮课程改革为什么特别要求扩展学生社会性认知学习的机会增添了新的脑科学根据。这也更让我们深信，小学低年级学生学习时产生的积极情感就像一粒粒富含美善情感的生命种子，他们身体、智力、审美、精神

---

① 斯霞、王先炯、储继芳：《斯霞教育生涯——爱心育人》，47页，南京，江苏教育出版社，1999。

② 汪丁丁：《市场经济与道德基础》，108页，上海，上海人民出版社，2007。

方面的果实都将由此发育。斯霞为学生创生了丰富、可持续的教育资源。如果我们对教育资源仅仅做"物化"性的理解那是多么的狭隘！斯霞的教育成就在今天进一步证明：情感教育之于儿童的长远发展真正是"根"和"翅膀"的教育。

二、斯霞的童心母爱是教育爱的专业品质，它是小学教师职业最重要的专业特质

斯霞的童心母爱并不是基于血缘的情感，它是一种教育情感、教育品质。它以保护儿童的学习权利、恪守教师的职业义务为基础，但又与教师个人的情感特征、情感品质、人格特质密切相关。过去，我们对教师的这类品质及其在教育活动中的影响缺乏深入研究，没有足够的认识，尤其对教育情感中的教育爱与教师专业水平发挥的密切关系远未取得共识。我从 20 世纪 90 年代初不断提出素质教育，呼吁具有情感性人文素质的教师，意在彰显教师的健康情感对教师职业、对提升教育品质的特殊价值。我认为，教育爱的品质是教师专业素质的核心要素，也是教师职业专业化最重要的价值取向，它具有道德的性质，既保障教师专业化的道德方向，又提高教学效能及其内在品质。对小学教育而言，教育爱的情感与能力更感性直观、更需审美化的色彩，这样，才更加符合小学生较多具象的、浪漫化的学习天性。小学教师的教育爱既是温柔和激情，又是稳定、平和的心境，是来自人性深处的纯净与慈祥，是源于天赋并在工作中不断磨砺出来的敏感性、感受力。只有具备了这类素质，教师才能发现学生身心的真实状况，及时而恰当地应对他们的情感需求和外显行为，从而与学生建立相互依存、共度教育时光的信任关系。可能有的教师记熟了教学法，也掌握了熟练的教育技术，可他们仍然不那么称职、不那么受学生喜爱，

因为他们并不是发自内心地爱学生，缺少与学生相处的热情和耐心，不善于和学生打交道。许多研究证明，儿童的生命潜能远未被激发，他们的神经系统也比较脆弱，如果没有师生间相互依恋、信任的关系，只能使隐藏在儿童心中的无穷宝藏丧失殆尽。斯霞以童心母爱为表征的教育爱表明其教师专业性不是技术层面的，而是人文文化层面的，是精神性的。她坦言自己对教育的执着不仅出于责任感，还出于兴趣与热爱。我觉得，教育爱的情感是让她刻苦钻研业务最强烈而持久的内驱力。她高度认同"教育是科学，也是艺术"，看重在教育职场中练就教师的技艺，主张教师要有一系列好习惯，包括具体教学环节上的习惯，作风上的习惯，在教学的语言、文字、教态上的习惯，写字的习惯，除了写字的姿势外，站的姿势、坐的姿势、走路的姿势、讲课的姿势统统要养成习惯。她认为，养成好习惯全靠长期反复的实践，贵在坚持。[①] 因为她爱孩子，处处替孩子着想，所以，她的教学策略、教学方法、评判标准，都不从既有的统一标准出发，而是实事求是、灵活掌握。她可以专心致志地做她喜欢、认为有意义的教改实验。我认为，她的职业状态始终是充满热忱、积极负责的，也是从容自在的。

斯霞的教育爱是一种内蕴丰富、淳厚的综合性素质，她的教育爱是人性美善之爱、职业道德之爱、公民责任之爱的集合。这样的教育爱在其行为方式上表现为一贯地、无差别地对待学生，面对全体学生，不分家庭、不分性别、不分贫富、不分学习成绩，这完全吻合今日提倡的全民教育、全纳教育思潮；表现为尊重儿童的人格，从不训斥儿童，时时刻刻替儿童着想，按儿童的生理、心理特点和需要进行教学与教养的工作。斯霞老师在 80 多岁时，还一直在呼吁克服旧的学习观

---

① 斯霞、王先炯、储继芳：《斯霞教育生涯——爱心育人》，22～26页，南京，江苏教育出版社，1999。

念，研究学生的学习方法。她说，教给学生学习方法，他们自己学会了，才能叫"主人"，否则只能是"奴隶"，什么"乐学""高效"，统统谈不到。① 这也完全吻合今日提倡的主体性教育理论和生命化教育理念。90 多岁时，她还常常去学校，与学生在一起，为学校出力。她爱教育、爱孩子爱得如此痴迷，怎能不荣获首批宋庆龄"热爱儿童奖"，怎能不获得"教育界的梅兰芳"之美誉。

斯霞的教育爱品质不是偶然的，这与她的人生道路、生活经历有关，与她在职场中的长期磨砺有关，也与她的人格趣味和慈祥、平和性格有关。回望斯霞的生活史，家乡恬静的自然风光、家族的开明、对子女读书的支持以及受母亲影响而植入的自主的、不依赖的思想都对她产生了较大的影响。考究斯霞的师范教育经历，学校课程丰富，她学习知识面宽，并且十分注重实践锻炼。师范毕业后的从教生涯，她各科都教过。年轻时代，她受"五四"以来"科学"与"民主"思想的影响和抗战时期的颠沛之苦以及对国民党高官腐败的痛恨等，使她的教育爱最终立于社会理想、人生理想和教育信念的高地。从 17 岁做教师起，她整整做了三代人的老师。她常与领导切磋教育技艺，她爱孩子、爱教书、爱小学教师的生活方式。她年轻的时候，教育理论方面的书远没有今天这么多。她的教育知识主要是在与学生相处中积累的，虽然朴实无华，却完全称得上是有教育实践理论的小学教育家、小学教育专家。我永远不会忘记 2002 年，在南京师范大学与当时的南京晓庄师范学院联合培养的全国首届本科小学教师毕业典礼上，50 名年轻人手捧鲜花，面对敬爱的斯霞前辈激情朗诵《献给斯霞老师的歌》。在那一刻，诵者、听者，还有我们的斯霞老师，眼里噙满了激动、幸福的

---

① 斯霞、王先炯、储继芳：《斯霞教育生涯——爱心育人》，85 页，南京，江苏教育出版社，1999。

泪水。这是一个真实的场景，也是极富象征意义的场景。我相信，斯霞的道路对于我们如何看待和凸显小学教师的专业特质，如何培养称职的小学教师，如何评价小学教师的工作业绩，包括如何甄别和挑选适合小学教师职业的人才都有深刻的思想启迪。缅怀斯霞，反思这些年小学教师队伍建设的历程，我们需要建设与调整一系列更加贴近职业性质和特点的制度与政策。

三、斯霞的童心母爱，是爱的哲学，是精神性的大爱，是当前中国社会迫切需要的教育文化

斯霞因童心母爱成为中国教育界体现爱的哲学、爱的教育精神的教师代表，成为教育从业者的精神偶像。今天，如何看待童心母爱作为爱的哲学、精神性大爱的价值呢？我们或许还需要从文化传承和改造的角度以及从学校教育的社会文化功能上进一步来认识。

改革开放以来，我国教育在事业发展、教育普及方面取得了举世瞩目的成就，同时，人的道德教养、学习能力、身心协调以及学校教育品质的差距和困难也在日渐显现，其形势警示人们，学校教育反映的问题与家庭环境和社会大环境的急速变迁密切相关。"爱"文化的缺失与畸形深刻地反映了社会主流价值观的某种离散和优良道德文化的某种倒退。我们的社会、学校和家庭需要纯净自然的爱、温润平和的爱，需要真正为每个不同生命个体着想的爱，需要那些体现着尊重、理解、扶助、给其尊严的。斯霞的道路和精神的可贵之处是向人们揭示了什么才是真爱，什么是健全的教育爱。她的自然、淳朴，她的自主选择与持守，她的善良、平和、率真与乐善好施，所有了解她的人都知道她无论是对家人还是对学生、对同事，都给予真挚、饱满的爱。她那鲜明独特的情感与人格特征，传递的是既自然素朴，又超凡

脱俗的爱的本质精神。人本主义哲学家弗洛姆认为，爱的本质是给予，无论哪种爱的形式都包括关心、责任心、尊重和了解等基本要素。在斯霞身上我们可以感受她的爱是那种具有创造倾向和成熟人格的一种能力。她的爱从来不是"占有性"的，也不是无私的，而是"生产性"的，她用她自然、无私和利他精神不断地培育会感受爱、也会爱人的孩子，创建有爱的师生群体、有爱的学校环境。斯霞的童心母爱从情感、行为到信念和信仰，处处体现了一种爱的哲学和爱的文化品格。

　　斯霞老师生前工作过的南京师范大学附属小学是一所百年老校。这里保存着 1919 年杜威来华讲学的"杜威楼"，接受和活用杜威的"生活教育"思想、坚持将儿童的学习与生活相联系、主张"教学做合一"是学校的传统。这里感受得到陶行知"捧着一颗心来，不带半根草去"的温暖情怀；回荡着陈鹤琴"一切为了儿童"的仁爱心声；留下了俞子夷校长一生专注新教学试验的足迹。前辈铺就了这所学校民主、厚重、创新和充满人文关怀的文化底色。可以说，是这所历史文化名校特有的精神氛围塑造、成就了斯霞这样优秀的教育家。作为传承历史的人物，斯霞成为南京师范大学附属小学百年"爱的教育"集中传承的旗手，她的童心母爱成为学校永远的骄傲和取之不尽、用之不竭的精神财富。

　　今天的南京师范大学附属小学一直行走在爱的教育的道路上。学校秉持"怀大爱心，做小事情"的校训，以培养大爱之才作为办学育人的目标。教师以爱的教育理念构建校本课程、传承童心母爱的价值追求，他们坚持为学生生命的"每一天""每一月""每一年"精心设计，期望在"日有所长""月有所盼""年有所伴"的浸润中，悄悄地创造值得学生铭记一生的生活，为学生镌刻爱的印迹。学校用爱的精神，以斯霞为人格楷模，建设教职工团队，悉心培育一种关爱、信任的学校文化。虽然时代不能复制，每个教师的生活道路也不会相同，但我们相信，只要爱的精神真正变成学校的文化和品格，传承的必将是整体精神，斯霞精神的传人定会代代涌现。

在今天，斯霞童心母爱的价值也远不止于学生、不止于学校。追求"现代性"的学校教育体系和制度正面临着一系列现实而深刻的矛盾，如教授越来越多科学逻辑的知识与学生直观学习特点的矛盾，普及教育、标准化要求与学生生命多样性、民族地域的差异性、社会需求多样化的矛盾，直接量化的评价与人的素质发展复杂内隐的矛盾等，使教师与家长、学校与社会、政府行政与教育育人之间的利益诉求容易演化为对教育的"信任危机"。学校若要真正追求超越"分数"和"升学"的教育品质，需要社会多方的支持，教师、学生与家长，学校、政府与社会间需要真正形成一种价值共识，即基础教育是为人的终身发展奠基的，必须克服功利和短视。不同利益群体间也需要相互尊重、理解与包容，更需要积极探索良性互动的制度及机制。由此而言，斯霞的大爱精神，斯霞人格中所蕴含的诚实、平等、尊重、友善、淡泊等价值观以及真正为民族未来着想的公民责任感正是当代迫切需要的一种教育文化。斯霞精神可以帮助我们审视和纠正时下的不良文化，可以帮助我们扩展心胸、树立信心，认识"从我做起""从细微处着眼""从微观环境改造着手"的意义和可行性。

虽然现在教育难题还会继续，教育供求矛盾短期内也难以完全解决，但新的价值观、教育理念也在不断生长、传播，对人性美善的呼吁也日趋强烈，我们希冀以斯霞精神为示范、感召的力量，作为永恒、常青的精神推动社会的发展、推动教师队伍的完善以及民风的进一步改变。

斯霞的童心母爱和她崇高的教育精神永不熄灭！

从教师中走出的教育专家和儿童教育家[①]

我在 20 世纪 80 年代后期认识了李吉林老师。从相识到相知，从读文到读人，她的情境教学实践一直是我做情感教育研究直接的源泉。今天，凝聚着她一生心血的八卷本文集出版了，我向她表示祝贺。她所走的一条从课堂教学改革到严肃、持续性的实验研究，再到形成思想理论体系的道路，是改革开放后我国基础教育探索的历史缩影，是我国教育普遍鼓励中小学教师学习掌握并形成有扎根性质、境脉特征的教育科学的翔实记录，其所孜孜以求的教学境界、育人理想成为散发中国本土芬芳的素质教育的典范。

李老师是从教师中走出来的教育家。她是教师，爱孩子、教孩子，把孩子教好，这是李老师最朴实的心愿。为此，她永不休止地钻研教学，努力地实现她的教育理想。李吉林老师的实验起点是情境，情境是她教育思想的核心范畴。对于儿童，甚至对于任何人来说，在学习抽象知识时，如果有一些比较可视、可感的依托做中介，就易于理解知识、把握知识。李老师正是为这一需要而全身心地钻研、探索如何设置情境，摸索出以生活展现情境、以实物演示情境、以图画再现情境、以音乐渲染情境、以表演体会情境、以语言描绘情境的具体道路，

---

① 本文是作者发表在《中国教育学刊》2006 年第 7 期上的文章。

其中前五种是运用直观手段，后一种则与语言描述相结合。她认为，如果形象与词分离，就难以使儿童获得确切的、丰满的感性知识，也无法激起与教材情境相一致的情感活动。在实践探索中，她把情境教学的类型概括为实物情境、模拟情境、语言情境、想象情境和推理情境。情境教学起初是她提高语文教学效率方法上的关注点，之后，逐步拓展成为她整个教学原则和方法的核心。

她的情境教学思想受中国古代文论意境说的影响，同时受到改革开放后最早涌入和传播的苏霍姆林斯基教育思想的影响。今天看，不但不过时，而且能够融入和回应后现代的教学理论、课程理论和学习理论。这是因为由情境带来的生活化特征、具象性特征和脉络性特征，使知识与人容易产生联结，推动和凝聚人的注意力和兴趣，使人真正进入学习的状态。它揭示了学习活动的本质，即只有主体的积极学习，才构成教学活动的真正意义。李吉林老师是从自己的课堂实践中找到了所谓"由生活、有所想、动其情、辞必发"的道路。并且，她并不满足于此，而是不断超越学科教学、超越智育范畴，走向情境教育的研究。因为，从根本上说，人的德、智、体、美诸方面的发展始终是一个整体过程，人的认知过程始终伴随着情感过程。所以，真正好的教学，一定是教学与育人相统一的。由于所设情境有智、有美、有趣，而且她努力创设美、智、趣一致的情境，因此它必然具有促进学生全面发展的价值与功能。正因为如此，情境教学便顺理成章地发展为情境教育理论，突破教学论的视域，进入教育目的论、教育价值论的哲学层次，成为她构建教育与儿童发展的教育体系的基石。

由情境教学突破，李吉林老师的教育探索是多方面的，包括生活与知识的关系，包括认知与情感的关系，包括情感与语言的关系，包括认知与能力的关系，包括教材（文本）与教师、与学生的关系，包括教学过程中德、智、体、美、劳的关系。总之，围绕人发展的诸多方面、诸多要素，通过情境教学的研究来激活、带动和整合，这些要素和方面之间的关系和机理被李吉林老师发现、揭示。李老师全心地投入实验，她经过反复地、持续性地观察儿童学习，在施以教育干预中观察儿童在学习过程中生动、具体、多样的反应和变化。她不断地想、不懈地做、不停地写，取材于课堂，取材于职业生活；通过尝试、思考和写作，一轮又一轮地实验，一遍又一遍地清理、融通和系统化。八卷本是她创造性劳动的完整记载，是她从一个负责任、有爱心的教师成长为教育家的真实写照。

李吉林老师十分崇拜苏霍姆林斯基，她如饥似渴地读他的书。在李老师的八卷本里，我们能深刻地感受到他们在志趣、情操、气质乃至理想、信念方面有许多惊人的相似之处。人们赞誉苏霍姆林斯基的著作是"活教育学"，为什么苏霍姆林斯基不仅仅是教育家，还是教育理论家呢？因为他的著作在阐述培养全面发展的人所做的努力时，想尽力从各个方面来展示这种劳动，不仅说明其所采取的种种方法，而且也揭示了它们内在的联系。与苏霍姆林斯基一样，李吉林老师也是在亲身的教育活动中，自觉而执着地寻找教育的机制和规律，逐步形成自己的教育、教学观念体系和操作体系，其中以"情境"为核心的概念和范畴，展开她的全部教育、教学关系，通过发现其中丰富的相互联系，整理为完整有序、有血有肉的理论体系。她的八卷本为我们认识教育活动的过程、认识影响人身心发展的机制、认识学校教育的特殊功能与价值提供了极为宝贵的教育文化财富，甚至可以说为有中国特色的小学教育学奠定了重要的基础。

李吉林老师的研究工作，不做抽象的概念推演，不刻意追求逻辑的表达，也不盲目求取"精细"控制的实验和数据，而是一种充满了深刻教育内涵的、富有美感和教师个性特征的行动研究。她的研究是极富人文色彩和个人化特点的。我一直认为，她是一位极其勤奋也极有天赋的人，在她的能力结构中，最明显的是与儿童心心相印、心灵沟通的能力，艺术表现能力，她的诗化语言能力，她的想象和联想能力，她那感动自己也感动别人的能力。李老师一生执着，也一生洒脱：不放弃理想，始终坚守和耕耘在自己热爱的园地里，心无旁骛。我觉得她很幸福，我很钦佩她，也很羡慕她。

中国的基础教育已经逐渐走向追求教育质量、追求品质发展的阶段，小学教育的研究也已经进入精细化研究、产生有自己本土文化特征的小学教育学理论体系的发展阶段。中国教育需要从教师中走出来的教育研究专家，需要从教师中走出来的儿童教育家、中小学教育学家。李吉林老师为千千万万个小学教师、为广大教育研究工作者树立了榜样，指明了前进的道路。

重视对情感能力的培养①

能力，是近代实验心理学研究较多的一个概念。由于近代心理学科学思维方式的局限性和教育中的唯理智主义倾向，能力主要与知识、技能，逻辑、理智相联系，人的情感素质在能力范畴中没有地位。现在，通过不同学科的研究资料已经证明，人的情感既是瞬息多变的，又是相对稳定的；既是内隐独特的，又是可外显泛化的；既作为内在感受由个人独享，又作为外部表现与他人分享。当它处理人与外部环境、人与他人关系以及人自身的活动时，表现为一种功能状态。其中，人的感受、思维判断与行动之间没有明确可辨的界线，似乎是迅速有机地结合在一起的。我们将这种外化的、有外在功能体现的方面称为情感能力。目前，国外心理学界已分别有情感思维能力、感受能力、移情能力与内疚能力、爱的能力、愿望能力、高峰体验能力等提法。它们分别从不同的侧面展示了人的情感在生存与发展中的不同功能，对我们具有重要的借鉴意义。

根据情绪心理学的研究和教育操作实际中对受教育对象的观察和把握，我们可以初步提出以下一些需要加以挖掘和培养的情感能力。

第一，情绪辨认能力。

---

① 本文是作者发表在《上海教育科研》1993 年第 3 期上的文章。

情绪辨认首先是对表情的辨认。由于人类面部表情是先天预成程式化的模式,从出生到一岁形成八至十二种基本情绪,即兴趣、愉快、痛苦、厌恶、惧怕和悲伤,以及害羞和轻蔑,它们在生物—社会性联系中发挥适应的功能。情感教育首先要让婴幼儿会辨认上述基本情绪。在基本情绪识别的基础上进一步辨认复杂化的表情,需要借助被观察者的语言参与、声调表情和姿态表情,才有可能。而且,儿童对情绪辨认的精确性,与教师对他们的社会调节情况有关。情绪辨认能力还应发展到对别人或自己内心感受、内在情感需求的辨认。据美国发展心理学家加德纳的研究显示,人辨认、识读自己内心感受的能力即内省感,与辨认、识读别人内心感受的能力即人际感,分别有不同的大脑神经机制,它们除了受生物遗传带来的个体差异外,还与这两种神经活动是否得到了积极挖掘和培养有关。

第二,移情能力。

移情,是一个人对他人情绪、情感的共鸣反应,是一个人在观察另一个人处于一种情绪状态时,产生与被观察者相同的情绪体验。自发的移情在出生两天的婴儿身上已开始出现。移情使人更容易意识到另一个人的需要,通过满足这个人的需要以平息自己的情绪。研究证明早期有高感情移入的儿童最可能发展为高水平的价值内化,而低感情移入的儿童则受到限制。移情能力与道德行为呈正相关。为别人的不幸感到悲伤的被试,比起为自己的不幸感到悲伤或没有产生悲伤情绪的被试,更乐于帮助别人。因此,一般认为,移情能促进亲社会行为的发生,它是人类最重要的"亲社会性动机"。

移情能力就大的分类看,很少有认知参与。在很大程度上是不随意的移情,也有处在不同认知水平上的移情。前一类是通过模仿、联想或设想自己处于他人的处境而产生的。对幼儿进行移情训练,可增强这类情绪能力。后者则依赖一个人能否认知推理他人的情感状态,同时，唤起的共鸣反应又会为观察者提供内部信息，从而加强由认识推理得到的情感的含义。其中包括从"自我中心"移情，到对他人感受的移情以及对他人境遇的移情。

移情能力除了亲社会性移情外还应包括审美移情与科学理智移情。这两种移情指的是把自己"感"到审美对象或认识对象里去，即当我们对周围世界进行审美观照或对知识进行认知学习时，有一种自发的、情不自禁的向外投射的作用。对审美活动而言，不仅是从审美对象上感受美，还是把自己的情感投射并覆盖到审美对象上去，从而使对象带有明显的、拟人的感情色彩。对科学认识而言，人从认识对象、从所描述的事实中看到自己的影子，逻辑思路与阐发的思想感情都是自己的。这两种移情能力使立体人格与审美对象、认识对象完全融合在一起，从而领略到无比愉悦、快乐的情感体验。情感教育的目标是扩大人的移情领域，增加人的移情训练，找到移情的"最近发展区"，使移情的能力逐步提高。

第三，情感调控能力。

每个个体都处于十分复杂的外部环境与内部情境中，每个人对处于这种情境中的诸因素做出的情感反应是有选择的，也需要进行一定的调节与控制。一个具有较强选择和控制能力的人，对客观情境中具有较高认识价值、道德价值和审美价值的现象感兴趣，能做出反应，产生情感的体验，而那些选择和控制能力不强的人，往往采取不适当的情感反应，为区区小事动肝火、伤感情、患得患失。

教育是通过丰富多彩的文化情境与人际情境，使人对自己的情感表达变得准确、合理、丰富，并且逐步学会选择与最重要的价值一致的方式对情境做出反应，也就是说，学会经过选择正确地表达情绪和抑制情绪。现代情感教育还要求发泄情绪紧张与抑制情绪紧张的一致性，即健康人格既不即时地发泄情绪，也不长期地抑制情绪，而是在抑制与发泄之间做出合理选择的能力。在没有危及重要价值时，人都会自由自在地表达他们的情感，但是如果一些价值因这种情绪的发作而处于危急之中，如造成人际关系的紧张、集体利益的损害、个人尊严的丧失等，他们也可以抑制自己的情绪。现代教育反对不健康的情绪抑制，长期抑制将导致身心疾病，极大地降低工作效率或学习效率，使人不能集中注意力，与外界沟通发生障碍，成为呆板的、冷漠的、缺乏人性的人。

第四，体验理解能力。

体验理解能力是感受、思维和行动三者的有机结合，具有明显的思维活动特征。体验理解是与逻辑—理智理解相对的一种独特的理解方式。它是人在兴趣—关心的驱策作用下组织智力加工活动，对客体投入自己的主观情感，以神入、体验、主客融合，人我共感的情感状态把握主体，或者导致认知过程的阶段性完成，同时产生新的、更为高级复杂的感情性动机，如期待与希望；或者构成对人和事的智慧处理、圆通把握。体验理解有三个重要特征。①主动、积极地对客体的各个方面产生兴趣，并且特别地关心，有一旦抓住了问题，就一头扎进去的探索心，用杜威学派的说法，就是某一问题吸引了他，以这个问题为起点，各种问题的情况会自然而然地展现在他面前。暗示的潮流不断向他流去，新的探明和新的解释不断涌现。②主体对客体全身心地、忘我地投入，把自己"感"到认识对象里去，这种自发的投射作用，使对象带有明显的、拟人的感情色彩。主体与客体融合一起，主客不分，从而使智力加工的客体从整体上被主体把握。所谓心领神会便是表达了这一情感境界。③体验理解把思维对象看成有自己独特存在方式的存在，不采取横加干涉的态度，使思维客体的"套相"易于显露，从而达到思维的相对客观性。

传统教育中的思维训练，主要是围绕培养思维的逻辑能力、掌握思维的形式特征及其技术展开的，体验理解方式常常为人们忽略。提出这一能力目标加以开发、诱导、训练、鼓励和利用，这不仅能促进思维品质的发展，而且由于体验理解是一种高度的情感状态，还能不断引起新的高级复杂的感情性动机，其本身就是情感教育的过程。

第五，自我愿望能力。

愿望，从心理机能分析，来自人的欲望系统，表征为一种情感状态。长期以来，人们把愿望理解成屈服于幼稚的冲动性和童年时代天真的需要。现在，应当把它放在更为广泛的生命过程中去理解。愿望并不仅仅来自过去的动力，也不仅仅来自原始需要的呼唤，它包含着某种选择性，是通过象征（包括记忆与幻想）塑造我们憧憬的未来。愿望是我们走向未来的出发点，是未来必须按照我们要求的先决条件。所以，我们说的自我愿望能力不是主体指向现实自我的能力，而是指向未来自我的能力。自我愿望能力的培养是一个过程，它包括愿望、意志、决心三个层面的集合。第一个层面是发生在觉知水平上的愿望，主要是身体器官的觉知。第二个层面是将觉知转化为自我意识，出现了自觉意识到的自觉意向——意志。意志的出现不是对愿望的否定，而是把愿望合并提升到一个更高的意识水平上。例如，在第一个层面上，人可以体验到湛蓝的天空和碧波荡漾的湖水，可能给人带来愉悦，使人产生保持这种体验的愿望。第二个层面则是意识到我可以通过与朋友分享这种体验而增加自己的乐趣，这种意识对于生、死、爱，以及人生其他终极问题，就有了较深刻的意味。第三个层面是决心与责任感的层面。它合并和持存先前的两个层面，创造一种行动模式和生存模式。

情感与教学活动[①]

古代的教学活动是把教学过程看作在教师的循序引导下，学生学习知识和修养道德的统一过程。由于古代教学规模小，教学内容主要是人文方面的经典，教育的选择功能不突出，所以，情感在教学过程中的缺失并不明显。

近代教学概念的形成，是以科学所具有的实证性、逻辑性、系统性对人类文化传递带来的巨大变化为背景的。资本主义兴起后，自然科学和技术知识纳入学校教育内容，并要求提高培养人才的效率，使近代教学过程的一切环节都以如何加速和提高学生的认识水平为轴心。迄今为止，我国各种版本的教学理论都明确把教学过程定义为"特殊的认识过程"。这种以发展受教育者的认识作为核心的近代教学方法，使教育的客观性明显增加，作为事实性知识的文化领域与学习主体的情感愿望渐渐疏离，甚至以价值性知识为主的文化领域也主要采用科学的教学方法，结果，教育的陶冶情操、塑造品格的目标与教学活动几乎分离。

实际上，教学活动是教师和学生通过教学中介的一种共同活动，它是特殊形态的实践活动，充满了人活生生的情感。正是积极的、有

---

① 本文是作者发表在《江苏商业管理干部学院学报》1993 年第 4 期上的文章。

导向性的情感运动，才使教学活动不仅具有传递人类及其民族文化遗产的功能，还成为培养个性精神的过程。

就学生方面看，学生是带着种种欲望进入教学活动的。

勒夫特分析学生进入教学时的欲望包括以下三个方面。

第一，求知欲望。期望理解自己周围的事物与观念世界。

第二，社会归属或团体归属的欲望。期望归属于团体，得到团体的承认，取得应有的地位并且期望得到他人的尊敬和理解，要求自我表达。

第三，情感欲望。寻求情爱、依赖、孤独与确认等。

因此，可以认为教学活动的过程实际上正是这些欲望得到满足、调节并不断提升的过程。

就教师方面来看，必须具备两个方面的条件来满足学生的上述欲望，从而引导情感的走向。

第一，教师个人的价值体系，包括信念、情感、态度、价值观等构成教育爱，其作用机制包括以下两方面。

其一，学生在情感方面的学习不同于认识方面的学习，往往是自发地模仿、认同，在不自觉的情况下接受教师的影响，建立行为的制约，即所谓潜移默化。

其二，教学活动必须以教材为媒介。只有当教师全身心地投入，即将全部感情投入教学中去时，他才有可能整体把握教材中既有的客观知识的逻辑联系和意义接合。只有当隐性的接合意义整体形成了，表层的形式总体才可能形成，学生也才可能跟随教师给出的形式总体进入教材内在的隐性的接合意义整体。也就是说，把握逻辑联系背后的意义联系不仅是形式的、分析的接受过程，更是意义的、综合的体验过程。学生有效的学习只能是意义的发现。客观知识只是学习的开端，直到它的个人意义被挖掘出来，变为个人信念体系的一部分时，它才开始影响行动。

第二，教师的情感交往能力与技巧。

在教师情感交往能力与技巧方面，传统的教学论是被忽略的，现代教学理论打开了这方面的新视野。例如，美国心理学家梅索特、伯利纳和泰库诺夫发现，教师的情感特征，而非认知特征，最能区分"效率较高"和"效率较低"的教师。在观察和评论教师效率高低的 52 种特征和特性中，有 38 种实际上是属于情感的，只有 14 种表示知识或特别教学技能等方面。同样，阿斯巴和罗巴克也发现，具有较高（人际关系）技能的教师所教的学生极少出现捣乱现象，也极少出现严重的问题。卡克赫夫对包括 1000 名教师和 3 万名学生的 28 项研究的总结中指出，具有高水准情感——人际关系技能的教师，能更有效地讲授认知技能，包括传统成绩测量中的技能。

一些国家在培养教师情感素质方面的措施值得我们学习。例如，美国为"师范教育革命"设定的十个目标中有四个是情感方面的。美国在 20 世纪 70 年代兴起的能力本位师范教育中，在对教师五大类能力的规定中明确提出有一类是情感能力。具体说来是指教师对学生情绪反应的意识，以及教师对这些情绪的移情作用。苏联在师范院校招生考试中加试资质测试，了解考生有无同情心、仁慈、理解，善于识别情绪，善于鼓动影响别人情感等方面的素质和能力。

我国幼儿园教育和大、中、小学教育，对教师情感素质和情感能力的要求，是放在思想政治素质和工作能力中来进行的。在实际的教育岗位上，许多优秀的教师以自己高尚的价值追求与突出的情感交往能力（艺术）赢得了学生的心，他们把对教育事业的爱与对学生的爱，用精湛的教学艺术，用语言、感情、体态、手势、目光、合理的距离等情感教学技巧表现出来，收到了很好的效果。可惜目前我们对这类体现在教育教学中的独特情感能力还没有进行科学的概括，更没有对教师做出普遍要求和有目的的训练。

从团体结构方面看。原有的教学论对教学活动的过程主要强调教学内容与学生两因素说。自从社会学的分支扩展到团体社会学之后，这一研究成果被应用于教学活动，发展为教学论三因素说，即把人际关系作为第三构成因素。人际关系所包括的教师与学生的关系在前面已从教师的角度分析过。学生与学生的关系是以班级的团体结构表现的。日本教育家片冈德雄认为班级应具有三个条件。其一，必须使班级的交流结构组织化，即在培养学生"讲、听、说、写"能力的同时，将"讲、听、说、写"作为交流活动的一种训练而在某种程度上以班级规则的形式固定下来。其二，角色—地位结构问题，即避免角色的担任固定化，避免在班级中出现"被使役者"和"被遗忘者"。其三，感情结构问题，即具有支持性氛围，能激发班级成员的自发性行为、敏锐的知觉与移情理解。实质上，对这种人际关系在教学活动中的重视与区分，正是为了挖掘情感因素在教学活动中的作用。

总之，透视情感这一层面，教学活动才得以恢复其真实的人的活动的全貌，才有可能追寻教学活动的教育学功能实现的深层机制。

关注教师的人文素质[①]

20 世纪 90 年代中期，我国就开始关注教师专业化发展的问题，并从教师的情感、人文素质切入，展开了深入持久的研究。随着对教师情感、人文素质的深入研究，我们感到教师的成长不仅是技能层面的问题，还是观念层面的问题。教师的职业情感、人文素质只有内化到个人化的情感领域或个人化的经验领域中，才能真正成为教师内在的情感和人文素质。

20 世纪 90 年代末，围绕智慧创生型教师，我国着重讨论了教师除认知方面的才能之外，还有哪些更深层次的素质。我们领悟到，它可能是一种对完整生命的理解、发现和创生。根据研究，人们认为，影响一个教师成长的要素主要有三个：第一个要素是在一定专业化标准构成下的专业化水准；第二个要素是成就动机和对教师职业的信念，也就是教师对自己能否成为一个好教师的信心；第三个要素是健康的，保障教师个人奋发向上、同侪鼓励与欣赏的组织文化。

对教师专业化概念的理解，伴随着对教育、对教育知识的生产及对教师在教育知识生产中作用的认识的逐渐深化而深化。目前，教师职业活动方式与教育知识生产方式之间的关系正在发生变化。过去，我们一般认为教育知识是研究者生产出来以后再变成学科知识，在师

---

① 本文是作者发表在《江西教育》2006 年第 2 期上的文章。

范院校传递，从而成为一批又一批职前教师的学科准备。但现在，我们认为大量的，或者真正有用的、真正能够跟上教育形态不断改变的，原创性的教育知识生产方式正在发生改变。大量的知识，如关于人的发展的知识，都来自教育的原生态。当然，其中有关生理学的知识、脑科学的知识可能源自其他学科。脑科学的知识也不是说能够自然变成教育知识的，还要在教育的活动场中显现。所以，教育的现场研究、基于教育现场的扎根研究和行动研究就变得越来越重要。离开了原生态的教育研究，离开了扎根教育研究，离开了教育行动研究，教育知识就变得不可靠，或者用不上了。

教育是一项具有道德性的实践活动，它关心人、帮助人、促进人身心健康发展。一个个具有感性生命的个体，通过人类的教育活动成长为传承文化和创新文化的人，成为推动社会进步的人。教师作为教育活动之人格化的承担者，以关心下一代福祉为职责，要为下一代的幸福而筹划与奉献。教师所承担的特殊角色及其工作是教育道德性的具体体现。教师职业是一个崇高而神圣的事业，教师是在"传道、授业、解惑"中将蕴含在优秀文化中的伦理价值汲取出来并予以提升的，以此来影响、启迪新一代的心智，提升他们的道德人格境界。因此，教师对学生的心灵成长具有最为广泛、持久而深刻的影响力。教师职业的本质特性就是影响人的心灵，提升人的人格境界。

时代对教师的发展不断提出新的期待，自主成长型教师是教育全民化、信心化、终身化、学习化的内在呼唤。教育经验表明，凡是优秀的教师无不是自主成长型的教师，自主成长是教师最好的生存方式。职后教师要实现自主成长，就需要不断地扩展心胸、提升境界、净化情操，成为一个既有广博知识基础，又有专精学科知识的教师。此外，教师还需要学习哲学、学习教育史，了解中外教育的思想精华以及教育的经验，并且在教育实践中，逐渐用哲学知识、历史知识来充盈自己、丰富自己，使之变成个人化的教育哲学的信念、理想和情操。

教师专业发展与教师的道德影响力^①

　　近年以来，我国儿童的思想道德状况及其提升成为我国政府以及社会关注的问题。最近一段时期，推进素质教育、关注学生综合素质及其均衡、协调发展，又成为全社会关注的焦点。

　　就世界范围看，道德相对主义思潮以及学校"去道德化"的倾向开始呈现回归重视品格教育的转向。就我国而言，由于我国社会的迅速变化以及传媒和网络技术的普及，年轻人的生活方式和生活状态受到了前所未有的外部影响。重新认识学校教育对学生道德成长的重要价值和作用方式，直面成年人和年轻人之间的"价值沟"，是道德教育改革的重大课题。

　　学校教育在教养人品格方面具有其他教育机构和教育形式所不可替代的作用。因为，学生生理、心理发展的关键时期和急速变化时期主要是在学校生活中度过的。但同时，我们还需要摆脱封闭于学校之内的，以比较简单、表浅而且主要是单向度教导为主的传统学校道德教育形态。

　　就学校工作而言，当前我们特别需要从教育生态的完整性上突破原有的对学校德育的狭隘的理解，把学校教师群体及其合力看作最重

---

①　本文是作者发表在《临沂师范学院学报》2006 年第 1 期上的文章。

要的、最具潜力的道德教育资源。

因此，从教师专业发展的角度探讨今天的教师怎样才可能对学生构成道德方面的影响力，是一个值得研究的议题。

一、教师专业化中的道德纬度

在提倡教师专业化的过程中，不能忽略其中的道德纬度。

对教师职业道德教育责任和效能的认识与信念，以及将其转化为明确的工作意识（意识是对某事物的觉知、关注与意向）和工作方式，充分发挥教师的道德影响力，并在专业发展建设中凸显出来。

我们试图通过重新诠释学科教学活动和师生关系，来对教师专业发展中的道德纬度做一阐述。

（一）从学科教学活动看教师的道德影响力

学校德育不能满足于专设德育课以及专门的德育活动。因为道德学习与道德教育弥漫在学生学校生活的方方面面，其中学科课程的知识学习是他们重要的生活方式。

正因为学生在学校里进行系统的知识学习，随着知识的学习过程，学生的脑神经活动导致其认知和情感发生不断的变化，这个不断变化的过程恰恰是他们选择和接受道德价值观的生理基础和心理基础，从而使其道德成长不是只靠直觉和生活经验而自发获得的。

日本脑科学研究首席专家小泉英明基于脑科学的研究成果将学习和教育从新的角度定义为，学习是人受来自环境（除自己以外所有一切）的外部刺激而构筑中枢神经通道的过程。教育是控制、补充外部刺激的过程，即对环境的取舍。

学校教师对各门学科知识的传递，无论是教学资源还是教学过程都自然、内在地含有价值观倾向（见表1）。

表 1　各门学科中的道德资源

学科			素材形式		蕴含的道德价值	教与学的方式
分类	特征	科目	学科内容	学科方法		
人文学科	伦理正义关爱审美	语文	字词、人类文化、人物、情感、伦理	榜样示范、阅读、审美、情感、语词敏感	伦理、正义、同情、人际敏感、人道主义	生命叙事、讨论、交流、分享、案例分析、角色扮演
		历史	典籍、人物、事件、价值观	批判性、独立思考、叙事、历史感、辩证思维	正义、善恶、宽容、理解	
		外语	语言、文字、文化风俗	情景、交流、对话、语感	尊重、倾听、国际理解、宽容	
自然学科	理性秩序和谐有机性复杂性	数学	公式、原理、计算、数学家、发现	推理、演绎、归纳、计算	严谨、理性、坚韧、审美	
		物理	定律、公式、计算、物理学家、发明	实验、观察、计算、设计	严谨、专注、理性、坚韧、求实	
		自然	物种多样性、环保组织、志愿者、发现	观察、分析、描述、感受	多样性、和谐、敬畏、感恩、审美	
综合实践课程	探索情境做中学创造性	研究性学习	现象、原理、方法、研究报告	探索、实验、动手操作、分析、论证、独立思考、辩证思维	严谨、独立性、合作、超越	参与、表达、交流、分享、案例分析
	伦理性参与体验	社会服务与社会实践	伦理义务、服务、技能、体验社会	参与、体验、责任承担	热情投入、责任、义务感、感受他人	

　　其实，中国传统教育思想历来主张利用教学资源对学生进行伦理教化和熏陶感染。我国优秀教师在这方面的能力是很强的。希望更多的教师把这个传统发扬光大。

　　因而，学习利用、挖掘这些资源，自然而艺术地设计并呈现在教学过程中，使学生受到感染和熏陶，理应成为教师培训的经常性工作。当然，我们也反对用生硬的方式，勉强地急于体现这种影响的行为。

这里还进一步涉及两方面思考点。

第一，教师如何利用规则、纪律、奖惩、合作学习使教学活动的组织过程体现秩序、尊敬、公正、友谊、勤奋、诚信、意志力、羞愧等与道德相关的情感、行为出现，即如何把教学活动的过程同时变为道德学习的过程。关于"无教育的教学和无教学的教育"这样一个经典的教育命题，需要教师在新的学习者特征和学习条件下被重新再意识，并寻找学习者易于接受的新方式。

第二，教师如何抓住本学科的核心和主干知识，通过"结构化"的处理（由于认知科学引发的对学习和教学的革命性变革，只有结构化的处理才能为学生的学习找到认知路标和不断学习的热情）以及用可能多样的传递方式鼓励学生用不同方式学习，以便使具有不同智能性向和学习能力的所有学生都能感受到学习过程的兴趣、顺遂甚至兴奋的情感，以此获得个人道德成长以及今后融入社会生存和职业生活的自尊、自足和自爱的心理基础。

为此，教师需要形成专业知识、教学能力与人格之间内在的平衡性、融合性和作用方向上的一致性，才能对学生的道德产生和谐的、丰满的、持久的影响。

（二）从师生关系看教师的道德影响力

在中小学的校园里，学生和教师的联系，在时间长度上、在直接交往频度上、在无可选择性（无法回避）上、在权威性和学生易感性（敏感性）上，都是在家庭和其他教育机构中无法比拟的。

现代学校，由于教师角色的多元化，使师生关系的道德内涵及其表现方式有了很大的改变。教师对学生道德影响的方式，需要重新认识（见表2）。

表 2　教师角色呈现的道德资源

教师角色	道德资源要点	学生的体验及可能成效	道德价值
榜样	将自己真实的一面展示给学生	归属感、同感共受	真诚
伙伴	平等对待学生 给学生提供平等的机会	安全、分享、自尊	平等
聆听者 欣赏者	重视学生当下的感受；不伤害学生的自尊心；给学生更多的自主权	自信、自由表达意见，敢于质疑，独立见解，责任感	尊重
提问者	将评价的原则及依据的理由向学生公示	安全感、正义感	公正
引导者 导师	将学生的错误看成其成长过程中的正常现象；给学生的成长"留有时间"	自我期待、合作意识、创造力	宽容
关怀者 照顾者	丰富的情感，为处于困境（学习、心理、交往等方面）中的学生提供帮助	依恋感、关注他人、感恩	同情
赞助者 激励者	表扬与批评对事不对人 称赞只对德性而言	感恩、积极改正、不骄傲	关爱

这里也涉及几个问题需要讨论。

第一，教师应不应该是学生的榜样？教师是人，不是神仙，不能被神化。但也必须看到，教师在客观上是被作为学生的榜样来观察和模仿的。

第二，师生关系应该诉诸怎样的教师爱？教师爱的传递是学生获得安全感、归属感，从而产生向善心以及与教育取合作态度的前提和基础。在这方面，我国的传统教育有不少优势。但从我国社会转型和国际社会的共同趋向看，需要进一步从保障儿童权利和教育民主化的角度来认识教师爱的新特质。比如，对每个个体生命特殊性的尊重和宽容；避免控制性、强制性的爱，尤其是师生之间的关怀应该是彼此可以感受、接受和互及的。

美国女性主义伦理学家诺丁斯将"学会关心"看作教育的另一种模式。她认为，我们应该教育所有学生不仅要学会竞争，还要学会关心，教育的目的应该是鼓励有能力、关心他人、懂得爱人也值得别人爱的人的健康成长。

那么，这就需要教师做到：自己学会关心、教会学生关心以及形成师生互动的关心。在现代社会，教师在人格方面的民主性特征与道德影响力有重要的相关性。

二、学校管理模式与教师

要实现教师的道德影响力，学校管理必须转向以教育生态和谐为目标和基点的道德模式。有道德模式的学校管理才能够保障教师专业发展的道德纬度，其特征主要有以下四个方面。

第一，管理者首先是对教育价值观的引导。这个教育价值观的含义是指教育活动具有明确的道德性质，学校具有明确的道德目标。

加拿大教育改革理论家麦克·富兰对北美家长的调查研究发现，家长不仅关心孩子的知识学习，还关心孩子在学校受到的品格培养。他认为，学校教育改革应该具有道德目标，必须实现道德的使命。

我国政府坚持推进素质教育，反对以牺牲学生身心健康、人格扭曲为代价，片面追求分数和升学率，这也正是维护千家万户长远利益和根本利益的体现。

第二，管理者应将学校看作成人（教师）与学生复杂交织在一起、共同成长的团体，认识到良好的关系模式是学校各类人群成长和发展的基础。要善于以激励和互动的方式帮助教师认识自身专业化的道德纬度。通过教师组织结构的调整及提倡团队工作模式，改善教师以课堂中心、教师个人独立操作和竞争而缺乏同侪友善合作的状况，形成学科教师之间以及与班主任之间良好合作的氛围。

班主任在教养人、化育人的品格方面至少有这样几种角色和作用是独特的：是学生思想道德表现最为直接和全面的观察者；在组织学科教师形成教育合力中起纽带作用；在家校沟通中起着桥梁作用；班级文化的建设者与管理者；学生精神的培育者、关怀者、呵护者。

教师需要有来自管理者、同侪以及学生的关怀与尊重，教师本人也要培养对这些关怀与尊重的敏感性和感恩心。

第三，管理者要鼓励和提供条件促使教师通过扩大个人阅读、参与教改与反思性研究、拓展人际交往以及自我修养等，将教师专业化的伦理标准内化为教师个人化的教育哲学和德性修养。

关于教师专业化的伦理标准，在 20 世纪 60 年代已经为国际社会所认同。伦理标准需要变为教师的内在德性和人文素养。我们认为，教师专业化的道德标准并不是规范伦理性质的标准，而是德性伦理性质的标准。

关于教师专业发展的内涵不能全盘照西方的文化与思维模式来诠释，如教师道德，我国传统文化强调由主体内发的德性。

韩愈对"仁义道德"的定义："博爱之谓仁，行而宜之之谓义，由是而之焉之谓道，足乎己无待于外之谓德。"[①]这是一种无待于外、基于内心的自圆自足的生命境界。这样的德性品质会在教学过程中不断地自然投射出来，从而产生教育智慧，学生也才可能从教师的专业活动中听到道德的声音，受到精神价值的影响，获得学习、享受快乐，找

---

① 上海辞书出版社文学鉴赏辞典编纂中心：《韩愈诗文鉴赏辞典（珍藏本）》，3 页，上海，上海辞书出版社，2020。

到生活和发展的意义。

第四，管理者对教师工作的评价需要从外显性的评价走向更加重视和逐步实现内质性的评价，即把握教师专业发展纬度的全面性、教师职业效能显现的内隐与滞后性特征，尊重教师各异的教育教学风格以及个人的气质与性格。说到底，教师在教育情境中具体使用和体现出的实务知识、经验和素质是相当个人化的。

关注师德建设的"土壤"①

　　21世纪以来，我几乎每年都参加教育部组织的全国师德论坛，每次参加、每次发言，我内心都会有很多的记忆和联想。我们总被一些崇高的人和事感动着、振奋着，也总是在对师德建设的进步期待着。

　　教师职业道德是从伦理关系上对教育工作者教育活动原则的规定，它引导和规范教师公正善待求学者，同时引导和规范教师正确对待专业工作，正确对待与同事、与家长以及与社会的关系。教师道德最终是需要教师在教育职场践行中体现出来文化形态和精神形态的东西。因此，它并不是抽象的、外在于教师工作的指令，更不是冷冰冰的，试图束缚、控制教师的工具。相反，它是帮助教师完成本职工作、获得个人职业尊严的精神武器。从某种意义上说，教育和教育影响的发生正是教师德性展开的过程。我们追求的教育结果，或者说效果，一定是教师德性的释放并对求学者、对教育活动、对教师本人产生正面价值和意义。教师道德对求学者、对教育活动、对教师本人主要不是工具性的意义。正因此，无论是从我国教育发展的品质上说，还是从目前教师的实际工作状况看，师德建设特别需要从如何激励教师获得职业上的认同感、尊严感，愿意遵从、磨砺职业操守直至心向往之这

---

① 本文是作者发表在《中国教育学刊》2009年第11期上的文章。

一思路上加以考虑。我们在欣赏"师德"的美丽、陶醉于它的芬芳的同时，在当前，更需要关心它生长的土壤，也就是要在支持性条件方面做更大的努力。在此，我提出几点个人建议。

一是通过倾斜性的特殊劳动津贴激励教师以多做贡献来获得职业尊严。近年来，我国在改善教师工资待遇方面虽然取得了很大进展，但教师劳动的特殊性及其贡献远未被人们认识，进一步要做的工作还有很多。我国实施的绩效工资制度，是一个倡扬师德、引领价值导向的重要契机，必须考量和把握这一旨在激励先进的工资政策对师德建设如何真正产生积极的影响；同时，还可以进一步设计、建立一些倾斜性的特殊劳动薪酬机制，对不同工作岗位、不同工作量、不同工作环境的教师的薪酬做出区分和价值引导。薪酬激励机制通过提供物质上的补偿，对做出更多实际工作、奉献了更大教育价值、承受了更多困难的教师给予社会的肯定和支持。

二是通过更多赋权为教师创设职业价值实现的空间。教师道德本质上是教师在职场中的实践智慧。它需要在实际的教育、教学伦理关系中不断做出决定和行动来锻炼、磨砺教师的道德意识和道德能力。因此，学校必须赋予教师更多的教育教学自主权，充分调动和发挥教师的自主性和创造性，让教师鲜活的生命个性在常规的教育教学工作中、在自己的本职工作岗位上得到展现。在当前的教育实践中，赋权包括在相信教师的前提下，鼓励和支持教师进行教学资源的开发和乡土教材的编写，探索学习困难儿童和教养困难儿童的教育策略和方式，根据教学实际创造性地落实教改理念以及开设选修课等，鼓励教师创造性地完成教育教学任务、提高教育教学效果。特别是推进新课程改革，纠正应试模式的教育，倡导校本研究与变革，鼓励广大农村地区学校教师因地制宜地探索适合本地区、本学校且有成效的素质教育实践，更需要解放他们的手和脑。在这一过程中，教师因拥有较宽松的工作环境，有更多解决伦理难题、挑战自我的机会，容易体验到职业成长的乐趣，获得职业成就的自信。而且，也只有当他们的工作与所处的条件相结合、能用得上时，他们才可能发现其工作的意义和价值。这正是形成教师师德的不竭动力。

三是加强和改善对教师的专业管理，保障教师的专业发展与道德成长。专业管理是指在课程管理、培训管理和教学组织管理等方面，对教师进行业务上的指导和管理。长期以来，我们对教师工作的特殊性、专业性上的认识还有很多不足之处。对教师工作的管理贴近专业性质，尊重其专业规律也不够。在不少地方，人们习惯和满足于用行政管理代替专业管理，特别是农村义务教育管理体制改革以来，对乡镇以下农村学校教师的专业管理在一些地方出现的管理"缺位"，需要及时引起重视。教师的日常业务学习，同侪的相互切磋、分享与互助，教师工作之余的自修等都需要有一种"专业管理"而非"行政管理"的意识和方式，以保障教师在职业成长、道德成长方面的需求得到满足。当前，对教师专业管理的内涵条件、管理模式、管理体制与机制方面的探索和认识还很不够，专业管理的普遍水平还不高。

从根本上说，师德建设是一项文化建设，是最深层的、难度最大的精神建设，所有的制度安排、政策设计、环境改造终将抵达教师个人的精神——心灵层面，即稳固教师心中的"锚"。如果上述几个方面能够得到更多的重视并逐步推进和落实，教师的劳动可进一步得到尊重，创造力能进一步得到释放，价值感、尊严感和职业幸福感能获得更好的实现，教师内心便会产生更多的愉悦，一种最根本的力量——对教育的爱与责任就会产生。师德才成为有源之水，有本之木，潜滋暗长，直至枝繁叶茂，异彩芬芳。

论教育现象学及其应用

——兼论教师的教育现象学反思写作[①]

世界万物都是复杂的复本，如老子《道德经》之"混成""有物混成"，现象学之回归生活现象、面向事实本身，以搁置和摒弃前见、偏见、意见的克己，去剥离假象，在透视复杂的基础上获得明见性，如康德的思维在意识中的看、胡塞尔的本质直观、梅洛·庞蒂的"更确切地看"；如海德格尔的"领会"、对于存在的显现的"擦亮眼睛去看"、观照；如萨特所认为的那样存在的显现不完全是依赖于在场，不在场也可以显现存在本身，等等。在实证性研究中不断层层剥离出通向实证之境，从而以理性之光照亮了通向人生活的路，并获得自明性。这种自明性，通过主体反思抵达教师的内心，投射在现象学写作中，使内心不可视的航程得以立体化，心中的道路变成了纸上的剪影，映照出他们的成长之维，体现出教师的自我发展之路。

一、教育现象学的实证性需要重提现象哲学的实证主义立场

(一)价值与使命

胡塞尔倡导现象学作为"第一哲学"的初衷是重视其先在价值，将

---

① 本文是作者与何蓉合作发表在《教师教育研究》2014 年第 6 期上的文章。

现象学作为优先考虑的哲学，赋予其在思想准备、精确表达以及科学立场等方面改造科学活动并使这种改造从科学的专制中解放出来的使命。生活世界一般的结构源于现象，而现象学作为一种认识论和方法论，首先意味着一种方法和态度，并体现了一种彻底的、哲学的以及学科性的自我意识，标志着一门科学以及一种诸学科之间的联系，在其中有着各门科学的根基。

(二)现象学及其实证性

现象学给人的感觉不是"体系哲学"而是"工作哲学"，其"执拗的"初衷就是一种永远面向实事本身的立场，这种无前提性的、无预设性的摒弃先见、前见从而忠于实事以获得对于事实的明见性或本质洞察的立场，是胡塞尔、海德格尔、萨特、马克斯·舍勒、梅洛·庞蒂以及新现象学的重要代表施米茨等人的现象哲学的统一基础。真正的现象学研究首先意味着搁置前见的隐去自身，这意味着克己、倾听、看、洞察……以真切地接近事实，获得直观的洞察，只有在这样的立场下，回到事物本身并面对原创性及意义的原初性而隐去自身的现象学者才是"真正的实证主义者"。①

与之对应的本质还原原则，赋予现象学对事物与世界以及意识关注的各个领域或层面以摆脱经验的变更性而获得本质直观的明察的可能性。悬搁或悬置的原则，将其他问题暂时搁置即加括号的方法，则从根本上把实事本身或事物的显现本身作为单独的问题来研究，赋予现象学之对象意识以有效的超越性；在本质还原的基础上，在直观概念的基础上对于其扩展的本质直观的获得，是人认识的最后根据，或者说最终的教益；在马克斯·舍勒的观点中，则体现为一种直接的再

---

① 倪梁康：《面对实事本身——现象学经典文选》，883 页，北京，东方出版社，2000。

直观。总之，现象学以其特有的认识论和方法论特征，赋予了一般研究以实证性的更具开敞性的可能空间，并以理论理性的实证之光照亮了真实的人的生活之路。

二、教育现象学在教师研究中的价值、意义

(一)教育现象学研究是什么

当我们探讨现象学的价值、立场、方法论时，包括我们对教育现象学的探究，并不是那些实际获得的可估价或批判的具体结果，而是对研究本身的可能性的发现或发展。教育现象学因其鲜明的实践性、浓郁的人文性以及强烈的反思性等特点，成为一个独特领域。教育现象学的重要代表马克斯·范梅南认为，现象学研究是对生活体验的研究，即一个即时体验而尚未加以反思的世界，而不是我们可以为之下定义、分类或反映、思考的世界，它是用于人文科学视野中的教育研究方法。

(二)生活体验作为教育现象学的出发点和归宿

现象学的研究追溯其发展初期，"'生活'这个术语是一个现象学的基本范畴；意味着一种基本现象。"[①]在现象学对教育学的影响方面，荷兰教育家 M.J. 兰格维尔特把对结构基本概念的现象学说明作为卓越经验研究工作的坚实基础，教育研究从解释人整个形象的儿童出发，从儿童的生活出发。其关注教育教学情境，教育时机，事实、价值、行动、事件等，关注教育现象，关注教育意义。

生活体验是对生活的全部展示，其最基本形式包含了那些直接的、

---

① ［德］海德格尔：《对亚里士多德的现象学解释 现象学研究导论》，赵卫国译，71页，北京，华夏出版社，2012。

先于反思的意识，而我们与它的照面，是通过反思的形式来意识到它的，如梅洛·庞蒂指出，现象学人文科学的最终目的是重新获得与世界直接而原初的联系——直接体验着世界。① 生活体验的可感受性成为一种中介，我们通过各种解释行为、反思行为来激活体验，对于生活现象的多维、多重、多层意义与教育意义的解释和重构，这既是生活经验的特点描述又是其意义的追寻，从而使我们获得了生活的意义。

（三）教育现象学赋予教育行动研究的可能性

1. 在行动研究中的可能性

行动研究在摒弃了科学实证主义的偏狭的基础上融会贯通了量化、质性、思辨等研究方法，走向全方位整体的视角，孕育了更为宽广的理论与实践的拓展空间。教育行动研究起源于教师对教学情境的敏感、对教育问题的关切以及对教育现状变革的需求和期盼，其可能性源于探究与改善实践的观照，不仅仅作为研究或探究方法，更作为一项变革行动，它体现为一种探究教育教学实践、教师即为研究者以及探究教育教学专业实践的目的和品质，行动研究本身成为一种元实践，并以其实践改善其他实践的实践，既涵盖了革新行动的诉求，又包含了在人的身心发展层面上对于知识生成、道德涵养与审美熏陶等生命意义上的致力于真、善、美的实践的深刻关照。实践本身应扎根于情境中的反思和洞察，从而使教育者和研究者产生实践智慧，这是历时性的、共时性的改善行动。此外，教育行动研究的实践导向与人类经验的累积模式相区分，它不仅是一种改善的行动，还是根据情境采取的一种灵活的方式。行动研究是一种系统的探究行为，研究者有一定的自由空间却不能用随意的方法决策；研究者有计划、有方法地观察探

---

① ［加］马克斯·范梅南：《生活体验研究——人文科学视野中的教育学》，宋广文等译，49 页，北京，教育科学出版社，2003。

究，在研究初期不预设未来的结论；行动研究不复杂、难懂，却严谨、妥帖；其复杂程度和形式取决于对研究情况的敏锐判断和控制，并为研究的改善提供了可能性。

2. 在行动研究中的实践性

(1)实践性与教育学理解的达成

一方面教师在行动研究中，尝试在教育情景、教育事件中促进教育教学的卓有成效，并获得理解、认识、道德感或者审美，其自身获得成长，在感性中的意识涵盖了道德教化的意义；在知性处体现自由探求的品质；教师的反思、自我意识的发展也体现了实践的本质，关注每一个学生的身心发展，形成敏感的教学智慧，敏锐地聆听、观察和反思，以达成其作为教育者的理解，以及反思、同情、信任等诸如此类的教育学的理解，如非判断性理解、发展性理解、分析性理解、教育性理解、形成性理解等应用性理解，在不断反思与行动的共同作用下，抓住教育契机，做出行为决策，在教育情境中采取智慧行动。另一方面行动研究中的实践性还体现在：当研究者进入教师队伍中的时候，通过与教师的互动、讲解、解释以及反思等形式，获得教师的理解，并在一定程度上获得教师对行动研究的支持。

(2)对有意义的关联性的发现与反思

在教育现象学方法对于体验的重视层面，赋予意义及其关联性的获得，助益于行动研究的引领。在对全部行动的探究和改善层面，也包含了反思行为，这种对现实的关照在实践活动中引领了教育行动与教育研究。对人的改善，基于对其生命发展的重视，致力于拓展其生命发展的空间，也是一种理论诉求，赋予行动研究开阔的视野，以及自我、他人、社会、环境以及世界之间的互动，包括人的外部行为与内心实践这些关联性的行为，也涵盖在实践的深层内涵中。一个教师如果长年累月、日复一日地进行教学经验的重复而没有关联的意义感的获得、没有意义的提升，就不会有教学上的进步。教师的意义内涵就在于其对自身职业的自觉反思中，在自我意识的发现与洞察中，在自我意识进程中所实现的自我领悟与教化，从而促进教师的发展。

3. 回到实事本身与全人教育

当科学丧失了其对于生活的意义，科学危机就会造成人对生活世界的漠视，即个人的意义、为人的生存获得合理的意义的信念就会崩溃。教师在关注学生心灵与生命的同时，还要通过主体自识、教师与学生的主体互识与主体共识而达到明见性的开启，从而实现师生的共同成长，以发挥教育的最大可能性。有研究者认为，全人教育即基于全体论观点而产生的想法，它的核心概念是相互关联性，具体做法则是努力整合所有的知识和经验在不同层次上的相关意义。教育现象学以回到事实本身的态度来反思、挖掘和发现教育教学活动中的意义，从而实现自我的真正教化与成长。从知识与行动之间、现象与意识之间、认识与价值之间拓展到全人生命，将对于分化的、碎片化的模式拓展到对人生命意义的重视中。

回到情境中，对于教育者来说，重要的是不仅仅能缜密周全地行动，而且能理解反思的经历和反思经历所使用的知识类型的意义和性质。[①] 教育学的行动研究既要涵盖因果性分析，又要涵盖解释学的领域，它的场域既含有自然又含有自由的视域，因果设定只能用于被对象化了的过程，而主体之间的互相影响与位置置换也是可能的，我以我的心来体会当时你的心，从而走进你的世界。在自我关系中，意识的流动状态促进了自我的发展，这种发展是自由的、不设限的，根植于事实的情境中却拥有着完善的空间与可能性。同时，实践主体的自

---

① ［加］马克斯·范梅南：《教学机智——教育智慧的意蕴》，李树英译，133～134 页，北京，教育科学出版社，2001。

我不断发展也促进了对新状态的重新解释与领会,理解本身以实践为基石并成为实践的解释,涵盖了因果分析科学那样的实验性实践,而分析理性与辩证理性前者在外部的实验者的位置,后者在内部的综合观察者的运动,使生活与教育的意义性得以连贯,人成为动态的统一而不是单纯领域的相加,丰富了人的本质,这种动态结构与主体结构的可能发展的描摹与分析成为构建教育理论、与教育对内心关注与改造的重要组成部分,改造人、成就人、完善人,同时改善教育活动、改善教育研究本身。

三、教育现象学反思与教师自我成长

(一)教育现象学视角下的反思

在教育现象学的视角下,反思是教育学理论的基本概念。在行动研究中,反思也包含了对行动方案的深思熟虑、面向明见性做出选择的意味。范梅南指出,对教学体验的思考和在教学体验中思考似乎有着不同的结构,其实质是反思的类型不同,前者与过去体验的激活、解释和重构紧密关联,后者类似于情境中的行为实践。一方面,现象学反思是对一般意识的认识方法,人文科学视域下的教育学,取之生活,并以反思的形式来表达生活。另一方面,作为一种意识体验也是现象学意向分析的重要对象。在这一层面上,反思也与回顾紧密相关:回顾教学事件中的关联是从内在与外在寻求意义,而对主体自身体验的描述是现象学研究的起点。看、回顾都体现为一种态度、视角,更是一种方法,它们注重在事实层面上的价值,在现象学写作方面能够反映真实的现象就是该问题的目标。在现象学写作中,涉及还原、悬置等之类的概念,具体表现为悬置个人的前见、偏见,去捕捉情境中能够反映主体自身或者他人的重要观点,这些观点形成和产生的重要时刻，以及它们是如何生成和被促发的。

(二)教师反思与重要时刻

我们获得的许多教师的反思性文本涉及的内容多为师生关系层面上的，如认知的、道德的、审美的、信仰的，以及社会学意义上的互动，等等。反思性知识的获得也与教师所处的特定情境中的特定事件息息相关，大部分教师在反思教学事件中能够找到自己行为的出发点或者节点，抓住一些重要时刻，获得教育契机，在反思中获得新的认识和启发，甚至是自我意识。总的来说，人的知识包含了显性知识与缄默知识，波兰尼认为，二者可以转化，即前者可以转化为后者印在脑海里，后者也可以转化为前者，表现在行动上。在人知识的获得与转向的意义上，将知识转化视觉能力在正确方向上的朝向，因此人的视力在面向正确的方向的基础上获得了知识，实际上可以引申为一种洞察和明见性的获得，从而转识成智，或者说道德、能力的得之于心。另外，教师在具体情境中行为抉择的反思中的感受往往表现为从外部行为获得对学生的整体感知，从而获得下一步行动的基础，部分教师当时无法立刻抓住那些重要时刻，而是在反思时才体会到，他们当时并不知道那时是那样一个重要时刻，而后才能反思自己做出行动后学生的表现或变化。在一定程度上，这是合理的，与教师的风格相关，因为教师的影响效果与学生的表现或感受也有关联，教育现象学的反思能够提高教师的教育教学艺术。你无法看到也触摸不到人内心对一种事物的判断，但是你可以看到一个人的行动或表现为外部的语言行动等，其表现程度、表现方式、表现时间和频率都因人而异。总之，教育现象学、现象学反思对于情境性的重视，对于事件的反思，以及对它们改善的出发点和节点的重视，对于教师在教育情境和教学事件中的行为改善、教师自身意义感的获得以及教师自我发展都具有重要的意义，同时也为研究者提供了探究空间。

四、教育现象学的反思性写作与教师职场故事

一般来说，现象学的反思性写作包含了自己对情境、人物及其关系、情节、内心事件以及体验等的内容。教育现象学的反思性写作的目的是将生活体验以文本的形式来呈现、描述与解释。在这一转化中，文本的效果成为有意义事物的重新体验和反思性拥有，悬置前见、无预设的反思，直接从呈现在我们意识中的所体验到的现象中开始，让体验自己说话，探究我们意识中的现象结构以及体验形成的方式。然而，在反思中，要避免圣伯夫根据夏多不利昂的回忆录中所说的情况，即在某种程度上，他用了写作时出现的情感，来替代他所叙述的那些实际体验的情感。[①] 并且考虑到两者的转化问题，即反思的实际问题，在教育现象学研究的反思性写作中，主体将生命、心灵投入其中，投入到当时的情境中，对于细致入微的变化如心理变化、表情、动作、情感等样态的关注和把握，重温当时当地的情境，将发现和挖掘意义，寻找重要时刻、关键点，教育契机，教师自身的把握，学生学习的效果以及影响等因素都包含其中。对基于学生、教师的状态以及学生与教师的关系变化所产生的教育契机和教育意义，带给教育教学价值与重要性的再认识或改进，每个人是不同的，重新回顾当时的场景、状况，有没有抓住教育契机，是否要检讨自己，蕴含了什么意义，发现了什么以前不曾发现的意义，是否有需要改进的地方，当时如果那样做会不会更好，等等。

教育现象学的反思性写作，也就是我们所说的教育学的人文科学

---

① ［俄］尼古拉·别尔嘉耶夫：《自我认知》，汪剑钊译，239 页，上海，上海人民出版社，2007。

研究，是一种重要的直接获取我们与教育的直接而原初的体验的研究方法。现象学的写作是对生活体验（现象）的描述性研究，并试图通过挖掘生活体验的意义来丰富生活体验本身。[①] 基于此，在教育现象学对主体体验的研究与挖掘中也在丰富着主体自身。在人的语言认识以外，还需考虑我们的语言经验，犹如教育学不仅要考虑概念，还要考虑其内涵的丰富性和复杂性。语言中包含着偶然，也包含着反思不到位（你不能预设反思）、未经思考的，或者说未思考周密的偶然事件，这也可以作为下一步思考的契机，从而为反思性写作的丰富和发展、为文本的丰富和变化提供了空间。语言在变化中获得了意义以及意义的发展，这种意义可以体现为我们看到的变化所获得的启迪，在现象学文本的发展中，意义及意义的发展为语言的平衡与运动提供载体的同时，它也承担着某种顽强的能够穿越语词的衰退与删减并聚合语词的流变态势的整体，这种整体最终形成了教育现象学反思文本的逻辑、意义，这种逻辑、意义是在稳定的或趋于稳定的认识、情感、价值观等里面体现的意义，或者自我意识。于是，在现象学写作的过程中，作者使偶然的东西得到了转化，并在现象学反思中重新把握了偶然与意外。现象学反思写作让思想呈现实践，也让思想回归实践，使主体更富有洞察力。

结语：

教师通过现象学反思写作，将自己在职场故事中的自我心路历程立体化地呈现在纸上，不可见的内心成了纸上的倒影。借由反思，促进教师自我知识的获得，去把握自我的存在，为自我奠定了不同于原初意识、意向的第二次努力，现象学反思体现了教师自我的时间化而

---

① ［加］马克斯·范梅南：《生活体验研究——人文科学视野中的教育学》，宋广文等译，48页，北京，教育科学出版社，2003。

成为一种再认识，存在对自己是其所是，反思成为"为了存在"的一种准认识、准自我，充满着"我应是"的可能性，在再反思中的这种新的可能性使教师不断去蔽、自组织，并对自己的态度、行为、方式、内心状况、选择以及对学生的期待等不断地摒弃、推翻、重组，从而建构新的见解、认识，在提高自身教学艺术之外也不断地通过这一历程实现自我发展。现象学反思写作不仅是实证性研究通向人的生活之镜，更是通向教师自我成长和发展的重要方法。

教师教育要俯下身来看学生^①

教师教育不能单一关注学科知识，还要关注教师工作职场本身，回到职场生态本身、回到教师职业生活本身和活生生的人的本身上来。

前段时间，我碰到了南京的一位教师，当我问及他现在的教学感受和体会时，原以为他会向我诉说一大堆的教学压力、职业倦怠等问题。没想到的是，他很开心地说："现在我们的压力不大了，与不少学校把考试和分数看得很重的情况不同，校长作为教师的领头羊，不是一味地将学业成绩作为考量教师的标准，而是强调育好人的同时，也要有自己的职业幸福感。"

教师教育关注教师职场本身，是教育领域必须重视的问题。我们不管是做教师教育研究，还是从事教师工作实践，都要真正回到教师工作职场本身、回到职场生态本身、回到教师职业生活本身和活生生的人的本身上来。集成再多的知识，使用再多的质化、量化方法，我们都要为以上的目标而努力。

教师教育要引领全体教师的发展。

教师教育永远要追求伦理和审美的价值。从人类早期文明开始，我们关注教育学科，开展教育活动，这都对如何引领群体教师发展寄

---

① 本文是作者发表在《中国农村教育》2018 年第 2 期上的文章。

予了厚望。到底要把握哪些知识？怎样去创造和生产知识？这不是教师教育目前的重要问题。现在许多年轻教师在研究方向的选择和定位上、在持续性的知识积累上，与过去相比已经有了明显进步，他们思路比较清晰，成果呈现比较丰富，研究群体比较自信、独立，但需要我们花很大精力认真思考的是，我们的教师教育到底要关注什么，要走向何方？对教师教育的价值观、研究者的价值立场问题，我们必须时刻反省。在强调"生态环境"建设的今天，切记不能让权力、金钱以某种名义引导学术、牵引学术，不要过多地围绕资源分配去费脑筋，不要让灵魂跟不上肉体。教师教育，要为伦理和审美达成共识，倾注心血让教师在职场幸福地发展、更好地成长，在享受工作的同时也享受生活。

教师教育要关注学生的成长。

教师教育最终是为学生的成长以及教师在学生成长的同时得到自我发展服务的。所以，我们要回归教师的教育生活。在课堂上，在每一次教学活动中，在每一次与学生的交往中，都要逐步培育教师的敏感度和洞察事物的敏感性，培育和锻炼教师反思能力和洞察能力。教师如果能把最低量的知识用最通俗、最明白、最简洁且较有序的方式表达，让所有学生达到最低的水准，同时又能不断满足更多学生的需求，那么，这样的教学就是一个教育学生，让他们的身心得到和谐发展，精神成长得到拓展的过程。

教师教育要关注学生的学习。学生在学校的生活主要是学习，通过课堂学科知识的学习，构筑与其他学生的关系，构筑与教师的关系，回到家庭再构筑与父母的关系。如果学生处在一个快乐的学习状态中，这种快乐不是减轻负担后的快乐，而是热爱学习的快乐，爱学习、想学习的快乐，这样学生才会有更多的成就感。如果学生是在快乐地学习，投入积极情感状态地学习，他就会不断地维持其学习动机，并不断地得到强化，就会扩展他的学习兴趣和欲望，和同学之间关系友好，并从同学、老师那里获得依恋感和自信心的满足。如果我们关注到了这些，就意味着走向了教师教育的正确方向。

教师教育要有问题意识。

从事教师教育工作离不开研究。教师教育要围绕教师活动开展，对教师成长、发展、职业活动中存在的问题，要积极查找。是用已有概念自成框架，还是沿着问题产生的脉络去寻找解决问题的办法？这些要引起重视。有些教师，是先把问题提出来，然后用西方文献去构筑一个解决中国问题的概念命题框架。我认为，我国的教师教育研究要尊重和传承传统文化。传统文化的精髓往往具有现代价值。我们可以借助问题，把一百多年来传统文化中基本废弃、断裂的文化从危险状态拉回来，更多地以中国方式、中国人的文化积累、中国学者的态度，在思想传承中研究教师教育问题，这样也大有意义。教师教育研究者也要在尊重差异性的基础上，引领协同性，通过健康价值观的引领，尊重思想与实证并重，多样方法并取。在这个时代，我们期待一批学术风气正、学术心向纯、师生友善友爱的队伍从事教师教育研究和实践。

"布衣知识分子"的教育人生
——刁培萼先生学术思想和精神遗产①

刁培萼先生是南京师范大学一位卓有成就、富有个性的教育学专家，是我们教育学的前辈。他是我在南京师范大学读书期间和工作期间——让我在教育哲学研习方面受益良多的老师。转眼间，他离世已多年，我总想写点什么纪念他的心愿与日俱增。

一、他有重要学术成就

刁培萼教授的学术热情和创造力如火山般爆发，一连创下了中国教育学术界三个"第一"，即国内第一本《马克思主义教育哲学》(与丁沅教授合作，丁沅老师同样是一位值得尊敬的教育哲学教授)，在学生协助下完成国内第一本《教育文化学》以及国内第一本《农村教育学》。仅就这三个"第一"，他在中国教育学术界的贡献便不可小视。而且，这三个分支领域的开创之功，无论对学者个人，还是对南京师范大学教育学科，对改革开放、百废待兴的全国教育学术界，都具有学科奠基作用，堪称学术上突出的贡献。

---

① 本文是作者发表在《南京师大学报(社会科学版)》2016 年第 3 期上的文章。

先生在年轻时即对马克思主义哲学抱有浓厚兴趣，因为情如痴迷，圈内人戏称他"刁克思"，也因为他的善思求问之风，年轻学人喻他为"随园的苏格拉底"。"文化大革命"后，大学恢复招生，急需构建教育哲学新课程。刁先生与丁沅先生领衔编写《马克思主义教育哲学》，该著理论体系是在1980年参加华东师范大学举办的教育哲学讲习班上提出的，1985年被列入中华人民共和国国家教育委员会高等学校文科教材编写计划，并于1987年由华东师范大学出版社出版。该书以辩证法为主线，探讨自然、社会、思维的发展与教育之间相互作用的规律，力图从总体上把握教育运动和教育发展的一般规律，并为教育实践提供理论工具。作为改革开放后第一本马克思主义教育哲学著作，它为马克思主义在教育哲学学科的地位、为教育哲学在教育学科群的地位奠定了基础。在陆有诠教授撰写的《中国教育哲学百年史》中，它被评价为具有创新色彩的教育哲学范式。《马克思主义教育哲学》全书的核心思想和主线是关于自然、教育与主体的辩证关系，先生在书中这样论述："在自然运动中，主体通过教育获得发展，'改变一般的人的本性'。这就是说，教育生产着主体能力的各种自然力量，使劳动能力改变形态。"先生对马克思关于人的全面发展的观点、马克思关于自由人联合体的观点、马克思对人的全面解放的观点尤其看重，且保持了立场上的一以贯之。他指出，教育具有促进社会发展以及促进人的发展的双重功能，二者不可偏废。教育促进人的社会化的过程，其实就是人与社会和谐发展的过程，书中写道，教育的对象是人，而人又作为一个实体与价值的统一体，这样，教育就有了二位一体的不可分割的任务。从人作为一个社会实体来说，要求体、智、德的全面发展。从人作为一个价值存在来说，要求真、善、美的和谐人格。这样就造就一个全面发展的人的过程，也就是提高人的价值的过程。

先生治教育哲学的一个显著特征是，将古希腊经黑格尔到马克思以及杜威的思维辩证法贯穿于整个教育哲学的主线，他不仅强调教育的对象是人，而且强调教育的对象是"思维着的个人"，他喜欢与年轻人讨论皮亚杰的认识发生论，引皮亚杰所说，思维最后把自己从身体活动中解放出来。他认为，思维力是走进人类自由王国的又一文化力。它蕴含着人的灵感、直觉与悟性，深藏着无限的创造力，教育归根结底是为了人及其思维的发展。通过我与他的多次交流，他对"思维着的个人"如此看重，将其作为教育培养的重要目标，并不是偶然的。一是他始终将马克思主义关于自然、社会、思维与教育实践的辩证发展关系看作理论建构的基础，如他在书中写道：受教育者所遵循的个体认识规律是人类认识的表现形式。因此，根据马克思主义认识论，有可能揭示个体认识规律，从而有助于人们更好地掌握和运用各门科学的概念系统，这对于提高一个民族的科学文化水平是至关重要的。二是由于他有着丰富的工作经历，与夫人吴也显教授长期扎在中小学课堂，坎坷的生活经历以及多姿多彩的教学活动画面使他终生关注那些真实具体的"思维着的个人"，从而不会把马克思主义教育哲学（教育哲学）做成空悬、抽象的，不愿、也不敢面对现实拷问的死学问。

刁老师出生在农村，一生情系农民。20 世纪 70 年代末，我国农村改革的成功和 20 世纪 80 年代中期开始的农村综合改革及乡村变迁一直是他思考教育改革问题的源泉。在当时南京师范大学鲁洁教授主政的教科所尊重个性、宽松自由的学术环境中，他撰写的《农村教育学》于 1989 年出版。紧接着，1991 年出版《农村少年儿童问题行为与教育对策》，1993 年出版《农村儿童发展与教育》，在鲁洁教授的支持下，他从江苏省南通市如东县引进熟悉农村教育、有基层科研经验的陈敬朴老师，之后又连续引进人才加强南京师范大学农村教育研究团队，并在大家的协助下于 1998 年出版《农村社会主义精神文明建设的基础工程》。一时间，南京师范大学教育学科在农村教育研究方面声名鹊起，走在了全国前列。据此，教育部经慎重考察，决定将建在河北省保定市的"联合国教科文组织国际农村教育研究与培训中心"在南京师范大学再建一个基地，以强化"中心"的作用。该基地将刁老师团队一系列学术著作转化为教材，翻译为英文，首开培养中外农村教育专业方向的硕士研究生、多批次培训非洲多国政府官员，并在苏南、苏北农村建立了供国内外农村教育管理人才培养培训的考察现场。就这样，除了河北农业大学，当时的南京师范大学名副其实地成为又一个面向世界开放中国农村教育经验、参与联合国教科文组织成员国间交流展示以教育促进农村社会综合发展的活跃窗口。我和黄涛教授曾有幸先后以南京师范大学副校长身份兼任联合国教科文组织国际农村教育研究中心（南京基地）主任，与陈敬朴、张乐天、王强等教授先后合作，亲历这个中心当年的创业激情与工作盛举，饮水思源，不能不感念、感恩刁先生当年的思想敏锐与筚路蓝缕的开拓之功！他领衔首创的农村教育研究，在今天仍然是我国社会深刻转型中需要着力研究推进的一个学术领域。如今，一批年轻学者已经成长起来，切不可忘记开拓躬耕在先的刁培萼先生。因为刁先生退休早，没有机会带更多的研究生，因此其学术思想的传播受到了一定的限制，使现在年轻一代的学者对他的贡献知之不多。为了避免自己和后辈学子的"失忆"，我会不时地在课上、课下给他们讲些前辈教育学家治学与为人逸事，除了我的博士导师鲁洁先生外，已逝的如东南大学萧焜焘先生，王育殊先生，上海师范大学李伯黍先生，北京师范大学黄济先生，中国教育科学研究院（原中央教育科学研究所）胡克英先生、史慧中先生，华东师范大学瞿保奎先生，上海老教育家吕型伟先生，东北师范大学王逢贤先生等，其中刁培萼、吴也显夫妇的齐眉举案、伉俪情深令年轻人神往；他们都是我学术成长道路上的重要启蒙者、提携者，对我的学术研究、信念及人格影响至深。就教育哲学来说，我并不能确定究竟哪些知识是从萧老师、刁老师那里得来的，而且就知识本身，无论是前辈师者还是我自己，或迟或早都会被学生超越，但保持对思想家的崇敬、讲求哲学人物，观点与其方法的脉络关系，重视感性的丰富性、知性的准确性以及经过了历史辩证的理性综合性，则是老师留给我一生受用不尽的财富。种种叙事，不仅赢得了年轻人对学术前辈的知晓和崇敬，还引发了他们去寻找那些已经淡出当代学人视线的早期论文及其历史背景，荡漾在学术的历史感中，这让我和学生彼此感到欣慰，而且我相信，所谓学术谱系与代际传承很可能就深藏其中。

二、他不太在乎"名分"，只想做事，更看重的是学术本身

我是 40 岁出头从哲学—伦理学专业转行投到鲁洁教授门下攻读教育学的，从备考起我才正式接触教育哲学。但因硕士阶段跟随萧焜焘先生研习西方哲学史，萧先生对西方哲学史人物，尤其对黑格尔《精神现象学》长时段的、至为特别的讲授，使我对人的教化过程，尤其是对个体精神发育产生了浓厚的兴趣。进入南京师范大学拜识刁先生，老先生欣赏杜威的经验—生长哲学，重视黑格尔的精神现象学以及马克思对自然、社会、思维与教育实践的辩证发展观，都使我对他有亲近之感，与我原有的知识结构也容易联结和相容，大有重返学术家园之感。几十年来，我一直认为刁老师是被学校安排给我们正式开课的教育哲学教师。直到后来我与吴老师电话聊天，才知道刁先生当时是请求延迟退休来给我们上课的。回想他在教科所会议室给我们讲教育哲学、讲杜威的生长哲学、讲解放儿童，那声如洪钟、神采飞扬、演说家般的轩昂气度倾倒了满屋子听众。那时我们上课，多为学术讨论或漫谈聊天，未能尽兴时我会再到刁先生家继续聊。对于这种聊天式的上课，我特别喜欢，由于师生近距离亲密接触，我感到比正规上课要

思维自由、心灵接近，境界也开阔得多，它像一块硕大的吸水海绵，可以让人长久反复地从中吸收浓缩的精神汁液。在南京师范大学攻读博士学位的三年里，我们常参加教科所老师的活动。这个教科所很特别，是 1980 年经国务院正式批准的第一批专业研究所，除了教育系之外，所里聚集教育学科不同子学科及学科方向的教师，不仅有教育学原理、教育哲学、教育社会学、课程与教学论，还包括学前教育专业，在心理学科方面有普通心理学、教育心理学、社会心理学，还有心理学界泰斗高觉敷先生的亲炙弟子等不同专业背景的教师。参与教师开会研究工作、讨论学术，对学生辈而言是难得的学术濡染，对年轻教师而言，获得宽阔、交叉的知识视野恰是他们日后顺利成长的重要条件。

1993 年，我从莫斯科大学哲学系访学回来，入职这个教师团队，所里也陆续引进了一些年轻的博士，当时的我不到 46 岁，正值老少两个群体之间，一年之后，鲁老师把所长担子交给了我。以此前三年随所读书和入所不长的一段职业经历，我领悟到这个所有着鲜明的风尚气质，即思想自由解放、学术为本、包容接纳个性、个人严谨自律。我也相信，刁老师等一批老教师自由洒脱、率性自然的性格与执着较真的做事态度，既是当时教科所自由、宽松、严谨学术氛围的产物，又是这种精神文化的重要缔造者。刁老师一直支持我的工作，每次学术活动都少不了他的身影，尤其是每逢博士生答辩，他的精彩点评、他的洞察力和高屋建瓴总让学生因"学术瘾"的满足而兴奋。回想他当时那种全情投入的主人翁姿态，根本无法想象他已是一位退休教师。如今我更理解了，他为什么那么热衷参加所里的活动？为什么他常跟我提及库恩的学术共同体范式？为什么他讲起学术，从不在乎听者多寡？为什么他不申报国家课题，但对每一项自愿自立的研究都无比卖力和较真？那是因为他看重的是学术本有的价值，他甘愿参与建设学术共同体，他享受教书、带年轻人做研究的无比乐趣；他别无他求，需要的就是有时间、有机会做事情；在他心里没有什么比自由思考、从心写作、无干扰地做事能让他感觉更有意义。

他的大部分成果是在 1989 年退休以后完成的。退休后的他不仅继续研究教育哲学，还与夫人吴也显教授一起从事自主学习研究以及中小学教师教学智慧研究。他们联合一批学校，一干就是好多年。他说："做终身学人，在研究和探索中学习，是我的生活信条。"他确确实实言行一致，说到做到了。

三、将教育实验融于教育哲学研究，他坚持了一辈子

刁老师不是一个沉浸于书斋搞纯理论研究的学者，他的学术表达既有从云端俯瞰的高度气势，又有贴近地面运行的真切画面。他总想着把他琢磨出来的想法拿到中小学教育教学实践中去验证，也总能从生动充实的学校生活中发现和提炼新的思想概念，其途径和中介主要是到学校做教育实验。南京师范大学素有行知合一的传统，陶行知的重实验主义、教学做合一，陈鹤琴的活教育思想，对后来的学者都有潜移默化的深刻影响。改革开放之初，我国当时还没有正规的科研申报制度，但南京师范大学教育专业的老师已经领先潮流，自觉到中小学随堂听课、蹲点调查和进行教育实验。当时鲁洁老师、刁老师夫妇带着恢复招生后的第一批学员去无锡做研究，形成了后来不断发展的"班集体研究"，并在全国产生了很大的影响。从 1990 年开始，我随鲁洁老师、刁老师夫妇到苏南、苏北一批小学做教育实验。那时我们常去淮阴师范学院附属小学做"生活基础教育"实验研究，长途汽车一坐就是八九个小时，一路颠簸，中间还要过一个更让人难受的所谓"天长跳舞厅"。20 世纪 90 年代中期，我参与刁老师夫妇与无锡师范附属小

学、无锡五爱小学、无锡连元街小学的合作研究，与一些学校教师就素质教育的探索做研讨对话。教育实验不能是无思想的实验，只要和刁老师在一起，只要他开口，我总能感到哲学的存在，也总能体会到思想的力量。教育实验需要细心和持久的观察，因为它不完全是科学实验，其人文性质需要我们耐心地做介入性观察和参与。那时，大学教师与小学教师你来我往，他们来南京，通常都是在刁老师家吃饭，在我家吃顿饭也是常有的事，那场景回味起来很温馨、很美好！鲁洁老师、刁培萼老师夫妇满腔热忱，虔诚谦恭，将小学教师视为研究同事和学术同道的态度、作风对我的影响是无形而巨大的。说实话，作为教育学者，真的懂得一点教育并不是在博士论文答辩之时，而是在进了中、小学校做实验、参与研究之后，文献上的思想观点只有在与实践反复映照、循环认识之后才能真正地被理解。刁老师思想犀利、有批判性，也充满了理想性和一定的超前性，不管其是否带有乌托邦的色彩，但你一定会很受启发、鼓舞和感染。我从1990年撰写博士论文期间开始用情感教育的眼光去考察教育实践，提炼概括出若干个"小学情感性素质教育模式"，与那一段经历分不开；到中小学做科研，刁老师是领我进门的师父。

老两口退出职场后，一天也未停止实验研究，他们凭借个人的专业权威与人格魅力自行建立基础教育实验基地，联合了八所小学、一所幼儿园，组成实验研究团队，通过21世纪前15个年头的求索之路，历经三轮实验，研究儿童如何自主创新学习，研究如何从家庭到社区，让社会成员都有归属感，实现自主、自立与自决，既享有权利，又承担义务。21世纪以来，他们又花了很大心血研究在第八轮基础教育课程改革的背景下如何重建课堂文化，特别是对智慧型教师特质及形成的问题上，多有自己的见解，在国内基础教育界有关这一议题的研究热潮中起了带头作用（他们主撰的《智慧型教师素质探新》为2005年教育科学出版社智慧型教师系列丛书中重要的一本）。刁老师一生崇敬陶行知先生，他把多年来研究陶行知思想的心得融入其中。他认为陶行知不仅提供了智慧生成论，还陈述了教育的高位目标，即师生相互崇敬、共同创造真善美的活人，并规定了达成这一目标的一系列可实施的策略。

先生一贯倡导研究教育哲学一定要尽可能充分地吸纳教育科学的研究成果，同时教育哲学又必须为教育科学昭示理想，提供价值观。他特别强调教育哲学为人提供思维武器，教人自我练就独立思考和批判的能力。他在许多场合说："诸位要问教育研究究竟要干什么？我看就是要发现真相、澄清价值、建构意义。"先生这一高论，任凭岁月冲刷了多少记忆，一遇到某种情境，先生的神情总会浮现眼前，其话音总会回荡耳际。它不仅揭示教育哲学与教育科学两者结合以致深度融合对于教育的重要性，而且这个"发现、澄清、建构"何其难也，又何尝容易？在今天看来，它需要真诚的心，还需要理性和勇气，更重在行动。从事教育科学研究只有站在现实的大地上和具体的教育现场中，才可能不断获得真实、丰富的细节性知识和所谓地方性知识，使教育理论不变成企图放之四海、大而无当的"空泛话语"，甚至还扰乱"本真的教育"。先生当年的这些教导，我做学生时并没有真的听懂，但如今回味起来，深感有用的道理。

四、《教育文化学通论》是他一生教育学术的集成和最后的呼唤

《教育文化学通论》是先生的最后一个心愿，是他在无情病痛中焚膏继晷的结果，可惜他没能等到出版。2014 年 11 月 28 日，吴也显老师从南京将先生的大作寄来，扉页上有她娟秀的亲笔题签："小蔓：这

是刁老师生前未能付印的书稿，为完成他的遗愿，经整理后，在他逝世一周年之际终于得以正式出版。特送上一本作为纪念。"见字思人，想到先生再也不能与我们一同品味这呕心劳作之甘苦，不禁悲从中来。然而细想，老人的学术之旅毕竟有了圆满结局，也算是值得欣慰。

1992 年出版的《教育文化学》是在教育学科需要分化发展为一系列分支学科的呼声背景下产生的。在一群年轻人的协助下，该著作开拓了教育学与文化学的交叉学科，成为系列丛书的一本。当然这也是刁老师个人的兴趣和自觉自愿，因为他比较早地将教育哲学研究朝向文化哲学的方向做思考。后来他一直想重写一本教育文化学，我去看他时，他也曾数次提及这个心愿和工作设想。

从 1992 年《教育文化学》第一版出版以来，直至 2012 年修订，其间经历了整整 20 年。在这 20 年里，刁老师持续关注科学高度分化又高度综合的现实，借鉴钱学森的现代科学技术体系，思考新型的教育哲学必须建立在大科学、大文化概念的基础上。《教育文化学通论》保留了对教育文化系统的整体观照，保留了对民族文化心理结构的传统与现代教育文化关系的剖析，因为依刁老师看来，它们是相对稳定的文化基因。但他又说，在大科学时代，不是单一学科内容的一般更新，而是多学科交叉的创新与再生。只有这样，才能具有学术生命的活力。

《教育文化学通论》是怎样表现他学术生命的活力呢？

其一，继续坚持并进一步明晰其大教育文化概念：教育文化依据完整生命和完整教育揭示不同层次的教育文化的价值和意义。它所依据的不再是生命、教育活动的某一层次——如心理层次，或政治社会层次，或经济活动层次——的价值意义，并把它当作唯一的价值和意义取向，去约化或还原生命和教育的其他层次。先生的大教育文化观关注人以及人类社会生存与发展的全景，着眼于结构与机能的动态和谐发展。他一向把社会综合改革视作教育研究的问题背景，也是教育改革的希冀，所以《教育文化学通论》保持了 1992 年《教育文化学》以专章讨论经济、政治、文化、教育的整体与协调发展，并不是偶然的。现在看来，这是他做学问以来就未放弃过的社会关切；可以说作为教育学者，他的关切和思考是相当清醒和超前的。《教育文化学通论》追求超越逻辑理性、超越技术、超越功利、超越奴性的教育文化，即一种冲破偏狭与短视的大教育文化观。我相信，这是由他深厚扎实的唯物史观、浓厚的知识兴趣以及丰富的工作经历决定的。

其二，对于教育文化学的功能定位。《教育文化学通论》承接了五四运动以来所有进步开明的大教育家的认识，如陶行知的"社会即学校""生活即教育"；陶行知认为教育活动不同于其他活动在于它是心心相印的、可以抵达人心的，所以才有改变人，并借此改变社会的力量。刁老师夫妇退休后的 20 余年里一直保持介入社会、持续走进教育现场，因此他们才能立足于当代终身学习时代，并深刻认识到社会本来就是一个大的学习场，职场更是一个自我教育场，它们都打上了铸就生命价值与人生意义的烙印。实现教育文化学的四大战略，即大文化、大教育、大审美及大人格。自立大人格，提升小我为大我，由此达成领略生命与宇宙之美的境界。因而，《教育文化学通论》观照广义的社会学习、终身学习，但核心功能定位却聚焦于人的精神生命。教育文化学是以文哺人、直抵人的心灵、激荡人类智慧的美丽学问，它与人学、美学相伴而生。

其三，《教育文化学通论》的哲学基础是将历史辩证法融会贯通于教育文化哲学中。刁先生治教育文化学有哲学家的鲜明个性和学术功底。修订《马克思主义教育哲学》可以视作老先生修订教育文化学前做的哲学功课。2010 年，83 岁高龄的先生开始独立修订 1987 年版《马克思主义教育哲学》，他将其更名为"追寻发展链：教育的辩证拷问"。先生将"自然·社会·思维"发展链与教育实践辩证法丰富、发展为"自然·社会·人"发展链与教育实践辩证法的系统叠加。他认为，在经济全球化背景下，"自然·社会·人"的发展链凸显了它与"自然·社会·思维"发展链的关系是密不可分的。在二者的统一链接中，"思维与人"无疑是最活跃、最能动的因素。正是思维把人从肉体的局限性中解放出来，从而能放眼寰宇这一超级系统，其中包括人类自身生产的教育系统。这是多级系统的叠加，但不是机械相加，而是辩证地融合并相互渗透，这就出现了"自然·社会·思维·人"的发展与教育互动的诸场域（即"人类发展与教育的四大场域"）。《教育文化学通论》对 20 世纪以来，在文化哲学、精神现象学等学科领域中出现的马克思主义新的生长点进行了总结和概括，使教育文化学将同教育人学一起，在自然、社会、思维与人的互动诸场域的事业中，广泛汲取其他学科的先进文化成果。刁先生相信，有文化哲学成为它的理论基础，又占据着整体科学中人学与美学的优势地位，并与哲学思维有关。他把研究农村教育、研究家庭文明、研究社区文明，深入一线研究中小学素质教育与课程改革获得的有思想性的新材料充实进去，从农村儿童发展、从文明家庭建构、从人怎样走向"人之为人"的人文教育归路等各方面论证实践辩证法、人学辩证法、教育辩证法的关系。他认为，人类只有通过不断的辩证叩问历史、反思文化，才能寻到人类发展与教育发展的辩证归途……将追寻发展链，将实践辩证法延续为对历史、对文化、对人和教育本身的拷问，贯通于教育文化学的研究，是他的学术自觉。

拷问的结果之一："教育文化"可以理解为一种"主体文化"，是人本至上、至尊的高端文化，是教育文化学的核心范畴。所谓家庭文化、社区文化、区域文化、国家文化、民族文化、世界文化都是以人作为主体参与的，由此衍生出人的多重身份与角色。它主要是以塑造公民素质、国民素质为目标的，通过科学、艺术与教育以臻人格的至美与完美。对于他从大教育文化的范畴及视野去理解教育与现实社会的综合与能动关系，其中凸显教育立人的本质功能，我十分认同和赞赏。我在《关注心灵成长的教育》的自序和后记中都有提到，教育是文化的事业，以文化哺育个体，用自己本民族的优秀文化、用外域文化的精华去哺育一个新生的个体，完成这个过程就是教育的过程。而且，先生从不讳言社会生活的矛盾及其人在社会冲突中的心灵矛盾，他提炼概括过人类五对永恒的心灵矛盾，即①理想的与现实的，或入世的与出世的；②情感的与理性的；③个体的与群体的；④理智的与直觉的，或功利的与审美的；⑤历史的与伦理的，或科学的与价值的。这也是我写作《情感教育论纲》时难度较大、向他请教的一个话题。由于现实矛盾和人的角色冲突，人的情感发育会经历情感冲突，教育过程既是珍惜、呵护正面情感经验，又是澄清、调节负面情感经验的过程，这一过程也是情感与认知相互补益支撑、反复交融循环的情感教育与自我教育的过程。何为人本至善、至尊？教育如何成为高端文化？显然不能只对肉身层面、感官层面、物质层面进行智力提供，还要重在整全生命的照拂与提升，尤其是思维与精神的发育与解放。

拷问的结果之二：创新性学习是 21 世纪教育文化的一种实践性智慧。崭新的教育文化学不仅强调人是主体，也不仅强调教育的主要功能是抵达心灵，而且还用人的"创新性学习"——21 世纪的实践智慧扬弃传统的维持性学习。这是刁老师作为哲学家，用他的辩证思维总览社会知识进步，忧思人文与道德问题，到实践中寻找解决出路的一个回应性论断。这一结论不仅是思维成果，还是刁老师夫妇与一线教师共同构建的"创新性学习"的可操作模式。与传统的、以语言与工具为要素的维持性学习不同，它强调了"价值·人际·形象"诸要素在学习中的地位。这是一种全新的学习概念，它与终身教育相契合，促进了创新性学习型社会的形成。这也是 21 世纪教育文化的一种实践性智慧。

正如此，他强调广义的教育是以家庭为起点的，视家庭为伦理秩序和道德文化重建的中心，他特别重视家庭教育。我认为，起于家庭的情感教育是最有效，最该抱期望，也最该普及的教育。先生以南京市实验幼儿园为研究基地，对儿童的"恋母情结"与"双师情结"进行实验研究，提出两者要互补和融合的教育思路与策略，并把它们放在教育文化生态中加以考察，希望构筑良好的教育生态以呵护幼儿的健康成长。他认为，教师教育在本质上是促进教师自我建构的过程，其中反思洞察是提高自主建构成效的一种重要方式。什么是反思？反思是将知识、经验与认识经过自我意识的监控，凝化为个性结构，从而提升自我的过程。的确，今天人们的学习依赖更广义的文化环境，但与学习者身心最近、最相关的"为师者"的作用亦不可忽视，其作用涉及"为师者"自身的价值观与情感表达，涉及师生间的关系，涉及包括知识水准在内的教师的整体素质和整体形象。

刁先生是国内较早自觉认识教育在大文化中的引领地位、战略地位的先锋。今天，我们仿佛还能听见他的呐喊："教育要'以人为本，回归生活'。'知识'原本是人创造的，现在却成了奴役人的工具，学校课堂脱离了生活，成了'人学'空场。教育本是人的生命、生存发展的方式，一旦失去了本真意义，总要把它找回来，这就是教育的辩证诉求。"他以自己的鲜明学术个性与人格个性为教育事业奉献了自己的一生。

刁先生是从 20 世纪 70 年代后期才专事教育学术研究的，他凭着聪慧、执着，从根本上说是信念的力量，20 年奔走一线，20 年求索不止；辩证法的功底、宽阔的知识面，活的教育经历最终铸成这本压卷之作。《教育文化学通论》是他生前学术思想之集大成，也是他生命一息尚存，学术劳作不止的明证。

五、平凡一生，质本洁来还洁去

先生于 2014 年 1 月 8 日永远地离开了我们。那天，我恰在南京出差，苍天有义，成全我得以当晚直奔灵堂祭拜……

灵堂里的遗像用的是那张大家都喜欢的"洒脱的思想者"放大照，一本遗体捐献证端正地摆放在遗像下方。这位可敬的老人，在他生命的尽头，还不忘用自己尚未冷却的躯体为这个世界做最后一点贡献。此情此景，令哀伤的我一时愕然、无语……吴老师用她一贯的平和语气告诉我，这是他们夫妇在十多年前就已做出的决定，今后她也会这么做。听着她叙述刁老师对《教育文化学通论》最后的工作，叙述刁老师病情恶化前前后后，叙述办理遗体捐献的种种周折以及准备在网上建立天堂纪念馆，等等。那一刻，我们说了那么多话，似乎是在聊一位共同的老朋友，痛苦、悲伤更多地化成了无比的眷恋与无限的敬意。我不知道是什么力量可以让当事人如此克制、平静和淡定！先生在世时，我工作调至北京，只能趁过年或出差路过去看望老人，平日里用电话问候，忙起来也常顾不上，但只要听说是我，刁老师总是高兴地接过听筒与我说上一阵。最后一次去看老先生，他正在卧室里休息，我跟吴老师说别打扰他了，可就在我俩在客厅聊天时，也不知他什么时候爬起，不大有气力地倚着墙，悄悄出现在我们对面，很享受地静静地听……过往那一幅幅画面竟恍如昨天，思之、嚼之不禁潸然。

先生最后几年过得相当辛苦。老人患了白内障，一只眼做了手术，视力衰退，后期写作主要靠口述，吴老师输入键盘后，二老再反复琢磨文字、定型成篇，许多资料也只能由吴老师念给他听。后来他又不幸患了白血病，体力每况愈下，不得不常去医院靠输血维持生命；两位老人坐公交、推轮椅，排队、挂号、取药，虽说有位工人帮忙，其艰难依然可想而知。我多次劝他们找学生帮帮忙，他们总说去医院的时间说不准，学生很难帮得上。只要自己能坚持，二老甚至也不愿多麻烦儿女，担心影响他们工作。正是在与白血病抗争的最严酷时段，刁老师完成了《教育文化学通论》文稿的所有整理工作，并于 2013 年 9 月 7 日写了 6000 字前言，详尽交代关于这本书他想要说的一切。我无法猜度，一个明知生命大限将至的人心理活动是怎样的？但他展现在我面前的是以思维清醒的生命在与死亡赛跑！这是一颗怎样的头脑、一个怎样的灵魂？若说头脑，他兴趣广泛、学识渊博、思接千载、视通万里，是他的活跃思维成就了他；若说灵魂，他的灵魂安宁，他对世故俗事不感兴趣，晚年更是视书如命、惜时如金，超然而高贵。他说自己是农民的儿子，对现在的生活很满足。夫妻俩一辈子没当官，没发财，也没获过什么大奖、也未得多少荣誉，生活极为简单朴素，被自己谦称为"布衣知识分子"。或许正是摆脱了外物依赖、别无他求的纯粹思想，淡泊的心境，洁净的精神磨砺出了一种生命智慧，让他勘察了生死的边界，领略了生命的全局，洞悉了造化的奥妙，从而能从容不迫地应对命运的变局。有人说，哲学的根本就是生死观，对此我说不上有什么深刻认同，但我想，正是思想把一个知识分子的心灵照亮，使其灵魂摆脱了卑俗、平庸，超越了孤独、恐惧与绝望，让他们平静地面对生活中的幸与不幸，生命才得以发出最后的华章。

鲁洁先生在她的口述史《回望八十年》里说，她越到晚年越悟出：做德育学科的人，自己的人生有多大高度，学问就能做到多高的高度。其实这何尝是做德育研究，所有的学问，尤其是人文学科，均有此理。然而，今天很多人的趣味被金钱、名利、地位左右了；被智巧、技术与功用蒙蔽了；被无奈、逃避、沉沦贻误了。

以前辈老师为榜样，我不禁要省思和追问：真正的教育学精神是什么？如何看待教育哲学的效用和境界？难道不是像刁老师这般，其知识、方法、视野、情怀浑然天成而贯通宇宙人生吗？难道不是像刁老师那样自觉终身学习、教学相长，立人立己、达人达己吗？对比他们，我也时有莫名的愧疚和不安，有时也会扪心自问：时光飞逝，转瞬自己也年近七十了，余生我能否做到像刁老师那样执着于事、纯净做学术？我能否做到只要一息尚存、志业所系、劳作不止？能否做到处变不惊，每临大事有静气？我知道这很不容易。主观愿望是想做得好一些，但毕竟需要自我生命的不断"内求"，需要经历时间考验，需要接受历史叩问。

在职场中生长教师的生命自觉
——兼及陶行知"以教人者教己"的思想与实践①

　　教育是需要生命与生命互动、心灵与心灵坦诚相见并最终深入心灵的事业，教育基于生命，为了生命。改革开放以来，特别是 20 世纪 90 年代中后期以来，随着受教育人数的增多和教育规模的扩张，我国内地教育普及速度加快。然而，教育质量却没有随着教育普及而在短期内得到相应的迅速提升。学术界提出并呼吁生命教育，并在近些年来取得了一些成效，但同时在研究、操作等方面依然面临着严峻的理论挑战与现实挑战。生命教育有哪些特殊的特征和条件需要？从事生命教育的教师关于人、生命的知识，包括生命教育理念、方法，教师个人的生命质量、生命意识、对生命的理解等在内的生命自觉的生长，是研究生命教育、破解生命教育现实困境的重要影响因素。在这方面，进一步挖掘、开启并借鉴陶行知先生的教育思想和实践，并在智力和行动上做进一步的努力是十分迫切和必要的。

---

① 本文是作者与王平合作发表在《南京师大学报（社会科学版）》2017 年第 3 期上的文章。

一、生命教育：关键在教师

人的生命是多侧度、多面向的综合体。其中，自然躯体是生命根本的载体和保障；社会生命集中承载和体现生命的社会伦理价值，引导人思考自我生命与他人生命之间的关系；精神生命是人自由、审美、超越的情怀，是人生命个性存在的明证和展现。其自然躯体、感官，心理、伦理，审美、精神等各个侧度及其面向都需要得到呵护。但由于每个不同个体具体的、特定的境遇不同，其生命不同侧度的需求强度不同，因此又需要区别对待。

生命教育就是要关注人的多个侧度的生命获得协调、全面的发展，它包含对人的尊重、理解、鼓励、促进和成就。生命教育的方法、途径有很多，影响人生命成长和质量的因素也各有不同，其中，最重要也是与生命联系最紧密的关键是每一个完整、鲜活的生命体——生命教育中的教师。虽然自然躯体生命的养育和保护重点在家庭，但在学校教育特别是在基础教育学校中，教师对于学生的成长以及对学生身体、心理发育规律的认识与相关的教育和处理方式等，对学生是否有足够的营养条件、良好的身体发育和心理成长环境等，具有家庭教育不能代替的作用与意义。至于生命社会层面、精神层面的内涵和意义的开启、引导和提升，学校教育尤其是教师在这方面的认识、素质和条件至关重要。

第一，教师关于人、生命的认识，教师关爱、呵护生命的情感，对生命多样性、独特性的敏感、承认与尊重，对生命潜能及学习发展的无限可能性的认识等，决定了教师能否在教育中转向儿童立场，以儿童经验为起点，以儿童的注意与身心投入为契机，将儿童的情绪情感、经验和生命需求作为生命教育的机制和动力源。第二，进行生命教育，是处理人与生命的关系。师生各个侧度的生命样态必将在教育过程中"出场"和"较量"，教育活动也经由生命感受、体验完成阶段性的过程。因此，教师的情感品质与能力尤其是教师自我生命的敞开与生长，是生命教育顺利展开的关键性枢纽。其中，既包括教师在生命教育活动和操作中敞开自己与学科、知识之间的生命联系，又包括教师在师生交往、同侪关系中生命呈现、敞开、分享的状况和程度。教师基于个人生命经验对学科和知识的独特的、具有个人情感和生命感悟的认识、理解影响学生多样化的学习方式以及对学科和知识的生命体验的深度。教师是否能够以"朋友""咨询者""引导者""精神导师"的身份承担起学生在学校生活中生命成长的责任，更是考验教师和学生乃至同侪之间用本真的人格、诚意的交往，以及平等、坦率的态度建立生命链接和有道德、教育意义的关系的能力，从而不仅帮助学生获得生命的成长，还推动教师的职业身份认同，引发自我反思，获得职业生命中道德意识的觉醒。

然而，长期以来，对于教师在生命教育的知识、认识、能力以及教师自身的生命质量、生命状态方面的关心与关注还只是部分有教育理想信念和热情的学校管理者及教师的做法，实际上做得还远远不够。学历标准、专业培训、以考试控制入职与晋级、实施量化考核与绩效工资等显性的，可量化、可测度的"外控式"政策及教师教育的理念和模式在教师表层知识的增长以及外显的技能方面收获了显著的成效，仍然是教育和教师教育中的主流。这些在客观上造成教师在职业身份认同、对儿童的理解与沟通水平、在学校中以积极情感基调为基础的人道主义精神和文化环境营造等方面能力和水平的不足。教师个人的潜能难以充分释放，教师自身的生命意识、生命感薄弱……所有这些，都可能在很大程度上被教师带入工作和师生关系当中，造成教育工作因为缺少"人"而缺少蓬勃的生命气息。

而传统文化中维护师道尊严的要求、教育中自上而下的威权控制等在无形中塑造的为尊者讳、理性大于情感以及"圣人""卫道士"的教师形象多多少少地又使教师在教育教学中特别是在与学生的相处中，因为"害怕""面子"等虚荣心理和文化习惯的影响，很少甚至是不能与学生坦诚相待。现实学校教育生活中大班额、升学等压力又使教师在处理和应对这些问题时无能为力，很大程度上"迫使"教师为了便于管理和控制而不得不维护自己的"威权"，不敢拿出自己真实的状态与学生相处，高高在上的姿态以及冷冰冰的理性者、管理者的形象不仅束缚了教师自身的成长，也造成了对学生生命教育由于这种"虚假""压迫"而流于形式，难有成效。

身处社会转型的艰难时期，尤其是在越来越复杂的文化环境中，生命受到的影响越来越复杂多变，学校教育受到的挑战也越来越严峻。我们对教师情感素质和情感性师范教育、教师教育的倡导呼吁虽然已经过去几十年了，但由于各种复杂的原因收效甚微。在这个过程中，我们看到了一批有情怀、有担当的校长、教师，他们做得很有起色；也看到了一个个团队将教师的职业生命拓展到教师的心灵而涌现出越来越多和较为成功的个案。然而，我们不能回避也无法回避在中国现代化进程中，在大规模人口流动、教育普及化、学校和社会竞争压力大等现实背景下，教师情感、生命以及精神的柔弱和式微。还是有大量的、受各种主客观条件限制而不能够或者不具备关心生命的意识、从事生命教育能力的教师，他们关于人的知识、关于生命的知识是极度缺失的，他们自身生命活力不足，在现行教育生态环境下精神与心灵贫瘠甚至迷失，这些都使他们不能在教育教学中将人的生命放在首要位置，无论泛指意义还是专指的生命教育都在短时间内步履维艰，教师个人素养和专业素养的欠缺都会造成生命教育在理念、方法、路径上的落后，并在很大程度上成为推动和实践生命教育的阻碍。

二、教师"教人先教己"：陶行知先生的思想与实践

在一个越来越看重人的生命、越来越强调生命价值和意义的社会，通过教育关心生命并引导、支持每一个生命获得符合其自身特征和所需的完整生长，都迫切需要教师在生命意识、生命教育能力、生命状态等方面的适时跟进。如何在现有环境下特别是在教师自身条件不够的现实状况下帮助、引导教师的生命生长？让我们重温陶行知先生的思想魅力和实践榜样力量。

(一)"整个的人"与"生活教育"

作为一个受中国优秀传统文化熏陶与接受了西方现代文明教育的知识分子，人民教育家、中国教育现代化的先驱和推动者陶行知先生对生命有独特的看法。在他眼里，生命是完整的，也是平等的。他尊重大众享受"粗茶淡饭"的权利，也要求这"粗茶淡饭"里没有一粒泥沙，要有丰富的精神。完整的生命是手脑共同发展的，是生物与精神的平衡；完整的生命也是身体与学问的平衡，正如先生所言："在劳力上劳心，是一切发明之母。事事在劳力上劳心，便可得事物之真理，人人在劳力上劳心，便可无废人，便可无阶级。"1917年，在从哥伦比亚大学回国的轮船上，陶行知就立下"要使全国人民有受教育机会"的宏愿，他认为教育应立足于一个完整的生命，应看到生命的平等，每个生命都有平等接受教育的权利。他说，在中国传统的教育中，老人、妇女、工人、农民、流浪儿等都不在教育之列，这样的教育是要渐渐枯萎的，是短命的教育。

他提出"生活教育"的思想。他认为，生活、生命与教育之间有着内在的高度一致性。他在1930年的一次演讲中将其"Life Education"中的"Life"解释为有生命的东西，在一个环境里生生不已的就是生活。

他说，活的教育一定会尽其所能，前进不已。只有基于生活的东西，才是活的，而活的东西，既是生命的来源又是生命成长的必要条件。

生命的成长、生命教育，离不开现实的生活土壤。面对旧社会那个满目疮痍，人与人之间不能平等相待、生命的价值被践踏、尊严被贬低，生命僵死固化的社会现实，陶行知认为，教育不是教人发财，不是培养小姐、少爷的教育，不是培养"人上人"的教育，而是要教人过生活，教人做生活的主人，是要面向每一个生活中的活人、普通人的教育，是教人做"人中人"的教育。先生从美国回来，脱下西装，穿上草鞋，在南京燕子矶畔的晓庄乡，创办了晓庄师范学校。他白天与大家一起劳动、耕种，晚上与教师、工人同睡草铺，全身心地投入农村的生活中。在晓庄师范学校，他强调对传统的师范教育进行改造，培养新的生命：第一，愿师范学校从此以后再不制造书呆子；第二，愿师范生从今以后不再受书呆子的训练；第三，愿社会从今以后再不把活泼的儿女受书呆子的同化；第四，愿凡是已经成为书呆子的，从今以后要把自己放在生活的炉里锻炼出一个新生命来。

1932年，他在上海创办山海工学团，倡导与工厂、社会、学校打成一片，师生共同参与劳动生产，用自己的双手在做中学。他批评旧社会的传统教育是把人变成书呆子，是书本中的教育，是教人读死书、读书死、死读书，是脱离生活的教育。他说，我们要活的书，不要死的书；要真的书，不要假的书；要动的书，不要静的书；要用的书，不要读的书。总体来说，我们要以生活为中心的教学做指导，不要以文字为中心的教科书。他还说，倘使真的拿生活为中心使文字退到工具的地位，从死的、假的、静的、读的，一变而为活的、真的、动的、用的，那么，就称它为教科书。他重视体验学习、书本学习与社会实践的结合，他在重庆育才学校开办"幼儿研究生班""见习团"等，他重视人的身体、心灵、精神、道德、知识等方面的教育和发展。通过自编儿童诗、登台演出戏剧等多种形式，在生活中融教学做于一体，表现了生命的丰富多彩。

无论是思想还是实践，陶行知先生都没有离开生命、脱离生活。先生自身就是一个对生命有信仰并付诸行动的人。他一生的心血奋斗皆为关心人的生命，关注人的命运，关注国人的生命质量，追求生命的意义。他改名为"行知"，并身体力行。他将"活"与"生"做相近的解释，教育与生活结合。"生活即教育"的思想，既指教育与生活相结合，又指教育与"生动""活泼"的生命相结合。"Education of life, Education by life, Education for life"，教育的出发点和目标都是"活人"以及"活人"每一天都在经历和创造着的生活。

(二)"完整生命"的教育：需要教师"为教而学"

过什么生活就受什么教育。教育的内容和学习的过程既可以来源于书本，由书本而教育；又是从社会现实中来的教育。教育就是在现实中，浸入现实生活的过程。学生如此，教师亦如此。陶先生批评传统的教育方法："传统的方法，是先生教而不做，学生学而不做。"他认为这样的方法是不利于学生生命生长的，也不能促进教师的生命成长。真正基于生活的、为了完整生命的教育是要在做中学的。正如先生所说，在做上教的是真教，在做上学的是真学，没有做为中心的教和学都不是真教、真学。教育的过程，就是卷入生活、在生活中创造的过程。它需要教师拿出真心来对待，教师应"以教人者教己"。"为学而学"不如"为教而学"亲切。"为教而学"必须设身处地，努力使人明白；既要努力使人明白，又要使自己自然而然地格外明白，具体包括以下三个方面。

第一，教师是一个"整个的人"。"整个的人"是一个"健全的生命体"，具有独立的思想和职业、良好的道德品质和饱满的精神。作为一个"整个的人"，教师对学生的影响体现在教师知识、品德、情感、人格、精神乃至教师的言行举止等方面。教师以其全部的生活经历和生命状态影响学生，而不是简单的知识传递者、说教者。教育就是作为"整个的人"的教师与学生之间、完整的生命体之间的互动交流，是人格与人格的碰撞。为了认识、引导、理解、成就"整个的人"，教师需要与学生坦诚相见，而不只是一味地教知识。陶先生认为，教师一味地"教"是不能培养学生的生命体验的，也难以激发学生对自己生命的认识。他说，热心的先生，固想将他的所有传给学生，然而世界上新理无穷，先生安能尽把天地间的奥妙为学生一齐发明？既然不能为学生一齐发明，那他所能给学生的，也是有限的，其余还是要学生自己去找出来的。"整个的人"的教育是复杂的、整体性的，拿整体的生命相碰撞、交流和影响，是对生命整体性特征和规律的尊重。

第二，教师对学生生命的教育和影响体现在知行合一的行动中。生命是完整的，生命的成长基于现实的生活土壤。一个生命对另一个生命的影响是完整的、全方位的影响，是生命之间互相坦诚、生命体之间建立情感联结，是人与人在沟通中彼此了解、认识的过程。对教育者而言，躬行实践、以身作则的行动和榜样作用，不仅能对学生的生命产生实际影响，也能通过行动，在教与学的互动关系中，不断获得自己的生命力量，收获生命的成长。因此，希望学生拥有什么样的生命意识和生命状态，既是对学生生命的认识和期许，又是对教师自身生命的期待和自我生命意识与能力的生长的过程。陶先生提出"教学做合一"，他认为，"教学做"是一件事，不是三件事，事怎样做就怎样学，怎样学就怎样做；教的法子要根据学的法子，学的法子要根据做的法子。他的各种主张，既是知识教学的方法，又是生命教育的理念和方法。

第三，先生自己的生命意识和对待生命的态度为我们树立了人格榜样。他看重生物生命，也看重精神生命，在他眼里不同生命体之间是平等的。他经常问"我的身体有没有进步",他为老人、妇女、工人、农民、流浪儿争取平等受教育的权利——男女也应有平等受教育的机会。无论贫富,也应该有平等受教育的机会。无论老少,也应该受教育。他对亲人与朋友至爱至诚,将亲情、友情融于生命。1915年,他的父亲去世,他在美国得知这一消息后悲痛欲绝,思乡念父的情怀在多少年以后仍然难以释怀:"我欲忙,我欲忙。忙到忘时避断肠,几回内心伤!我欲忘,我欲忘。忘入梦中哭几场,醒来倍凄凉!"对朋友,他忠诚豁达,"好好坏坏随人讲,心中玉一块"。对自己,他惜时如金,"一心只想多做些事",称"只有今天可贵,紧紧抓住在手,教它由你支配,变为你的朋友。'今'为光阴骄子,人有高贵精神。"

他看重自我的个体价值,也看重个人生命的社会意义。他将创造与奉献、个人与国家、苦与乐都看作滋养生命的养料,"汗干了,血干了,热情干了,僵了,死了,死人才无意于创造。"他对死亡抱着超然的态度,将个人的生命与民族、国家命运联系在一起,看重"小我"的生命存在和生命质量,重视生命中"大我"的精神力量和人格境界。

在那个忽视人命、践踏生命、"耗费了太多的人的生命"的旧社会,陶先生以自己的实际行动证明他对"整个的人"的生命诠释,他全部的办学实践都基于他对生命发展的认识,他立足于生活,也是为了创造一个把人命放在"高于一切"的现代社会和中华民族。先生一生的思想与实践告诉我们,教育要从生活中来并为了更好的生活而努力,教育是在"整个的人"的生命与人格碰撞中发生的,教师如何做,教师过什么样的生活,教师对待生命的态度和认识,是生命教育最好的养料和资源。

三、在职场中生长教师的生命自觉：理念与行动

今天，我们呼吁生命教育、研究生命教育、实践生命教育，是对陶行知先生思想的继承和延续。重提生命的价值和意义，倡导教育中对生命的尊重与关怀，是面对当代社会和教育发展现实中教师生命教育意识、能力以及生命自觉程度还不足以支撑开展更健全、丰富和健康的生命教育的生活与实际问题，沿着陶行知先生的完整生命观，借鉴他"生活即教育"的思想，学习他躬行实践的教育和人格典范的行动。

在网络化、信息化的时代，知识的来源、传递方式和途径都越来越多元化，教师在传递知识方面已经不再具有多少优势，社会正在进入米德所说的"后喻文化"时代，很多时候成人、教师需要向年轻的学生学习。在这种情况下，教师的工作、教师对于学生的影响、教师的职业生命和专业能力的提升就不再局限于专业知识的掌握和传递上，教师和学生之间的关系正在发生改变——教师是否能够对包括学生认知、情感、精神、道德、审美等在内的整个生命的成长给予引导、关照，教师是否有意识、有能力和有相应的素质去关心每一个学生的生命状态，关心他们生命成长的真正所需，并与他们建立情感上的联结，使师生能激发起生命之间更多的、能促进彼此生命正向体验和生长的力量，是对教师未来的要求和挑战。

教师是有血肉、有情感的，是完整的生命整体，教师的生活经历以及在生活特别是教育职场中经由不断地积累、锻炼形成的思想意识、素质和能力，不仅影响了教育生活中的师生关系，对学生的生命也产生了影响，而且教师在这些方面的素养和条件的改善、生长也依赖于现实的教育状况尤其是学生的生命状态。当前，面对教师队伍中年轻教师的逐渐增多，且他们处理人际关系、师生关系方面的经验不够的

客观现实，在升学压力，在文化和价值观多元的教育背景下，在关于生命知识、生命意识、生命教育的能力乃至他们自身的生命状态在整体上还十分薄弱和欠缺。在职场生活中构建师生关系，提升教师的师生交往能力和素养，锻炼教师的生命教育能力、素质和条件，提升和改善他们的生命自觉意识，都是我们转向关注教师生活尤其是职场生活经验，评价教师在与学生生命与人格的互动中其生命教育过程的状态、质量的重要依据。它不仅关系到学生的生命质量，还影响教师的职业幸福感、认同感，教师在职场中获得的生命意识和生命教育能力的生长是促进生命教育开展、影响学生生命成长的内在的、重要的因素和条件。

我们从 20 世纪 80 年代末开始一直倡导并呼吁将教师的情感品质与情感人文素质作为生命教育、素质教育以及教师专业发展的"内质性"条件，就是希望在反思教师的专业化概念、寻找从教师内部环境改善和专业理念转变而通达教师自我成长和自我发展的除了外在的、标准化的认识路线和处理方式之外的另一条道路。特别是从 2014 年以来，受香港田家炳基金会的资助，我们以"全球化时代的道德人培养——教师情感表达与师生关系构建"为主题重启关心教师内质性素质提升的人文主义教师教育实践项目，在北京中学、南通田家炳中学两所种子学校进行教育实验和研究，已经开发教师情感人文素质提升手册（幼儿教师卷、小学教师卷、初中教师卷）初稿，课堂观课与研讨指南（表现性指标初稿）、情感教育与班集体建设课题研究与实验指南，并以两所学校为种子进行了第一轮全国范围内的田家炳学校的实验学习和推广活动，形成和凝聚了一批以情感教育为理念建设学校文化的"情感文明建设联盟学校"，共同研制情感文明学校指标。研制上述文本的过程是我们与一线教师合作工作的过程，通过影视工作坊、阅读活动、情感表达工作坊、教育教学案例反思，希望教师除了钻研专门学科知识、教学技能以外，扩展视野、补充生命能量，增进对生命、对职业的人文理解，它能够帮助教师把自己对专业的认同和归属与自己对自我生命的认同线索结合在一起，使自己成为一个自我认同与职业认同合二为一的完整的人。我们更希望教师拥有真实、完整的生命意识——重视生命的价值，拓宽生命的意义，敢于也愿意拿出真生命与学生彼此信任、坦诚相待。教师除了是传统师道尊严的代表者之外，更是学生生命中的重要他人，是学生在基于优秀传统文化基础上，从历史走向未来，做现代中国人的生命榜样和人生引导者。

我们尤其看重并关心教师以情感为基础、以情感作为突出作用的"情感—人文素质"，认为这是教师在职场中获得生命自觉意识与能力的关键的、内质性的要素。由于情感表达是一种能力或能力倾向，我们将教师情感表达作为突破口，通过自观、他观、反观，感受体验教师情感表达的能力及其内蕴的情感人文素质。我们相信，教师如何认识与看待生命、如何开展生命教育，在很大程度上与教师的生活和职场经验、教师的生命体验、教师的生命状态息息相关。在这些方面，教师在职场中，特别是在与学生的互动、交往中所感受、体验到的经验以及以此为基础，经由不断的人文理解、阅读和反思而获得的职场中的生命感受和经验弥足珍贵。它们是可以并且可能在教师的职场，通过教育教学活动中师生的互动、交往等得到不断的锻炼、积累、调适并生成的。我们寄希望于以教师的"情感—人文素质"为切入口，不断增进教师对自我和学生生命的理解，通过带动教师开展行动研究来培养有饱满、积极、健康的情感品质，有丰富人文素养的教师，并经由师生、生生互相影响，不断改变学校教育中的文化和生态氛围，扭转以过多牺牲积极情感体验、学习兴趣、胜任愉快等为代价的知识和技能教学和机械地、毫无生趣的教与学的活动及师生关系，从而帮助教师在健康、顺畅的师生关系中感受生命的美好，强化生命意识，锤炼生命教育的能力。

　　具体来说，这样的教师生命自觉意识和能力镶嵌并形成于教师的教学、师生交往以及学校教育生活的方方面面，并通过教师在觉察认知、适切表达和调适与自我调适等方面的"情感—人文素质"体现出来。教师在教学中是否能够超越表层的知识理解，能传递学科背后的价值、文化意蕴以及它们与现实生活和生命之间的关联；教师是否能够在教育生活和课堂中敏锐地觉察、识别学生的情感状态并给予恰当的应对，是否能够基于对学生以及自身情绪情感状态的观察、情意感通从而较好地处理学生的情感困惑并调适好自身的情感状态；师生之间是否因为坦诚、平等和互相尊重与信任的交往而良性互动并呈现、持存信任、责任、安全、兴趣、注意等积极而深刻的精神和生命状态；课程内容是否由于教师的生活和生命经验的带入而获得并具有个性化和个人生命与精神状态的解读，从而变得饱满、立体、鲜活，成为陶行知先生所说的活的知识；在整个教育教学过程中，教师是否能够带着关爱，以对自由、完整生命的尊重、理解、真诚、平等、引导、鼓励的意识和能力与学生交流，展开教育和教学活动，等等，都构成学生生命成长的真实环境和情景，也使教师生命教育素养和能力得以生长，获得生命自觉的重要条件和关注点。

　　当然，教师作为个人，其人文素质与家庭条件、社会环境、个人经历等多种因素紧密相关并渗透到其人格特质的多个方面。而且，教育学、教育职场工作所面对的是一个个复杂的、精细的、具有鲜活个体生命力和不同生活经历的人。由于教师自身的性情不一样，情感流露自然各不相同，育人风格、教学风格也迥异，所以教师的"情感—人文素质"没有统一标准，也不能操之过急地"逼迫显现"，人文性的教育行动与教育研究很难在短期内见成效。我们需要的是坚持，是细心、耐心地描述和反思行动中涌现的情感表现与生命现象，为教师生命成长，为积累教师教育的新认知而不懈地追求。

四、结语

生命教育从研究到实践在当前由复杂原因构成的社会环境和教育环境下短时间内还依然面临着不小的困难与挑战。着眼于生命教育的关键因素——教师，倡导并开展以提升教师自身的情感人文素养为突破口的教师教育研究、行动和教师专业成长道路，呼吁教师从自身做起，在职场中锻炼并不断生长、提升自身的生命意识、生命质量、生命教育素养和能力开始，或许可以帮助我们找寻那师生生命关怀、相通之道。教师不是千人一面的教师，不是只有普遍化、客体化的冷认知知识，只给标准化答案的教师，而是活泼的、活生生的，有慈悲心、有爱的能力的教师。面对现实的教育环境和不够理想的、尚处于转型和建构之中的教师教育体系，生命教育的研究和实践还有很长的路要走。在这个过程中，教师自身的从事生命教育的条件、素质，尤其是教师自身是否是一个热爱生命、尊重生命的人，教师自身的生命状态是否积极、健全、健康、饱满，则是每一位教师都可以进行不断自我调整、完善和教育的。陶行知先生在这方面的思想认识与他自身的实践行动，先生对于生命的爱，对于完整生命的阐述以及对生活与教育的关系的认识都以先生自己一生的教育观、生命观和生活实践为依托，体现了先生知行合一、博大精深的教育智慧、生命信仰和人格典范，是值得所有为师者用自己内心去感悟、用行动去实践并在自己的生命当中去不断触摸、学习的不朽丰碑。

与儿童心心相印的教师永远
不会被技术所替代①

　　李吉林老师的情境教育理论是一个回应当代中国教育问题的学习理论，它受中华传统文化"意境说"的启发，不断吸纳国外思想资源，将多学科知识交叉整合运用，经过理论与实践反复对话，不断自觉地反思，不断拓展和超越自己，建构了完整的体系结构，是理论与实践融为一体、血肉饱满的儿童情境学习理论。这个理论和它的创立者成为代表中国教育界述说中国人自己教育故事的代表和先行者。

　　李吉林老师令我敬佩的是她自觉的、强烈的职业身份认同。不管人们如何赞誉她的科学研究水平，她总是说："我就是一名小学教师。"她永远以做小学教师为荣。她常说"我是长大的儿童"，说这话时，她充满快乐和自豪，而我们总是听得既新鲜又感动；让我们真切地感受到了她那份愿意终身献给儿童、献给小学教育的真挚，那种心无旁骛的纯净。我认为，正是因为有这种强烈的身份认同，她才会几十年如一日不厌其烦地进行她的研究。通过不断学习、不断反思、不断对话、不断写作，她一辈子只做一件事，她做了一件大事。我认识的斯霞老师、王兰老师，她们都是直至八九十岁还天天坚持到学校上班，李吉

---

①　本文是作者发表在《人民教育》2018年第2期上的文章。

林老师也如此。但李吉林老师所处时代不同，她遇上 20 世纪 80 年代初中国改革开放后教育科研的春天，她抓住了时机，她具有高度的敏感性，又特别善于与理论工作者对话。她总是一副好学和谦恭的姿态，赢得了理论工作者的尊敬，大家都乐意与她合作，向她学习，与她互相援助。

李吉林老师成功的根本奥秘是她爱儿童的本性，正因为她真正爱儿童，她才会一辈子悉心观察、体察儿童的特征、表现，发现儿童学习的问题与困难。她对应试教育的模式十分反感、排斥。她坚信，儿童有很大的可塑性，通过优化课程，使儿童有机会接触真善美，而且他们可以从繁重的课业负担中解放出来，接触更多广阔、美好的东西，从而为他们的人格健全、思维发展奠定必要的基础。她认为，这才是学校教育本该有的使命，所以她不肯离开学校，不肯离开课堂，几十年如一日地与儿童打交道，永远不脱离儿童，紧跟时代发展研究儿童。为了适应当代儿童的变化，她坚持一辈子带徒弟，与年轻教师对话、交朋友。爱儿童，把全部心灵和智慧，把一辈子的心血献给儿童，这就是我们的李吉林老师。

当今，时代科技发展日新月异，新的学习工具层出不穷。但我相信，无论怎么变，儿童真正有意义的学习，是需要儿童自己作为主体投入其生命情感的，而且需要健康价值观的引领。能够焕发儿童生命，发育其情感，影响其价值观，与儿童心心相印的教师永远不是仅靠技术，哪怕是高科技技术就可以替代的。

初中《道德与法治》教材的使用对
教师的期待与引领①

2012 年 3 月，中华人民共和国教育部启动国家统编义务教育初中《道德与法治》教材的研制工作，历时 5 年，经过相关专家的多次研判、审查，并报国家教材委员会审查通过，该教材于 2017 年秋季在全国初中一年级投入使用。党中央、国务院及相关领导部门高度重视三科教材建设，中华人民共和国教育部直接组织领导教材的编写与审查工作，教育学、政治学、法学、伦理学、心理学、哲学等学术研究领域的一大批重要学者认真参与，从专业上倾力相助，教研员、一线教师也鼎力配合、热心奉献。在教材编撰与反复修改的过程中各方人员都倾注了心血。

教材力图反映青少年生活、成长的时代特质与精神风貌，体现党和国家对青少年道德与法治意识生长与发育的具体要求；教材研制秉持与时俱进的德育理念，遵循青少年身心发展规律，以社会主义核心价值观为统领，期望在国家意志要求、社会良善发展的需要与青少年的生命成长之间寻求关联与契合；教材的呈现以青少年个体生活经验为起点，从中探寻道德与法治学习的内在机制与可行路径，统整相关

---

① 本文是作者与王坤合作发表在《中国教育学刊》2018 年第 4 期上的文章。

学科知识及其方法，力图用科学化、艺术化、哲思化和生活化的表达，帮助青少年不断积累和增进对道德与法治学习领域的理解，让社会主义核心价值观的思想之光照亮青少年成长之路。初中《道德与法治》新教材对该课程执教教师的专业素养提出了新要求、新挑战：如何理解道德与法治课程的性质与功能？如何理解教材中各类知识及其价值意图？如何通过教学活动帮助学生增长德性与法治精神？如何理解和把握这门课程教师的独特角色和较高要求？思考和探讨这些问题是对教师教育理念、教学思维及能力的挑战，也是实现课程功能，完成教育目标，借此提升专业素养的契机。

一、准确理解和把握"道德与法治"是一门综合性课程

作为进行道德与法治教育的专设课程，其统编教材力求体现课程的综合性质，挖掘初中生的生活经验组织学习内容，搭建道德学习与法治学习的脚手架和平台，旨在提供涵养师生道德成长、精神发展的综合实践知识与生活知识。

道德与法治课程的综合性依靠教师在特定的教育时空中去落实。使用教材时，教师不能将自身定位为一门单独学科的教师，要有多学科的相关知识、较广泛的知识视野和知识储备，同时有较丰富的生活视野、生活经验与生活乐趣。在此基础上，其知识理解才可能具有综合性、生活渗透力和解释力。与此同时，教师虽要依靠足够量的确切的伦理道德知识、心理知识、法律知识与国情国策及国际关系知识等展开教学，但是道德与法治教育不能简化为直接甚至教条式的知识传递性学习；教师的教育教学应尽量避免通过中介性工具寻找并确定教材所提供的、具有广博生活意义的问题答案，摒弃单向度的知识灌输，甚至是生硬的价值对错教导，应引导学生更多地关注国家政治、经济、

生活，联系个体的生活经验，努力将生活中的话题与教材中的议题结合起来；通过准确传递确定性知识，共同挖掘其中隐含的价值知识，引领师生、生生平等、顺畅地对话与思考，学习、掌握该领域的必要知识，领悟其中的价值知识。该教材要求教师有较高水准的道德与法治认识以及相对完备的教育素养，善于发现学生的认知难点，发现和发掘那些与学生现实生活联系紧密的话题以及其中的认知与情感困惑，综合运用相关学科领域的知识以及更加广泛、新鲜的时代生活经验来加深认知、增进情感认同，由此激发并获得较为活泼的价值认知和理解。我们希望在这教与学的过程中，学生除了较好地理解、掌握公共的确定性知识外，还能够更多地将其转化为与个体生命成长需要相吻合、相匹配的缄默式理解与综合实践知识，在解决问题的过程中有新鲜的甚至创造性的理解得以涌现，从而形成自然的、逻辑的、艺术的导向价值认同、品德积淀与践行；个体自主学习能力与愿望也因问题解决和疑惑解答得以提升，生活经验在生命交互学习的过程中得以扩充、丰厚，由此增进价值观理解和生活事件处置的意识与能力。

二、在活用教材"教"的过程中与学生共同成长

我国第八次基础教育课程改革提倡教师从"教"教材走向用教材"教"，道德与法治课程更加需要这样的倡导。统编教材的投入使用注定要引起一线道德与法治教师教材观、知识观、教学心态以及教学方式的变化、更新，其面临潜藏深意而且饱含深情的教材设计理念、呈现方式以及育人意涵能否在教学现场活化、被充分挖掘和扩展，每个生命个体在其中是否有共同的以及各自不同的精神收获与行为改善，师生能否共认、共创道德与法治的生活意义与精神价值，进而通达有意义地学习，满足生命成长的需要等诸多挑战。落实这一系列的国家

育人要求，需要教师深入研读教材，对课堂教学方式、教学资源以及教学过程形成端正、开放的认识与深刻的理解，在教材使用的过程中"活"用教材，用心挖掘资源，创造生命共育、共同成长的教学局面。

(一)重视构建开放的学习平台，打造愉悦讨论与平等对话的时空

情感体验是最重要的道德学习方式。这门课程正是为学生创设愉悦讨论与平等对话的时光，使师生能够在教学过程中获得更多的情感交融。因此，构建一个开放的学习平台十分重要。只有在开放互动、自由表达、悦纳包容的学习环境中，多元的感官体验和情绪情感才能涌现，这既是增加多维的价值观察视野、增进复杂的价值理解和价值感受的条件，又是真实反映道德学习与法治学习状况，从而不断深化学习的基础。因此，道德与法治课程需要改变以往机械、生硬的知识点传递、背诵和成人说教式的教学方式，以开放、积极和平等对话的姿态打开学生的心门，为学生的道德培育与生命成长构建一个立体化、多向度、惬意真实、生动活泼的特殊时空。

为此，教师需要通过设计开放性的教学过程，引领道德与法治学习方式方法的革新。更多采用合作、探究、对话、讨论、体悟的教学方式，通过任务驱动、生命叙事、游戏、志愿服务、角色扮演、研修游学等教学活动的开展，扩展、延伸课堂时空，增进课堂学习的意涵与广延性，善于把教材中学习的主题与日常生活中学生在道德与法治学习方面存在的问题、困惑与需求产生联结，用一些案例、故事，设置一些活动、情境，激活他们的道德体验与法治意识，激发其学习的内在需求，引发讨论的兴趣。教师是课堂教学的主持人、组织者、观察者、对话者与调动者，通过教师的热情参与以及激发、唤起、带入与引导等多种多样的教育策略，与学生多种形式、张弛有度地互动和讨论，激发更多具有生活气息和价值张力的问题，引导更为深入的探究。在这个过程中，教师要善于识别课堂、教材中的议题有没有与生活话题联结，对话的意涵是否丰富，能否产生情绪感受和情感认同，课堂中的思维活动是停留在意识的表层还是有可能往较高层次发展，逻辑推导能力有没有得到训练，等等。有了教师即时、准确的识别与适恰引导，才能使学生身处多样的学习形式和多元的主题情境中经历并感受多重学习体验尤其是深度学习的愉悦，理解道德与法治学习的生动性、现实性与复杂性，在学习活动中积极表达与思考，在师生、生生的交往互动中习得道德与法治观念和原则，掌握方法，进而躬行践履。伴随学习过程的感受和体验的处理与更新、思维能力的提升、价值的共认与行为的改善，学生会逐步增强探究兴趣，乐于探索其学习内容的思想性、人文性与价值性，自主学习的需要才可能不断涌现，愿意从自我内在需要的满足与困惑的解答出发主动寻求援助、交流对话，并渐渐学会运用多种方式激发生命技能与生命智慧并达至有意义的持续学习。

价值观教育不是被动给予就能提升人的价值判断能力，使其服膺某些价值观，并转化为自己的价值观念，道德价值观体验也不会由僵硬、生涩的道德推理和呆板的道德教导产生，它必须通过丰富的感受、惬意的学习氛围、合逻辑的推导与递进的教育过程，实现对真理和价值观的认同，从而愉悦地学习。在一次教材试教课上，我们发现有个小男生思维十分活跃，参与活动、谈论问题、表达想法都很积极，看得出他很享受那堂课，也能感受到他的收获与进步。下课后，我们从老师和其他同学那里得知这位小男生其他学科的成绩并不是很好，课堂表现也不很积极，但唯独在这门课上有不一样的表现。这让我们不能不思考这门课程在学与教的过程中的某些特殊性。初中生随着自我意识的生长和生活圈的扩大，对人际关系日渐敏感，对社会生活的好奇心也日益增强，我们希望道德与法治课程学习成为集中发挥学校德育功能的一个宝贵时段。在那里，师生、生生间若能分享经验、碰撞观点、沟通心灵，教师则不需要顾虑自己是否能够充分回答学生的提问，而用更多的心思关心学生是否愿意展露成长困惑、价值理解困境，展现真实自我，更珍惜每个学生独特的生命经验。这时，老师一定会更加受到学生的喜爱和尊敬。当教师愿意与学生真诚交流、坦诚相待，使师生、生生间敢于联系自己的生活经验、个人认识大胆表达时，那这门本质上是实践知识的课程就更能够实现其本有的教学目标，而且这种师生愉悦讨论、援助彼此的课程，也可为身处片面化应试教育困境中的师生缓解与摆脱屡抑不止的应试压力，从而释放生命活力，创设一片生机勃勃、温暖的学习环境。

（二）依托教材开发更多的学习资源，立足教学实际创造性地使用教材

时代变化，日新月异。几乎每天都在汲取精神养分，经历生活新内容的青少年，其自我经验还处在分散、单薄的状态，具有不断生长、稳固、日渐成熟的生命需求。与此同时，青少年的身心又具有很强的可塑性，教师需要领悟教材的设计与呈现思想，结合教材内容，深入了解初中生的成长经历和生活经验，根据他们的认知与情感特点，从时代风貌、本土风情与本校历史文化中挖掘与初中生成长相匹配、相适应的课程学习资源，使教材设计及其内容活化为陪伴初中生成长的精神伴侣。

教师要想达至尊重教材，不随意处理教材，甚至抛开教材，使教学无目标，成为无序的随意活动的真境界，首先需要充分、细致地研读教材，通过专门的教材培训、在线学习、媒体介绍、专家讲座等方式直接从教材编写团队那里获取、掌握教材编写思想与使用理念、方法，并在课堂教学实践、教研活动、教学研讨等学习平台中熟读教材、深化教材理解，扩展教材使用视野。同时，教师也不可拘泥于教材，应以教材呈现的生活逻辑和主题内容的视角关切学生成长,关联生活与其他课程,将情感感受、生活见闻、大政要闻等可能的学习资源运用到教材使用和教学活动中,既从中提升道德与法治学习的敏感性、专注力以及智慧和能力,也据此实现寓德于行、以德育人的目标。

中国地域广阔,有绵延数千年源远流长的传统文化联结的生活习惯、共同情感与伦理道德习俗。然而具体的区域文化特点差异明显,即使是同一地区也会由于快速的城镇化进程、人口流动的加剧而涌现留守儿童、随迁子女、进城务工人员子女等一大批拥有不同生活境遇、不同家庭背景的学生群体。因此,道德与法治课程并不局限于教材已有的资源展开教育,其设计、呈现与内容中隐含着的道德与法治教育生活化、时代化、生命化的活性因子,其都有待教师结合实际用心挖掘。教师要以开放的心态、学习者的姿态创造性地理解教材、活用教材,因地、因时、因人制宜寻找资源、创造资源,既要思考怎么使用资源对大多数学生产生影响,也要关注不同的资源对每一位学生可能产生的不同教育效果。学生个体的生活经验很可能是有用的、难得的学习资源。有经验的教师都清楚,更多的课程灵感和学习资源往往源自课堂教学,要在教材学习、教学现场与课堂情境中去发现、去利用,使它们产生学习意义,哪怕只是对一个学生。具体而言,教师备课时,可依据学生当下的生活状态和学习需要,只要有益于学生健康、积极成长,从细微的情感感受、学习与生活现象到中观的生命故事、艺术作品、人文荟萃、日常生活事件、学校生活事件,再到宏大的区域问题、本土文化、时代特点与世界问题,都可考虑作为学习资源转化为适宜的教学形式和内容,纳入课堂需要的某个环节或某个主题活动中。课堂上,教师不能单纯依据设计按部就班展开教学,应保持学习敏感性和专注力,随机应变。为此,教师要在课堂上关注学生的学习状态,能够发现、诊断学生的学习问题和精神困惑,并据此做适切的回应与调适；关注教学程序、组织形式、教学方法实际所产生的教育意义，依据教学状态，适时引发讨论；通过教学事件与情感观察敏感于学生的情感体验、学习和生活状态，适时调适学生消极的情感状态，帮助学生学会创造性地利用、转化消极情绪，通过呵护情感、涵养良善情感进行价值观教育。相信只要师生在情感上真切投入课程的具体实施过程，其通过优化的教学设计与活动便能从中积淀个体切身的道德体验，并通过反复交往、对话、磨砺，进而催生、内化为较为稳定的意志品质与精神自觉。

(三)道德与法治教学过程是师生共同学习、共度时光、共同成长之旅

虽然道德与法治课程是一门统整道德、心理、法律、国情等多个知识领域的综合性课程，对教师多个领域的知识储备、教育经验、文化与科学修养、人格品性、人文理解力、价值判断和澄清能力等专业素养有综合性的要求，教师也需要具备一定程度的基本素质才能胜任道德与法治课程实施的工作，但我们并不希望这些条件和素质要求成为扼制教师教育教学与专业成长的心灵羁绊，更希望教师从心出发，敞开生命，展现真实的自我，以坦诚的心态在课程实施过程中反思自我、完善自我，不断提升自己的专业素养，涵养生命成长。

因此，我们期待道德与法治课的教学过程是师生共同学习、共度时光、共同成长之旅。教师并不一定是这门课的知识领袖、道德权威与精神榜样，不必因顾忌生命阅历不够、知识储备不丰富、临场教学机智不足而惴惴不安，恰恰需要摆脱顾虑、自我松绑，真实、自然地与学生交往互动。教师的本领是引发学生讨论的兴趣，使其愿意卷入学习，积极参与提问、讨论与对话，因为无论生活经验缺陷、知识缺陷甚至情感缺陷都是可供师生共同学习、引发思考的生命经验，只有师生乐意展现生活中的"我"、有缺陷和不足的"我"，彼此才会感到放

松和安全，敢于表达思维认知的独特性以及自身的困惑与问题，这样师生才有机会扩充人文观察与理解的格局，体认不同生命体的脆弱面，从温暖、适恰的关怀以及情感支持关系中催生自然、平等的感恩之情，学会珍惜生命，寻求积极改变。精神的进步、生命的成长是一个无限循环往复的过程，道德与法治课堂是师生共同将道德与法治学习引入日常生活的宝贵平台。课堂上问题的讨论、生命的对话需要有阶段性的总结，师生的知识积累、道德与法治素养都应该有一定程度的提升，但是针对课堂中的问题与困惑、现象与事件以及感受与认知往往没有唯一的解释与判断，不一定形成终结性的、完全共识性的结论，教师要敏于为素养提升、精神进步与生命成长留有余地，保护学生持续学习与探究的好奇心与热忱，引导他们带着问题与学习热忱走入生活，推动他们在生活中继续发现、发掘问题，学会寻找多种帮助与条件解答学习困惑，不断感受道德学习与法治学习的生活意义。

三、在增进思想政治素养与人文情怀中强化专业成长

道德与法治是一门实践性、人文性、现实感很强的综合性学科。除了学校管理层面的高度重视，协调各方力量给予支持外，课程得以妥善实施的关键是教师，根本还在于任课教师的思想政治素养与人文情怀。尤其是在当下，教师在面对与日常生活相悖的价值困境时，可能产生德育无力感，缺乏意义联结感；在一些学校，道德与法治课的专业师资力量配给不足，缺乏专业引导和提升，导致现任教师教学质量不高，工作量大，产生倦怠、焦虑等消极情绪体验，缺乏从教自信与成就感；还有一些学校存在德育管理体制方面的不足，其道德与法治课专任教师工作与日常德育工作分离，难以构成引领课程实施的整体性力量和全面、统整的德育场域。诸多现实难题、困境以及课程实

施的重要意义从各个方面考验着道德与法治教师的专业成长。

我们期待道德与法治教师能够真正把任教这门课程当作自己的专业和自己在职场的立身之本，安心、专心于课堂教学，从广博而又丰富多彩的教学经历以及多种多样的生活经历中不断增进思想政治素养与人文情怀，以一种学习者和行动者的姿态引导青少年提升道德与法治思想及行动水平。既然成为这门课程的专职教师，就必须对意识形态具有一定的敏感性，自觉关注国家与国际的政治生活、政治事件与政治局势，关心党和国家的历史、出台的方针政策、召开的重大会议与活动，自觉从全球政治局势的交互影响与变革中以及中国经济、社会与文化的深度改革和转型中洞悉与现实生活、教育发展、青少年身心与精神健全发展密切相关的重要问题，灵活、妥帖地将其连接、运用到道德与法治学习的课堂中，以便将党和国家对青少年的精神发展与意识形态教育的要求落细、落实。伴随对政治生活的经常关注、对经济社会与区域问题的日常关心，当教师具有了足够的关切心、同情心，积累了较强的人文理解力、解释力时就可能在适恰的时机，在对话切磋、辨析与体悟中凸显这门课程的政治思想性与人文性。只有当教师具有了从感受和理解每个独特生命体生发出的敬畏心与同情能力时，"遥远"的政治生活、道德与法治原理才可能与个体生活经验发生勾连，教师与学生才能一起从一般的现象和表层的问题共同走向深入的感受和具体的理解，个体生活经验在课堂上才能被塑造为标识了深刻体验的道德与法治知识和价值观。

身处中国特色社会主义新时代，中国广大的一线道德与法治教师能够准确理解新时代内涵、把握新时代特征、宣扬新时代的精神内核，是新教材引发的重大历史使命，同时也为增进教师的思想政治素养与人文情怀提出了全新的具体要求。

教师要加强政治理论学习，尤其是加强对中国特色社会主义新时代建设一系列重大指导思想和理论的学习，在现实生活与工作中深刻领悟其深远意义，并积极践行于日常生活与教育工作当中；通过全国深入学习党和国家发展史，感受当今幸福生活的来之不易，从中提升对道德与法治教育的崇敬感以及重要意义的认识，在历史学习的映照中准确把握道德和法治教育与当代意识形态教育的契合点以及与时下生活关联的兴奋点；在日常生活中勤于思考与观察，伴随感受和发现问题的敏锐性与能力提升，将种种反映时代脉搏的社会新问题、鲜活经验、生活现象、经历事件及时补入教材相应的学习主题中；价值观教育需要从生活细微处着眼，往心生敬畏的崇高处与深刻处引导，道德与法治教师有意识地锻炼逻辑推理、提问与引导能力，有益于教学活动在辨析推理中引入思维深处，于心灵对话中见道德与法治真知。一批优秀教师正因为热爱自己的专业教学、热爱学生，坚持教研思考与写作，在写作中增进对问题的敏锐性，其知识视域与生活理解力的提升自然增强了课堂中学习资源的丰富程度及其活用效果，思维表达训练出的敏慧、灵活的头脑与适切的表达能力总能带领学生将一系列道德与法治学习问题引向思维与感受的深处；教师坚持阅读与学习、关爱生命、满怀善意积极与人交往，秉怀善心积极探索现实问题，与学生坦诚相待、互相支持，展现自己的专业与人格魅力，赢得学生的热爱和尊敬，从而使这门课程成为有思想和学术含量、有丰富生活基础、在实践中管用、受学生欢迎的课程。

涵情育德　以德育人

——"经济全球化时代的'道德人'培养——教师情感表达与师生关系构建"项目的思想与实践①

　　"经济全球化时代的'道德人'培养——教师情感表达与师生关系构建"项目以人在学校教育中的情感健康、良善发展及其道德品质涵养为旨趣，关注教师专业成长过程中奠基其素质底色的情感人文素质的提升，以教师的情感表达为切入口，与教育管理者、教师坦诚相待、互助协作、积极作为，倾力于在最真实的学校教育情境中，改善和提升情感教育与道德教育的育人效用与质量，力图走出一条既可以在微观的师生情感交往中悉心体察与改进人的情绪情感状态，又能够通达个体与学校情感文明实现与发展的扎扎实实、切实有效的学校德育改进的道路。

一、关切学校教育中师生的情感状态，关注教师情感人文素质的提升

　　情感是人发展的生命本体之基膜。维持人发展的具有内质性的条

---

① 本文是作者与王坤合作发表在《中小学德育》2018 年第 9 期上的文章。

件，包括情感定势、价值倾向、人格品性、行为习性等，无不是个体在成长过程中通过与外界不断情感交互、应答积累的特殊的情感质料与形式。人在发展过程中，正向、积极的情绪情感状态持存不仅是有意义学习的基础条件，也在人的健康习性养成、道德价值观内化以及人格涵养等方面发挥着弥散性的效用。

从 20 世纪 80 年代中后期开始，我们就呼吁关注学校教育中情感教育缺失的问题。但多年来，片面化的应试教育模式忽视、戕害人的情感发展的问题屡抑不止。这使得一些学生在知性能力获得发展的同时，情感体验经历及能力严重不足，过度的学习压力导致个体积压的负面情绪得不到调适，正面的情感经验缺失，影响其价值观，乃至人格的健全发展。尤其是伴随着城乡变迁的快速发展和网络技术的迅猛发展，一段时期以来媒体资讯芜杂、大众文化娱乐至上、多元价值观冲突等，使得应试教育积弊日深，这些演化、加剧着学校教育中人的负面情绪情感问题。在一些学校里，师生关系被赤裸裸的利益关系替代，出现了师生关系冷漠，甚至对峙、恶化的问题，校园欺凌等恶性生命事件增多。与此同时，教师的从教光荣感、幸福感降低，缺乏持续性的从教动力。

人得以健全发展的目标考验着教师对个体在学习、交往过程中，内在情绪情感状态的觉察、诊断与调适的能力。这种外显的情感能力源于积极、正向的情绪状态和情感品种持存，以及由此积淀而成的教师情感人文素质的不断凸显与提升。我们呼吁更多有情感人文素质的教师愿意在真实的教育现场去解决那些由于情感教育缺失所产生的人的发展不平衡、情感能力和情感素质缺失等问题。早在 1994 年，我曾因应情感教育需要的教师情感品质问题，呼吁关注教师的情感人文素质，并尝试对教师专业素质构成中的情感人文素质进行初步研究。多年以来，我们一边扎根学校做实验，在教育现场观察、体验，寻找人道德发展所需要的情感交往形式、层次与内容，探寻有益于人积淀稳定情感品质的有效情感教育模式。与此同时，我们也在学习哲学、伦理学、美学、人类学、现象学的理论，积累、丰富从实践一线获得的思想资源，扩展和深化着我们对教师情感人文素质、良好的师生关系、整全的育人质量的感受与理解。

及至 2014 年年末，我们有机会受到香港田家炳基金会资助，通过项目实施与开展，立足幼儿园、小学和初中三个学段的学生的情感与身心发展特点，在学校教育生活的整全视域中，从课堂教学和日常教育生活两大教育情境中展开行动研究。我们希望扎根更加广泛和精细的教育现场，关注、体察、探索教师情感人文素质的意涵，从而提升教育方法。

二、从教师的情感表达切入，寻求良好师生关系的构建

教师的情感表达是教师情感能力的一种表现，它涵盖了教师对学生情绪情感的察觉、识别、应对、调适的能力，也体现为识别、调控自身情绪情感的能力。它是教师内隐的知识积累、人文素养、价值倾向、人格品性的外化，也是当下个人情绪情感的重要表征，集中透射了教师的情感人文素养。

经过长期的考察验证，我们认为，在师生互动中，适恰、妥帖的情感表达既有益于建构良好的情感氛围和师生关系，更有益于学生在学习活动中积累积极、正向的情绪情感，并持存、发展成为一种优质的情感品质。所以，这种师生交往中的情感互动可以被视为在课堂以及学校日常交往中，发挥育情、育德、育人功能的效应器。在项目开展中，我们希望突破以往较多使用归纳总结和形上思辨的研究方法，从师生互动过程中教师外显的种种应对方式和处理方式切入，以此为

研究线索，探索究竟什么样的教师情感表达、教师如何表达才能够比较整全性地发挥情感育人效用。

　　具体而言，我们可以通过对教师的表情、眼神、肢体动作、话语与文字的感悟、记录与分析等，来捕捉教师情感表达的内容与特征，从中体悟每一位教师背后各具特色的成长历史、价值倾向与情感应答方式及其机制，为积极而有意义的教师改变打开理解和援助的大门。当然，我们希望的教师情感表达的改观绝不止于技术训练，而是力求依托鲜活、生动的职场交往经历，在体验教师最本真的生命状态中，研究者与教师沟通交流、尊重体谅，增进相互理解，丰厚各自的人文理解能力，探寻能直抵心灵深处、有助于心灵成长的艺术化的教师情感表达。

　　这一项目是多年来我们已经积累的情感教育研究的接续，也是对原有基础研究在学校现场的应用。它也出于我们对学校中存在的师生关系疏远、紧张、冷漠、恶化等问题的担忧：没有良好的师生交往状态，师生间不能相互信任、坦诚相待乃至彼此依恋，学习者就无法进入自然、惬意、身心投入的学习状态，也难以发生真正有意义的学习。与此同时，这也是个体学习压抑、紧张、焦虑、提不起学习兴趣的问题来源。美国学者诺丁斯的关怀伦理，倡导在师生交往中反复考察、调整双方的关怀方式，通过实践反思和确认彼此的关怀关系。因此，我们的工作并不局限于对教师单向度关怀能力、关怀品质的训练，而是在具体的教育情境中观察、体悟关系双方的情感交往状态，并对其做出回应性诊断，关注关系双方对关怀情感的确证与回应。

　　我们相信只要教师站在援助他者的立场，训练关心敏感性，在职场生活中适恰地表达，并反复求证关心的方式是否适恰，环境中的关心文化就能慢慢构建起来。学生也能从中学会关心，使师生交往、同伴交往、家校交往等，持续处在一种有益于个体学习和生命成长的积极、惬意的关系状态中。

三、立足于两所"种子校"展开研究工作

项目开展前，我们实地走访、考察了多所学校，经过认真遴选、商议，确定北京中学和南通田家炳中学为项目实施的"种子校"。我们希望通过在两所"种子校"中定期进行较为系统的、有针对性的观察、体验、对话交流、合作探讨等工作，就提升教师情感人文素质和构建良好师生关系，发掘、提炼形成切实有效的行动理论。

北京中学的学校文化具有深厚的人文底蕴，正如其校训"世界因我而美好"所指，充分尊重、信任学生，给予学生充分、自由成长的空间，教师在学校里也能自在发展，乐在其中。南通田家炳中学历来重视诚信文化建设，学校的仪式教育、诚信教育获得了社会和家长的广泛认同。这种由学校关爱文化、友善文化熏陶而建构的校园"情感场"，为师生良好道德风尚的形成营造了良好的德育生态环境。

在活动开展过程中，我们具体运用了观评课、生命叙事工作坊、观影研讨活动、专门问题的集中研讨、专家讲座等方式。大学教师、学者、研究生们深入中、小学和幼儿园与教师交朋友，既长期驻校参与学校工作，又定期深入学校与教师互动交流。同时，我们通过多种信息媒介和渠道，交流分析教师面临的自我情感困惑和情感教育问题。与此同时，我们邀请许多具有丰富育人经验和心得体会的一线教师走上大学讲坛，举办午间人文讲座，与更多大学教师、研究生一起，透过具体真实的育人工作，探索情感性德育、生命教育的奥秘。我们通过影像、音频和文字，记录这些深入教育一线观察、诊断、对话、交往的过程。研究者和教师一起多次观看、回味、探讨，不断从中研究出的教育案例、教育对话和教育思考，正是情感教育研究和教师情感

人文素养提升的宝贵资源。

我们将其利用起来，再次诠释。目前，我们组织编写的三卷手册即将问世，它们分别面向初中教师、小学教师、幼儿教师。手册以教师情感人文素质具体表现出的情感能力，即情感识别、情感表达、情感调适为阐述线索，并进一步细化其对象、内容和方式。在不同的教育情境中，如课堂教学、同伴交往、家校合作、网络交往等，结合我们在行动研究过程中交流、梳理、记录的典型案例，阐述有利于增进教师情感教育理解能力和情感素养的理论内容、思想与行动方法。与此同时，每卷手册根据该学龄段教师工作的具体特点，设专章提出情感人文素质提升的行动建议。

我们尤为关注在课堂教学中情感教育的彰显，及其包含的知识学习、价值观教育、道德教育的整全性育人价值。为此，我们将课堂教学作为项目开展的一个重要场域，倾注大量精力扎根在"种子校"及课堂，研究教师如何处理教材、如何与学生的交往及对话，考察、体悟教师的情感能力及背后所蕴含的情感人文素养，据此研制"情感—交往"型课堂观察指南，旨在引导执教者与观课者体悟教师的情感人文素养是如何影响师生关系，进而影响具体个体的学习质量、教学质量、教育质量的。现在，我们已积累了各学段、各学科的几十节课例和教师工作坊实景，试图用现象学等人文体验研究的方法，提炼、整理指向课堂教学中教师人文情感素养提升的路径与方法。

"情感—交往"型课堂观察指南包含情感交往的行为表现和价值体验两大指标体系。其中，行为表现指标体系分别从教师和学生两类主体视角出发，依据教师教学、教师与学生的情感交往、学生学习、学生与学生的情感交往四个一级观察维度，递进至十三个二级观察维度，分 26 个行为指标，阐释适恰的情感交往行为意涵。价值体验指标用以帮助教师和观课者反观或体验课堂的整体育人质量，在完整教与学关系的达成、良好师生关系的构建和课程育人的实现三个一级观察维度下设置了九个指标。

观察指南的使用并非要为教师的教学行为和课堂教学质量寻找另一套评价标准，而是希望通过指南的使用，能够引起教师对课堂教学中缄默的情感教育机制的觉知。我们希望教师在学习、使用指南和依据指南体悟反观课堂的过程中，对师生的情感交往行为敏感，并进行可操作性的训练和改善，进而形成统整认知发展和情感发展的整全的育情、育德、育人感受与理解。

四、广泛开展课堂展示与教师培训工作，引领教师提升情感人文素质

目前，项目研究的重点是在与教师合作、理解教育的过程中，促使师生、生生、家校合作关系在学生道德信任方面留下并积累具有正面情感记忆的、积极的学习经验；提炼教师需要形成的认知思维结构，并与他们的现场职业感受相匹配、相联结。这是思维、情感、行为同时缓慢变化的过程，不是专家从外部输入的知识，而是当事者个人直接地刺激、作用于个体全部身心生命的复杂的、综合性的、整体的影响过程。

手册、指南与课例的编写与使用是一个研究者和教师情感人文素质不断被激活、展现与提升的过程。我们希望这些从真实的教育现场，从思维与情感碰撞、激荡中产生的研究产品能帮助更多的教师，有益于更广泛区域内具有不同文化特征的育德和育人质量的改善。为此，项目组并不局限于田家炳学校系统，组织了多次有许多非田家炳学校自愿加入的全国性课堂展示活动和教师培训活动。从中，我们不仅学习、积累了行之有效的教师培训内容、方式、经验，如专业的现象学

写作培训，极大丰富和完善了研究成果；许多学校管理者、教师也认同我们的思考，深受感触，与我们一道坚定地在提升教师情感人文素质、涵情育德、以德育人的道路上走下去。

我们深知学校德育改善和整体性育人质量提升的艰难程度，这是一个从播撒种子开始，静静发芽、慢慢等待、感悟成长的过程。尤其是项目致力于教师情感人文素质提升和良好师生关系构建的价值旨趣，因人的性情、禀赋的复杂性和社会关联的复杂性等因素，难以把握个体真正的内在状态，会遭遇各种困难。因此，我们未来的工作将会更加注重这些影响人的情感、态度、价值观发展的难以剥离的复杂因素，并对其进行体察与描述；关注负面、消极情绪情感的道德教育价值，在更加逼近真实的情境中体认教师，描绘、研制能够推广的、可测度的情感教育评价指标体系。

未来的道路依然艰辛，但我们相信，只要每一位教师和我们一起在内心播种一颗种子，相信在人的发展中除了认知之维，还存在着同样迷人的情感之维，而且它是更为根本的。虽然它对我们来说至今充满奥秘，并且时而让我们困顿，但这并不影响我们对它的探究热望。因为探究它本身就是一个情感人文素养不断提升、扩充、充盈的美妙历程。当我们越来越接近这些生命成长最真实的奥秘时，个体与环境自然会产生彼此相互信任、尊重、依恋的关系，形成情感与理智和谐发展的美丽状态，通达我们期望的情感文明。

让教师生长出更多的职业幸福感^①

一直以来，关于教师专业发展的理论与实践，往往强调教师在学科知识与技能意义上的专业性，忽视了情感在教师成长中的重要性。我从 20 世纪 80 年代开始从事情感教育研究，在当时的教育学文献中，很少看到对学生负面情绪影响的研究，也很少看到怎样培养学生正面情绪情感的研究。可见，研究界对这个问题研究得还不够。我想做这件事，想从教育学的视角研究人的正面态度、正向情绪情感是怎么产生的，怎样去保护它们，怎样转化负面情绪情感。

在大量的研究中，我们发现的问题是，教师如何在与学生的交往中发现学生的情绪情感？如何培养他们积极的情绪情感？教师如果没有情感的素材，他们也不可能敏感地发现并应对学生的情感反应，如果教师自己的情绪经常是扭曲的、压抑的、对学生的情绪情感既不敏感又不能处理，那么他将无法完成培养人的任务。

2014 年，我们有机会受到香港田家炳基金会的资助，通过项目的实施与开展，立足幼儿园、小学、初中三个学段学生的情感和身心发展特点，从课堂教学与日常教育生活两大教育情境中开展行动研究。经过认真遴选、商议，我们确定了北京中学与南通田家炳中学为项目

---

① 本文是作者发表在《中国教师报》2019 年 3 月 6 日上的文章。

实施的种子校，我们希望扎根更加广泛与精细的教育现场，关注、探索教师情感人文素质的内涵，提升路径与方法。

理论工作者的研究如果不联系学校实际，不解决学校、教师、家长的实际需求，是没有价值的。在活动开展的过程中，我们具体运用观评课、生命叙事工作坊、问题集中研讨等方式，让大学教师、学者、研究生深入中、小学和幼儿园与教师交朋友，用大量真实的课堂案例、家校故事、学生成长故事，交流分析教师面临的自我情感困惑与情感教育问题，同时我们还组织编写了《教师情感表达与师生关系构建——教师操作手册》(初中卷、小学卷、幼儿园卷)，为丰富教师情感，提升教师人文素质提供可操作的、具体的工作手册。

我们慢慢知道，教师的情感表达是情感能力的一种表现，它涵盖教师对学生情绪情感的察觉、识别、应对、调适能力，也体现为识别、调控自身情绪情感的能力。它是教师内隐的知识积累、人文素养、价值倾向、人格品性的外化。这种能力是需要时间积累与沉淀的。

当然，我们希望教师情感表达的改观不止于技术训练，而是力求依托鲜活、生动的职场交往经历，在体验教师最本真的生命状态中，研究者与教师沟通交流、尊重体谅，增进相互的理解，提升各自的人文理解能力，探寻能直抵心灵深处、有助于心灵成长的艺术化的教师情感表达。

这个项目是我们已经积累的情感教育研究的接续，也是对原有基础研究在学校现场的应用，也出自我们对学校中存在的师生关系疏远、紧张、冷漠、恶化等问题的担忧：没有良好的师生交往状态，师生间不能相互信任、坦诚相待乃至彼此依恋，学习者就无法进入自然、惬意、身心投入的学习状态，也难以发生真正有意义的学习。与此同时，这也是个体学习压抑、紧张、焦虑、提不起学习兴趣的问题来源。

教师要成为一个幸福的教师，需要理解自己、理解学生，从而建构良好的师生关系。如果良性的、让人愉快的经验多一些，我相信教师会更容易体会到职业幸福感。

　　情感教育研究蹒跚 30 年，这些年我们在教师教育方面推进了一些。当然，工作远远没有完成，有些还待深入。今天的成果有待教师在使用中逐渐完善，补充鲜活的案例。我越来越相信，人的情感一定要发展，一定要与认知协调发展，否则就没有健康的身体，没有健全的意志，没有健全的人格。我相信，有了对教育理想的信仰、信任，情感教育研究的道路虽然艰苦漫长，但一定会取得越来越多的成果。

图书在版编目（CIP）数据

朱小蔓文集/朱小蔓著. —北京：北京师范大学出版社，2023.8
ISBN 978-7-303-28957-8

Ⅰ.①朱…　Ⅱ.①朱…　Ⅲ.①教育学—文集　Ⅳ.①G40-53

中国国家版本馆 CIP 数据核字（2023）第 092316 号

图 书 意 见 反 馈　　gaozhifk@bnupg.com　010-58805079
营 销 中 心 电 话　　010-58802135　010-58802786
北师大出版社教师教育分社微信公众号　　京师教师教育

出版发行：北京师范大学出版社　www.bnup.com
　　　　　北京市西城区新街口外大街 12-3 号
　　　　　邮政编码：100088
印　　刷：北京虎彩文化传播有限公司
经　　销：全国新华书店
开　　本：787 mm×1092 mm　1/16
印　　张：133.25
字　　数：1630 千字
版　　次：2023 年 8 月第 1 版
印　　次：2023 年 8 月第 1 次印刷
定　　价：980.00 元

策划编辑：冯谦益　　　　　　　责任编辑：马力敏　李灵燕
美术编辑：陈　涛　焦　丽　　　装帧设计：陈　涛　焦　丽
责任校对：康　悦　　　　　　　责任印制：马　洁